AFRIKÁANS
VOCABULARIO

ESPAÑOL-AFRIKÁANS

Las palabras más útiles
Para expandir su vocabulario y refinar
sus habilidades lingüísticas

9000 palabras

Vocabulario Español-Afrikáans - 9000 palabras más usadas

por Andrey Taranov

Los vocabularios de T&P Books buscan ayudar en el aprendizaje, la memorización y la revisión de palabras de idiomas extranjeros. El diccionario se divide por temas, cubriendo toda la esfera de las actividades cotidianas, de negocios, ciencias, cultura, etc.

El proceso de aprendizaje de palabras utilizando los diccionarios temáticos de T&P Books le proporcionará a usted las siguientes ventajas:

- La información del idioma secundario está organizada claramente y predetermina el éxito para las etapas subsiguientes en la memorización de palabras.
- Las palabras derivadas de la misma raíz se agrupan, lo cual permite la memorización de grupos de palabras en vez de palabras aisladas.
- Las unidades pequeñas de palabras facilitan el proceso de reconocimiento de enlaces de asociación que se necesitan para la cohesión del vocabulario.
- De este modo, se puede estimar el número de palabras aprendidas y así también el nivel de conocimiento del idioma.

T&P Books Publishing
www.tpbooks.com

ISBN: 978-1-78716-491-8

Este libro está disponible en formato electrónico o de E-Book también.
Visite www.tpbooks.com o las librerías electrónicas más destacadas en la Red.

VOCABULARIO AFRIKÁANS
palabras más usadas

Los vocabularios de T&P Books buscan ayudar al aprendiz a aprender, memorizar y repasar palabras de idiomas extranjeros. Los vocabularios contienen más de 9000 palabras comúnmente usadas y organizadas de manera temática.

- El vocabulario contiene las palabras corrientes más usadas.
- Se recomienda como ayuda adicional a cualquier curso de idiomas.
- Capta las necesidades de aprendices de nivel principiante y avanzado.
- Es conveniente para uso cotidiano, prácticas de revisión y actividades de auto-evaluación.
- Facilita la evaluación del vocabulario.

Aspectos claves del vocabulario

- Las palabras se organizan según el significado, no según el orden alfabético.
- Las palabras se presentan en tres columnas para facilitar los procesos de repaso y auto-evaluación.
- Los grupos de palabras se dividen en pequeñas secciones para facilitar el proceso de aprendizaje.
- El vocabulario ofrece una transcripción sencilla y conveniente de cada palabra extranjera.

El vocabulario contiene 256 temas que incluyen lo siguiente:

Conceptos básicos, números, colores, meses, estaciones, unidades de medidas, ropa y accesorios, comida y nutrición, restaurantes, familia nuclear, familia extendida, características de personalidad, sentimientos, emociones, enfermedades, la ciudad y el pueblo, exploración del paisaje, compras, finanzas, la casa, el hogar, la oficina, el trabajo en oficina, importación y exportación, promociones, búsqueda de trabajo, deportes, educación, computación, la red, herramientas, la naturaleza, los países, las nacionalidades y más ...

TABLA DE CONTENIDO

VOCABULARIO AFRIKÁANS
palabras más usadas

Los vocabularios de T&P Books buscan ayudar al aprendiz a aprender, memorizar y repasar palabras de idiomas extranjeros. Los vocabularios contienen más de 9000 palabras comúnmente usadas y organizadas de manera temática.

- El vocabulario contiene las palabras corrientes más usadas.
- Se recomienda como ayuda adicional a cualquier curso de idiomas.
- Capta las necesidades de aprendices de nivel principiante y avanzado.
- Es conveniente para uso cotidiano, prácticas de revisión y actividades de auto-evaluación.
- Facilita la evaluación del vocabulario.

Aspectos claves del vocabulario

- Las palabras se organizan según el significado, no según el orden alfabético.
- Las palabras se presentan en tres columnas para facilitar los procesos de repaso y auto-evaluación.
- Los grupos de palabras se dividen en pequeñas secciones para facilitar el proceso de aprendizaje.
- El vocabulario ofrece una transcripción sencilla y conveniente de cada palabra extranjera.

El vocabulario contiene 256 temas que incluyen lo siguiente:

Conceptos básicos, números, colores, meses, estaciones, unidades de medidas, ropa y accesorios, comida y nutrición, restaurantes, familia nuclear, familia extendida, características de personalidad, sentimientos, emociones, enfermedades, la ciudad y el pueblo, exploración del paisaje, compras, finanzas, la casa, el hogar, la oficina, el trabajo en oficina, importación y exportación, promociones, búsqueda de trabajo, deportes, educación, computación, la red, herramientas, la naturaleza, los países, las nacionalidades y más ...

TABLA DE CONTENIDO

GUÍA DE PRONUNCIACIÓN

T&P alfabeto fonético	Ejemplo afrikáans	Ejemplo español
[a]	land	radio
[ā]	straat	contraataque
[æ]	hout	vencer
[o], [ɔ]	Australië	bolsa
[e]	metaal	verano
[ɛ]	aanlê	mes
[ə]	filter	llave
[ɪ]	uur	abismo
[i]	billik	ilegal
[ī]	naïef	rápido
[o]	koppie	bordado
[ø]	akteur	alemán - Hölle
[œ]	fluit	alemán - Hölle
[u]	hulle	mundo
[ʊ]	hout	pulpo
[b]	bakker	en barco
[d]	donder	desierto
[f]	navraag	golf
[g]	burger	jugada
[h]	driehoek	registro
[j]	byvoeg	asiento
[k]	kamera	charco
[l]	loon	lira
[m]	môre	nombre
[n]	neef	sonar
[p]	pyp	precio
[r]	rigting	era, alfombra
[s]	oplos	salva
[t]	lood, tenk	torre
[v]	bewaar	travieso
[w]	oorwinnaar	acuerdo
[z]	zoem	desde
[dʒ]	enjin	jazz
[ʃ]	artisjok	shopping
[ŋ]	kans	manga
[tʃ]	tjek	mapache
[ʒ]	beige	adyacente
[x]	agent	reloj

ABREVIATURAS
usadas en el vocabulario

Abreviatura en español

adj	-	adjetivo
adv	-	adverbio
anim.	-	animado
conj	-	conjunción
etc.	-	etcétera
f	-	sustantivo femenino
f pl	-	femenino plural
fam.	-	uso familiar
fem.	-	femenino
form.	-	uso formal
inanim.	-	inanimado
innum.	-	innumerable
m	-	sustantivo masculino
m pl	-	masculino plural
m, f	-	masculino, femenino
masc.	-	masculino
mat	-	matemáticas
mil.	-	militar
num.	-	numerable
p.ej.	-	por ejemplo
pl	-	plural
pron	-	pronombre
sg	-	singular
v aux	-	verbo auxiliar
vi	-	verbo intransitivo
vi, vt	-	verbo intransitivo, verbo transitivo
vr	-	verbo reflexivo
vt	-	verbo transitivo

CONCEPTOS BÁSICOS

Conceptos básicos. Unidad 1

1. Los pronombres

yo	ek, my	[ɛk], [maj]
tú	jy	[jaj]
él	hy	[haj]
ella	sy	[saj]
ello	dit	[dit]
nosotros, -as	ons	[ɔŋs]
vosotros, -as	julle	[jullə]
Usted	u	[u]
Ustedes	u	[u]
ellos, ellas	hulle	[hullə]

2. Saludos. Salutaciones. Despedidas

¡Hola! (fam.)	Hallo!	[hallo!]
¡Hola! (form.)	Hallo!	[hallʊ!]
¡Buenos días!	Goeie môre!	[χuje mɔrə!]
¡Buenas tardes!	Goeiemiddag!	[χuje·middaχ!]
¡Buenas noches!	Goeienaand!	[χuje·nānt!]
decir hola	dagsê	[daχsɛ:]
¡Hola! (a un amigo)	Hallo!	[hallo!]
saludo (m)	groet	[χrut]
saludar (vt)	groet	[χrut]
¿Cómo estás?	Hoe gaan dit?	[hu χān dit?]
¿Cómo estáis?	Hoe gaan dit?	[hu χān dit?]
¿Qué hay de nuevo?	Hoe gaan dit?	[hu χān dit?]
¡Chau! ¡Adiós!	Totsiens!	[totsiŋs!]
¡Hasta la vista! (form.)	Totsiens!	[totsiŋs!]
¡Hasta la vista! (fam.)	Koebaai!	[kubāi!]
¡Hasta pronto!	Totsiens!	[totsiŋs!]
¡Adiós! (form.)	Vaarwel!	[fārwel!]
despedirse (vr)	afskeid neem	[afskæjt neəm]
¡Hasta luego!	Koebaai!	[kubāi!]
¡Gracias!	Dankie!	[danki!]
¡Muchas gracias!	Baie dankie!	[baje danki!]
De nada	Plesier	[plesir]
No hay de qué	Plesier!	[plesir!]

De nada	Plesier	[plesir]
¡Disculpa!	Ekskuus!	[ɛkskɪs!]
¡Disculpe!	Verskoon my!	[ferskoən maj!]
disculpar (vt)	verskoon	[ferskoən]

disculparse (vr)	verskoning vra	[ferskoniŋ fra]
Mis disculpas	Verskoning	[ferskoniŋ]
¡Perdóneme!	Ek is jammer!	[ɛk is jammər!]
perdonar (vt)	vergewe	[ferχevə]
¡No pasa nada!	Maak nie saak nie!	[mãk ni sãk ni!]
por favor	asseblief	[asseblif]

¡No se le olvide!	Vergeet dit nie!	[ferχeət dit ni!]
¡Ciertamente!	Beslis!	[beslis!]
¡Claro que no!	Natuurlik nie!	[natɪrlik ni!]
¡De acuerdo!	OK!	[okej!]
¡Basta!	Dis genoeg!	[dis χenuχ!]

3. Como dirigirse a otras personas

¡Perdóneme!	Verskoon my, ...	[ferskoən maj, ...]
señor	meneer	[meneər]
señora	mevrou	[mefræʊ]
señorita	juffrou	[juffræʊ]
joven	jongman	[joŋman]
niño	boet	[but]
niña	sussie	[sussi]

4. Números cardinales. Unidad 1

cero	nul	[nul]
uno	een	[eən]
dos	twee	[tweə]
tres	drie	[dri]
cuatro	vier	[fir]

cinco	vyf	[fajf]
seis	ses	[ses]
siete	sewe	[sevə]
ocho	ag	[aχ]
nueve	nege	[neχə]

diez	tien	[tin]
once	elf	[ɛlf]
doce	twaalf	[twãlf]
trece	dertien	[dertin]
catorce	veertien	[feərtin]

quince	vyftien	[fajftin]
dieciséis	sestien	[sestin]
diecisiete	sewetien	[sevətin]
dieciocho	agtien	[aχtin]

diecinueve	negetien	[neχetin]
veinte	twintig	[twintəχ]
veintiuno	een-en-twintig	[eən-en-twintəχ]
veintidós	twee-en-twintig	[tweə-en-twintəχ]
veintitrés	drie-en-twintig	[dri-en-twintəχ]

treinta	dertig	[dertəχ]
treinta y uno	een-en-dertig	[eən-en-dertəχ]
treinta y dos	twee-en-dertig	[tweə-en-dertəχ]
treinta y tres	drie-en-dertig	[dri-en-dertəχ]

cuarenta	veertig	[feərtəχ]
cuarenta y uno	een-en-veertig	[eən-en-feərtəχ]
cuarenta y dos	twee-en-veertig	[tweə-en-feərtəχ]
cuarenta y tres	vier-en-veertig	[fir-en-feərtəχ]

cincuenta	vyftig	[fajftəχ]
cincuenta y uno	een-en-vyftig	[eən-en-fajftəχ]
cincuenta y dos	twee-en-vyftig	[tweə-en-fajftəχ]
cincuenta y tres	drie-en-vyftig	[dri-en-fajftəχ]

sesenta	sestig	[sestəχ]
sesenta y uno	een-en-sestig	[eən-en-sestəχ]
sesenta y dos	twee-en-sestig	[tweə-en-sestəχ]
sesenta y tres	drie-en-sestig	[dri-en-sestəχ]

setenta	sewentig	[seventəχ]
setenta y uno	een-en-sewentig	[eən-en-seventəχ]
setenta y dos	twee-en-sewentig	[tweə-en-seventəχ]
setenta y tres	drie-en-sewentig	[dri-en-seventəχ]

ochenta	tagtig	[laχləχ]
ochenta y uno	een-en-tagtig	[eən-en-taχtəχ]
ochenta y dos	twee-en-tagtig	[tweə-en-taχtəχ]
ochenta y tres	drie-en-tagtig	[dri-en-taχtəχ]

noventa	negentig	[neχentəχ]
noventa y uno	een-en-negentig	[eən-en-neχentəχ]
noventa y dos	twee-en-negentig	[tweə-en-neχentəχ]
noventa y tres	drie-en-negentig	[dri-en-neχentəχ]

5. Números cardinales. Unidad 2

cien	honderd	[hondərt]
doscientos	tweehonderd	[tweə·hondərt]
trescientos	driehonderd	[dri·hondərt]
cuatrocientos	vierhonderd	[fir·hondərt]
quinientos	vyfhonderd	[fajf·hondərt]

seiscientos	seshonderd	[ses·hondərt]
setecientos	sewehonderd	[sevə·hondərt]
ochocientos	aghonderd	[aχ·hondərt]
novecientos	negehonderd	[neχə·hondərt]
mil	duisend	[dœisent]

dos mil	tweeduisend	[twee·dœisent]
tres mil	drieduisend	[dri·dœisent]
diez mil	tienduisend	[tin·dœisent]
cien mil	honderdduisend	[hondərt·dajsent]
millón (m)	miljoen	[miljun]
mil millones	miljard	[miljart]

6. Números ordinales

primero (adj)	eerste	[eərstə]
segundo (adj)	tweede	[tweedə]
tercero (adj)	derde	[derdə]
cuarto (adj)	vierde	[firdə]
quinto (adj)	vyfde	[fajfdə]
sexto (adj)	sesde	[sesdə]
séptimo (adj)	sewende	[sevendə]
octavo (adj)	agste	[aχstə]
noveno (adj)	negende	[neχendə]
décimo (adj)	tiende	[tində]

7. Números. Fracciones

fracción (f)	breuk	[brøək]
un medio	helfte	[hɛlftə]
un tercio	derde	[derdə]
un cuarto	kwart	[kwart]
un octavo	agste	[aχstə]
un décimo	tiende	[tində]
dos tercios	twee derde	[twee derdə]
tres cuartos	driekwart	[drikwart]

8. Números. Operaciones básicas

sustracción (f)	aftrekking	[aftrɛkkiŋ]
sustraer (vt)	aftrek	[aftrek]
división (f)	deling	[dəliŋ]
dividir (vt)	deel	[deəl]
adición (f)	optelling	[optɛlliŋ]
sumar (totalizar)	optel	[optəl]
adicionar (vt)	optel	[optəl]
multiplicación (f)	vermenigvuldiging	[fermeniχ·fuldəχiŋ]
multiplicar (vt)	vermenigvuldig	[fermeniχ·fuldəχ]

9. Números. Miscelánea

| cifra (f) | syfer | [sajfər] |
| número (m) (~ cardinal) | nommer | [nommər] |

numeral (m)	telwoord	[tɛlwoərt]
menos (m)	minusteken	[minus·tekən]
más (m)	plusteken	[plus·tekən]
fórmula (f)	formule	[formulə]

cálculo (m)	berekening	[berekeniŋ]
contar (vt)	tel	[təl]
calcular (vt)	optel	[optəl]
comparar (vt)	vergelyk	[ferχəlajk]

¿Cuánto?	Hoeveel?	[hufeəl?]
suma (f)	som, totaal	[som], [totāl]
resultado (m)	resultaat	[resultãt]
resto (m)	oorskot	[oərskot]

poco (adv)	min	[min]
resto (m)	die res	[di res]
docena (f)	dosyn	[dosajn]

en dos	middeldeur	[middəldøər]
en partes iguales	gelyk	[χelajk]
mitad (f)	helfte	[hɛlftə]
vez (f)	maal	[māl]

10. Los verbos más importantes. Unidad 1

abrir (vt)	oopmaak	[oəpmāk]
acabar, terminar (vt)	klaarmaak	[klārmāk]
aconsejar (vt)	aanraai	[ānrāi]
adivinar (vt)	raai	[rāi]
advertir (vt)	waarsku	[vārsku]
alabarse, jactarse (vr)	spog	[spoχ]

almorzar (vi)	gaan eet	[χān eət]
alquilar (~ una casa)	huur	[hɪr]
amenazar (vt)	dreig	[dræjχ]
arrepentirse (vr)	jammer wees	[jammər veəs]
ayudar (vt)	help	[hɛlp]
bañarse (vr)	gaan swem	[χān swem]

bromear (vi)	grappies maak	[χrappis māk]
buscar (vt)	soek ...	[suk ...]
caer (vi)	val	[fal]
callarse (vr)	stilbly	[stilblaj]
cambiar (vt)	verander	[ferandər]
castigar, punir (vt)	straf	[straf]

cavar (vt)	grawe	[χravə]
cazar (vi, vt)	jag	[jaχ]
cenar (vi)	aandete gebruik	[āndetə χebrœik]
cesar (vt)	ophou	[ophæʊ]
coger (vt)	vang	[faŋ]
comenzar (vt)	begin	[beχin]
comparar (vt)	vergelyk	[ferχəlajk]

comprender (vt)	verstaan	[ferstãn]
confiar (vt)	vertrou	[fertræʊ]
confundir (vt)	verwar	[ferwar]
conocer (~ a alguien)	ken	[ken]
contar (vt) (enumerar)	tel	[təl]

contar con ...	reken op ...	[reken op ...]
continuar (vt)	aangaan	[ãnχãn]
controlar (vt)	kontroleer	[kontroleər]

correr (vi)	hardloop	[hardloəp]
costar (vt)	kos	[kos]
crear (vt)	skep	[skep]

11. Los verbos más importantes. Unidad 2

dar (vt)	gee	[χeə]
decir (vt)	sê	[sɛ:]
decorar (para la fiesta)	versier	[fersir]

defender (vt)	verdedig	[ferdedəχ]
dejar caer	laat val	[lãt fal]
desayunar (vi)	ontbyt	[ontbajt]
descender (vi)	afkom	[afkom]

dirigir (administrar)	beheer	[beheər]
disculpar (vt)	verskoon	[ferskoən]
disculparse (vr)	verskoning vra	[ferskoniŋ fra]
discutir (vt)	bespreek	[bespreək]
dudar (vt)	twyfel	[twajfəl]

encontrar (hallar)	vind	[fint]
engañar (vi, vt)	bedrieg	[bedrəχ]
entrar (vi)	binnegaan	[binnəχãn]
enviar (vt)	stuur	[stɪr]

escoger (vt)	kies	[kis]
esconder (vt)	wegsteek	[veχsteək]
escribir (vt)	skryf	[skrajf]
esperar (aguardar)	wag	[vaχ]

esperar (tener esperanza)	hoop	[hoəp]
estar (vi)	wees	[veəs]
estar de acuerdo	saamstem	[sãmstem]
estudiar (vt)	studeer	[studeər]

exigir (vt)	eis	[æjs]
existir (vi)	bestaan	[bestãn]
explicar (vt)	verduidelik	[ferdœidəlik]
faltar (a las clases)	bank	[bank]
firmar (~ el contrato)	teken	[tekən]

| girar (~ a la izquierda) | draai | [drãi] |
| gritar (vi) | skreeu | [skriʊ] |

guardar (conservar)	bewaar	[bevār]
gustar (vi)	hou van	[hæʊ fan]
hablar (vi, vt)	praat	[prāt]

hacer (vt)	doen	[dun]
informar (vt)	in kennis stel	[in kɛnnis stəl]
insistir (vi)	aandring	[āndriŋ]
insultar (vt)	beledig	[beledəχ]

interesarse (vr)	belangstel in ...	[belaŋstəl in ...]
invitar (vt)	uitnooi	[œitnoj]
ir (a pie)	gaan	[χān]
jugar (divertirse)	speel	[speəl]

12. Los verbos más importantes. Unidad 3

leer (vi, vt)	lees	[leəs]
liberar (ciudad, etc.)	bevry	[befraj]
llamar (por ayuda)	roep	[rup]
llegar (vi)	aankom	[ānkom]
llorar (vi)	huil	[hœil]

matar (vt)	doodmaak	[doədmāk]
mencionar (vt)	verwys na	[ferwajs na]
mostrar (vt)	wys	[vajs]
nadar (vi)	swem	[swem]

negarse (vr)	weier	[væjer]
objetar (vt)	beswaar maak	[beswār māk]
observar (vt)	waarneem	[vārneəm]
oír (vt)	hoor	[hoər]

olvidar (vt)	vergeet	[ferχeət]
orar (vi)	bid	[bit]
ordenar (mil.)	beveel	[befeəl]
pagar (vi, vt)	betaal	[betāl]
pararse (vr)	stilhou	[stilhæʊ]

participar (vi)	deelneem	[deəlneəm]
pedir (ayuda, etc.)	vra	[fra]
pedir (en restaurante)	bestel	[bestəl]
pensar (vi, vt)	dink	[dink]

percibir (ver)	raaksien	[rāksin]
perdonar (vt)	vergewe	[ferχevə]
permitir (vt)	toestaan	[tustān]
pertenecer a ...	behoort aan ...	[behoərt ān ...]

planear (vt)	beplan	[beplan]
poder (v aux)	kan	[kan]
poseer (vt)	besit	[besit]
preferir (vt)	verkies	[ferkis]
preguntar (vt)	vra	[fra]
preparar (la cena)	kook	[koək]

prever (vt)	voorsien	[foərsin]
probar, tentar (vt)	probeer	[probeər]
prometer (vt)	beloof	[beloəf]
pronunciar (vt)	uitspreek	[œitspreək]

proponer (vt)	voorstel	[foərstəl]
quebrar (vt)	breek	[breək]
quejarse (vr)	kla	[kla]
querer (amar)	liefhê	[lifhɛ:]
querer (desear)	wil	[vil]

13. Los verbos más importantes. Unidad 4

recomendar (vt)	aanbeveel	[ãnbefeəl]
regañar, reprender (vt)	uitvaar teen	[œitfãr teən]
reírse (vr)	lag	[laχ]
repetir (vt)	herhaal	[herhãl]
reservar (~ una mesa)	bespreek	[bespreək]
responder (vi, vt)	antwoord	[antwoərt]

robar (vt)	steel	[steəl]
saber (~ algo mas)	weet	[veət]
salir (vi)	uitgaan	[œitχãn]
salvar (vt)	red	[ret]
seguir ...	volg ...	[folχ ...]
sentarse (vr)	gaan sit	[χãn sit]

ser (vi)	wees	[veəs]
ser necesario	nodig wees	[nodəχ veəs]
significar (vt)	beteken	[betekən]

| sonreír (vi) | glimlag | [χlimlaχ] |
| sorprenderse (vr) | verbaas wees | [ferbãs veəs] |

| subestimar (vt) | onderskat | [ondərskat] |
| tener (vt) | hê | [hɛ:] |

| tener hambre | honger wees | [hoŋər veəs] |
| tener miedo | bang wees | [baŋ veəs] |

tener prisa	opskud	[opskut]
tener sed	dors wees	[dors veəs]
tirar, disparar (vi)	skiet	[skit]
tocar (con las manos)	aanraak	[ãnrãk]

| tomar (vt) | vat | [fat] |
| tomar nota | opskryf | [opskrajf] |

trabajar (vi)	werk	[verk]
traducir (vt)	vertaal	[fertãl]
unir (vt)	verenig	[ferenəχ]
vender (vt)	verkoop	[ferkoəp]
ver (vt)	sien	[sin]
volar (pájaro, avión)	vlieg	[fliχ]

14. Los colores

color (m)	kleur	[kløər]
matiz (m)	skakering	[skakeriŋ]
tono (m)	tint	[tint]
arco (m) iris	reënboog	[reɛn·boəχ]
blanco (adj)	wit	[vit]
negro (adj)	swart	[swart]
gris (adj)	grys	[χrajs]
verde (adj)	groen	[χrun]
amarillo (adj)	geel	[χeəl]
rojo (adj)	rooi	[roj]
azul (adj)	blou	[blæʊ]
azul claro (adj)	ligblou	[liχ·blæʊ]
rosa (adj)	pienk	[pink]
naranja (adj)	oranje	[oranje]
violeta (adj)	pers	[pers]
marrón (adj)	bruin	[brœin]
dorado (adj)	goue	[χæʊə]
argentado (adj)	silweragtig	[silweraχtəχ]
beige (adj)	beige	[bɛ:iʒ]
crema (adj)	roomkleurig	[roəm·kløərəχ]
turquesa (adj)	turkoois	[turkojs]
rojo cereza (adj)	kersierooi	[kersi·roj]
lila (adj)	lila	[lila]
carmesí (adj)	karmosyn	[karmosajn]
claro (adj)	lig	[liχ]
oscuro (adj)	donker	[donkər]
vivo (adj)	helder	[hɛldər]
de color (lápiz ~)	kleurig	[kløərəχ]
en colores (película ~)	kleur	[kløər]
blanco y negro (adj)	swart-wit	[swart-wit]
unicolor (adj)	effe	[ɛffə]
multicolor (adj)	veelkleurig	[feəlkløərəχ]

15. Las preguntas

¿Quién?	Wie?	[vi?]
¿Qué?	Wat?	[vat?]
¿Dónde?	Waar?	[vār?]
¿Adónde?	Waarheen?	[vārheən?]
¿De dónde?	Waarvandaan?	[vārfandān?]
¿Cuándo?	Wanneer?	[vanneər?]
¿Para qué?	Hoekom?	[hukom?]
¿Por qué?	Hoekom?	[hukom?]
¿Por qué razón?	Vir wat?	[fir vat?]

¿Cómo?	Hoe?	[hu?]
¿Qué ...? (~ color)	Watter?	[vattər?]
¿Cuál?	Watter een?	[vattər eən?]

¿A quién?	Vir wie?	[fir vi?]
¿De quién? (~ hablan ...)	Oor wie?	[oər vi?]
¿De qué?	Oor wat?	[oər vat?]
¿Con quién?	Met wie?	[met vi?]
¿Cuánto?	Hoeveel?	[hufeəl?]

16. Las preposiciones

con ... (~ algn)	met	[met]
sin ... (~ azúcar)	sonder	[sondər]
a ... (p.ej. voy a México)	na	[na]
de ... (hablar ~)	oor	[oər]
antes de ...	voor	[foər]
delante de ...	voor ...	[foər ...]

debajo	onder	[ondər]
sobre ..., encima de ...	oor	[oər]
en, sobre (~ la mesa)	op	[op]
de (origen)	uit	[œit]
de (fabricado de)	van	[fan]

| dentro de ... | oor | [oər] |
| encima de ... | oor | [oər] |

17. Las palabras útiles. Los adverbios. Unidad 1

¿Dónde?	Waar?	[vãr?]
aquí (adv)	hier	[hir]
allí (adv)	daar	[dãr]

| en alguna parte | êrens | [ærɛŋs] |
| en ninguna parte | nêrens | [nærɛŋs] |

| junto a ... | by | [baj] |
| junto a la ventana | by | [baj] |

¿A dónde?	Waarheen?	[vãrheən?]
aquí (venga ~)	hier	[hir]
allí (vendré ~)	soontoe	[soentu]
de aquí (adv)	hiervandaan	[hirfandãn]
de allí (adv)	daarvandaan	[dãrfandãn]

| cerca (no lejos) | naby | [nabaj] |
| lejos (adv) | ver | [fer] |

cerca de ...	naby	[nabaj]
al lado (de ...)	naby	[nabaj]
no lejos (adv)	nie ver nie	[ni fər ni]

izquierdo (adj)	linker-	[linkər-]
a la izquierda (situado ~)	op linkerhand	[op linkərhant]
a la izquierda (girar ~)	na links	[na links]

derecho (adj)	regter	[reχtər]
a la derecha (situado ~)	op regterhand	[op reχtərhant]
a la derecha (girar)	na regs	[na reχs]

delante (yo voy ~)	voor	[foər]
delantero (adj)	voorste	[foərstə]
adelante (movimiento)	vooruit	[foərœit]

detrás de ...	agter	[aχtər]
desde atrás	van agter	[fan aχtər]
atrás (da un paso ~)	agtertoe	[aχtərtu]

| centro (m), medio (m) | middel | [middəl] |
| en medio (adv) | in die middel | [in di middəl] |

de lado (adv)	op die sykant	[op di sajkant]
en todas partes	orals	[orals]
alrededor (adv)	orals rond	[orals ront]

de dentro (adv)	van binne	[fan binnə]
a alguna parte	êrens	[ærɛŋs]
todo derecho (adv)	reguit	[reχœit]
atrás (muévelo para ~)	terug	[teruχ]

| de alguna parte (adv) | êrens vandaan | [ærɛŋs fandãn] |
| no se sabe de dónde | êrens vandaan | [ærɛŋs fandãn] |

primero (adv)	in die eerste plek	[in di eərstə plek]
segundo (adv)	in die tweede plek	[in di tweədə plek]
tercero (adv)	in die derde plek	[in di derdə plek]

de súbito (adv)	skielik	[skilik]
al principio (adv)	aan die begin	[ãn di beχin]
por primera vez	vir die eerste keer	[fir di eərstə keər]
mucho tiempo antes ...	lank voordat ...	[lank foərdat ...]
de nuevo (adv)	opnuut	[opnɪt]
para siempre (adv)	vir goed	[fir χut]

jamás, nunca (adv)	nooit	[nojt]
de nuevo (adv)	weer	[veər]
ahora (adv)	nou	[næʊ]
frecuentemente (adv)	dikwels	[dikwɛls]
entonces (adv)	toe	[tu]
urgentemente (adv)	dringend	[driŋən]
usualmente (adv)	gewoonlik	[χevoənlik]

a propósito, ...	terloops, ...	[terloəps], [...]
es probable	moontlik	[moəntlik]
probablemente (adv)	waarskynlik	[vārskajnlik]
tal vez	dalk	[dalk]
además ...	trouens ...	[træʊɛŋs ...]
por eso ...	dis hoekom ...	[dis hukom ...]

| a pesar de ... | ondanks ... | [ondanks ...] |
| gracias a ... | danksy ... | [danksaj ...] |

qué (pron)	wat	[vat]
que (conj)	dat	[dat]
algo (~ le ha pasado)	iets	[its]
algo (~ así)	iets	[its]
nada (f)	niks	[niks]

quien	wie	[vi]
alguien (viene ~)	iemand	[imant]
alguien (¿ha llamado ~?)	iemand	[imant]

nadie	niemand	[nimant]
a ninguna parte	nêrens	[nærɛŋs]
de nadie	niemand se	[nimant sə]
de alguien	iemand se	[imant sə]

tan, tanto (adv)	so	[sɔ]
también (~ habla francés)	ook	[oək]
también (p.ej. Yo ~)	ook	[oək]

18. Las palabras útiles. Los adverbios. Unidad 2

| ¿Por qué? | Waarom? | [vãrom?] |
| porque ... | omdat ... | [omdat ...] |

y (p.ej. uno y medio)	en	[ɛn]
o (p.ej. té o café)	of	[of]
pero (p.ej. me gusta, ~)	maar	[mãr]
para (p.ej. es para ti)	vir	[fir]

demasiado (adv)	te	[te]
sólo, solamente (adv)	net	[net]
exactamente (adv)	presies	[presis]
unos ...,	ongeveer	[onχəfeər]
cerca de ... (~ 10 kg)		

aproximadamente	ongeveer	[onχəfeər]
aproximado (adj)	geraamde	[χerãmdə]
casi (adv)	amper	[ampər]
resto (m)	die res	[di res]

el otro (adj)	die ander	[di andər]
otro (p.ej. el otro día)	ander	[andər]
cada (adj)	elke	[ɛlkə]
cualquier (adj)	enige	[ɛniχə]
mucho (adv)	baie	[baje]
muchos (mucha gente)	baie mense	[baje mɛŋsə]
todos	almal	[almal]

a cambio de ...	in ruil vir ...	[in rœil fir ...]
en cambio (adv)	as vergoeding	[as ferχudiŋ]
a mano (hecho ~)	met die hand	[met di hant]

poco probable	**skaars**	[skãrs]
probablemente	**waarskynlik**	[vãrskajnlik]
a propósito (adv)	**opsetlik**	[opsetlik]
por accidente (adv)	**toevallig**	[tufalləχ]
muy (adv)	**baie**	[baje]
por ejemplo (adv)	**byvoorbeeld**	[bajfoərbeəlt]
entre (~ nosotros)	**tussen**	[tussən]
entre (~ otras cosas)	**tussen**	[tussən]
tanto (~ gente)	**so baie**	[so baje]
especialmente (adv)	**veral**	[feral]

Conceptos básicos. Unidad 2

19. Los opuestos

rico (adj)	ryk	[rajk]
pobre (adj)	arm	[arm]
enfermo (adj)	siek	[sik]
sano (adj)	gesond	[χesont]
grande (adj)	groot	[χroət]
pequeño (adj)	klein	[klæjn]
rápidamente (adv)	vinnig	[finnəχ]
lentamente (adv)	stadig	[stadəχ]
rápido (adj)	vinnig	[finnəχ]
lento (adj)	stadig	[stadəχ]
alegre (adj)	bly	[blaj]
triste (adj)	droewig	[druvəχ]
juntos (adv)	saam	[sãm]
separadamente	afsonderlik	[afsondərlik]
en voz alta	hardop	[hardop]
en silencio	stil	[stil]
alto (adj)	groot	[χroət]
bajo (adj)	laag	[lãχ]
profundo (adj)	diep	[dip]
poco profundo (adj)	vlak	[flak]
sí	ja	[ja]
no	nee	[neə]
lejano (adj)	ver	[fer]
cercano (adj)	naby	[nabaj]
lejos (adv)	ver	[fer]
cerco (adv)	naby	[nabaj]
largo (adj)	lang	[laŋ]
corto (adj)	kort	[kort]
bueno (de buen corazón)	vriendelik	[frindəlik]
malvado (adj)	boos	[boəs]

| casado (adj) | getroud | [χetræʊt] |
| soltero (adj) | ongetroud | [onχətræʊt] |

| prohibir (vt) | verbied | [ferbit] |
| permitir (vt) | toestaan | [tustãn] |

| fin (m) | einde | [æjndə] |
| principio (m) | begin | [beχin] |

| izquierdo (adj) | linker- | [linkər-] |
| derecho (adj) | regter | [reχtər] |

| primero (adj) | eerste | [eərstə] |
| último (adj) | laaste | [lãstə] |

| crimen (m) | misdaad | [misdãt] |
| castigo (m) | straf | [straf] |

| ordenar (vt) | beveel | [befeəl] |
| obedecer (vi, vt) | gehoorsaam | [χehoərsãm] |

| recto (adj) | reguit | [reχœit] |
| curvo (adj) | krom | [krom] |

| paraíso (m) | paradys | [paradajs] |
| infierno (m) | hel | [həl] |

| nacer (vi) | gebore word | [χeborə vort] |
| morir (vi) | doodgaan | [doədχãn] |

| fuerte (adj) | sterk | [sterk] |
| débil (adj) | swak | [ṣwak] |

| viejo (adj) | oud | [æʊt] |
| joven (adj) | jong | [joŋ] |

| viejo (adj) | ou | [æʊ] |
| nuevo (adj) | nuwe | [nuvə] |

| duro (adj) | hard | [hart] |
| blando (adj) | sag | [saχ] |

| tibio (adj) | warm | [varm] |
| frío (adj) | koud | [kæʊt] |

| gordo (adj) | vet | [fet] |
| delgado (adj) | dun | [dun] |

| estrecho (adj) | smal | [smal] |
| ancho (adj) | wyd | [vajt] |

| bueno (adj) | goed | [χut] |
| malo (adj) | sleg | [sleχ] |

| valiente (adj) | dapper | [dappər] |
| cobarde (adj) | lafhartig | [lafhartəχ] |

20. Los días de la semana

lunes (m)	Maandag	[mãndaχ]
martes (m)	Dinsdag	[dinsdaχ]
miércoles (m)	Woensdag	[voɛŋsdaχ]
jueves (m)	Donderdag	[dondərdaχ]
viernes (m)	Vrydag	[frajdaχ]
sábado (m)	Saterdag	[satərdaχ]
domingo (m)	Sondag	[sondaχ]
hoy (adv)	vandag	[fandaχ]
mañana (adv)	môre	[mɔrə]
pasado mañana	oormôre	[oərmɔrə]
ayer (adv)	gister	[χistər]
anteayer (adv)	eergister	[eərχistər]
día (m)	dag	[daχ]
día (m) de trabajo	werksdag	[verks·daχ]
día (m) de fiesta	openbare vakansiedag	[openbarə fakaŋsi·daχ]
día (m) de descanso	verlofdag	[ferlofdaχ]
fin (m) de semana	naweek	[naveək]
todo el día	die hele dag	[di helə daχ]
al día siguiente	die volgende dag	[di folχendə daχ]
dos días atrás	twee dae gelede	[tweə daə χeledə]
en vísperas (adv)	die dag voor	[di daχ foər]
diario (adj)	daeliks	[daəliks]
cada día (adv)	elke dag	[ɛlkə daχ]
semana (f)	week	[veək]
semana (f) pasada	laas week	[lãs veək]
semana (f) que viene	volgende week	[folχendə veək]
semanal (adj)	weekliks	[veəkliks]
cada semana (adv)	weekliks	[veəkliks]
todos los martes	elke Dinsdag	[ɛlkə dinsdaχ]

21. Las horas. El día y la noche

mañana (f)	oggend	[oχent]
por la mañana	soggens	[soχɛŋs]
mediodía (m)	middag	[middaχ]
por la tarde	in die namiddag	[in di namiddaχ]
noche (f)	aand	[ãnt]
por la noche	saans	[sãŋs]
noche (f) (p.ej. 2:00 a.m.)	nag	[naχ]
por la noche	snags	[snaχs]
medianoche (f)	middernag	[middərnaχ]
segundo (m)	sekonde	[sekondə]
minuto (m)	minuut	[minɪt]
hora (f)	uur	[ɪr]
media hora (f)	n halfuur	[n halfɪr]

| quince minutos | vyftien minute | [fajftin minutə] |
| veinticuatro horas | 24 ure | [fir-en-twintəχ urə] |

salida (f) del sol	sonop	[son·op]
amanecer (m)	daeraad	[daerãt]
madrugada (f)	elke oggend	[ɛlkə oχent]
puesta (f) del sol	sononder	[son·ondər]

de madrugada	vroegdag	[fruχdaχ]
esta mañana	vanmôre	[fanmɔrə]
mañana por la mañana	môreoggend	[mɔrə·oχent]

esta tarde	vanmiddag	[fanmiddaχ]
por la tarde	in die namiddag	[in di namiddaχ]
mañana por la tarde	môremiddag	[mɔrə·middaχ]

| esta noche (p.ej. 8:00 p.m.) | vanaand | [fanãnt] |
| mañana por la noche | môreaand | [mɔrə·ãnt] |

a las tres en punto	klokslag 3 uur	[klokslaχ dri ɪr]
a eso de las cuatro	omstreeks 4 uur	[omstreəks fir ɪr]
para las doce	teen 12 uur	[teən twalf ɪr]

| dentro de veinte minutos | oor twintig minute | [oər twintəχ minutə] |
| a tiempo (adv) | betyds | [betajds] |

… menos cuarto	kwart voor …	[kwart foər …]
cada quince minutos	elke 15 minute	[ɛlkə fajftin minutə]
día y noche	24 uur per dag	[fir-en-twintəχ pər daχ]

22. Los meses. Las estaciones

enero (m)	Januarie	[januari]
febrero (m)	Februarie	[februari]
marzo (m)	Maart	[mãrt]
abril (m)	April	[april]
mayo (m)	Mei	[mæj]
junio (m)	Junie	[juni]

julio (m)	Julie	[juli]
agosto (m)	Augustus	[ɔuχustus]
septiembre (m)	September	[septembər]
octubre (m)	Oktober	[oktobər]
noviembre (m)	November	[nofembər]
diciembre (m)	Desember	[desembər]

primavera (f)	lente	[lentə]
en primavera	in die lente	[in di lentə]
de primavera (adj)	lente-	[lente-]

verano (m)	somer	[somər]
en verano	in die somer	[in di somər]
de verano (adj)	somerse	[somersə]
otoño (m)	herfs	[herfs]

| en otoño | in die herfs | [in di herfs] |
| de otoño (adj) | herfsagtige | [herfsaχtiχə] |

invierno (m)	winter	[vintər]
en invierno	in die winter	[in di vintər]
de invierno (adj)	winter-	[vintər-]

mes (m)	maand	[mãnt]
este mes	hierdie maand	[hirdi mãnt]
al mes siguiente	volgende maand	[folχendə mãnt]
el mes pasado	laasmaand	[lãsmãnt]

| dentro de dos meses | oor twe maande | [oər twe mãndə] |
| todo el mes | die hele maand | [di helə mãnt] |

mensual (adj)	maandeliks	[mãndəliks]
mensualmente (adv)	maandeliks	[mãndəliks]
cada mes	elke maand	[ɛlkə mãnt]

año (m)	jaar	[jãr]
este año	hierdie jaar	[hirdi jãr]
el próximo año	volgende jaar	[folχendə jãr]
el año pasado	laasjaar	[lãʃãr]

| dentro de dos años | binne twee jaar | [binnə tweə jãr] |
| todo el año | die hele jaar | [di helə jãr] |

cada año	elke jaar	[ɛlkə jãr]
anual (adj)	jaarliks	[jãrliks]
anualmente (adv)	jaarliks	[jãrliks]
cuatro veces por año	4 keer per jaar	[fir keər pər jãr]

fecha (f) (la ~ de hoy es ...)	datum	[datum]
fecha (f) (~ de entrega)	datum	[datum]
calendario (m)	kalender	[kalendər]

seis meses	ses maande	[ses mãndə]
estación (f)	seisoen	[sæjsun]
siglo (m)	eeu	[iʊ]

23. La hora. Miscelánea

tiempo (m)	tyd	[tajt]
momento (m)	moment	[moment]
instante (m)	oomblik	[oəmblik]
instantáneo (adj)	oombliklik	[oəmbliklik]
lapso (m) de tiempo	tydbestek	[tajdbestək]
vida (f)	lewe	[levə]
eternidad (f)	ewigheid	[ɛviχæjt]

época (f)	tydperk	[tajtperk]
era (f)	tydperk	[tajtperk]
ciclo (m)	siklus	[siklus]
periodo (m)	periode	[periodə]

plazo (m) (~ de tres meses)	termyn	[termajn]
futuro (m)	die toekoms	[di tukoms]
futuro (adj)	toekomstig	[tukomstəχ]
la próxima vez	die volgende keer	[di folχendə keər]
pasado (m)	die verlede	[di ferledə]
pasado (adj)	laas-	[lās-]
la última vez	die vorige keer	[di foriχə keər]

más tarde (adv)	later	[latər]
después	na	[na]
actualmente (adv)	deesdae	[deəsdaə]
ahora (adv)	nou	[næʊ]
inmediatamente	onmiddellik	[onmiddɛllik]
pronto (adv)	gou	[χæʊ]
de antemano (adv)	by voorbaat	[baj foərbāt]

hace mucho tiempo	lank gelede	[lank χeledə]
hace poco (adv)	onlangs	[onlaŋs]
destino (m)	noodlot	[noədlot]
recuerdos (m pl)	herinneringe	[herinneriŋə]
archivo (m)	argiewe	[arχivə]

durante ...	gedurende ...	[χedurendə ...]
mucho tiempo (adv)	lank	[lank]
poco tiempo (adv)	nie lank nie	[ni lank ni]
temprano (adv)	vroeg	[fruχ]
tarde (adv)	laat	[lāt]

para siempre (adv)	vir altyd	[fir altajt]
comenzar (vt)	begin	[beχin]
aplazar (vt)	uitstel	[œitstəl]

simultáneamente	tegelykertyd	[teχelajkertajt]
permanentemente	permanent	[permanent]
constante (ruido, etc.)	voortdurend	[foərtdurent]
temporal (adj)	tydelik	[tajdelik]

a veces (adv)	soms	[soms]
raramente (adv)	selde	[sɛldə]
frecuentemente	dikwels	[dikwɛls]

24. Las líneas y las formas

cuadrado (m)	vierkant	[fɪrkant]
cuadrado (adj)	vierkantig	[firkantəχ]
círculo (m)	sirkel	[sɪrkəl]
redondo (adj)	rond	[ront]
triángulo (m)	driehoek	[drihuk]
triangular (adj)	driehoekig	[drihukəχ]

óvalo (m)	ovaal	[ofāl]
oval (adj)	ovaal	[ofāl]
rectángulo (m)	reghoek	[reχhuk]
rectangular (adj)	reghoekig	[reχhukəχ]

pirámide (f)	piramide	[piramidə]
rombo (m)	ruit	[rœit]
trapecio (m)	trapesoïed	[trapesoïət]
cubo (m)	kubus	[kubus]
prisma (m)	prisma	[prisma]

circunferencia (f)	omtrek	[omtrək]
esfera (f)	sfeer	[sfeər]
globo (m)	bal	[bal]
diámetro (m)	diameter	[diametər]
radio (m)	straal	[strãl]
perímetro (m)	omtrek	[omtrək]
centro (m)	sentrum	[sentrum]

horizontal (adj)	horisontaal	[horisontãl]
vertical (adj)	vertikaal	[fertikãl]
paralela (f)	parallel	[paralləl]
paralelo (adj)	parallel	[paralləl]

línea (f)	lyn	[lajn]
trazo (m)	haal	[hãl]
recta (f)	regte lyn	[reχtə lajn]
curva (f)	krom	[krom]
fino (la ~a línea)	dun	[dun]
contorno (m)	omtrek	[omtrək]

intersección (f)	snypunt	[snaj·punt]
ángulo (m) recto	regte hoek	[reχtə huk]
segmento (m)	segment	[seχment]
sector (m)	sektor	[sektor]
lado (m)	sy	[saj]
ángulo (m)	hoek	[huk]

25. Las unidades de medida

peso (m)	gewig	[χevəχ]
longitud (f)	lengte	[leŋtə]
anchura (f)	breedte	[breedtə]
altura (f)	hoogte	[hoəχtə]
profundidad (f)	diepte	[diptə]
volumen (m)	volume	[folumə]
área (f)	area	[area]

gramo (m)	gram	[χram]
miligramo (m)	milligram	[milliχram]
kilogramo (m)	kilogram	[kiloχram]
tonelada (f)	ton	[ton]
libra (f)	pond	[pont]
onza (f)	ons	[ɔŋs]

metro (m)	meter	[metər]
milímetro (m)	millimeter	[millimetər]
centímetro (m)	sentimeter	[sentimetər]
kilómetro (m)	kilometer	[kilometər]

milla (f)	myl	[majl]
pulgada (f)	duim	[dœim]
pie (m)	voet	[fut]
yarda (f)	jaart	[jãrt]

| metro (m) cuadrado | vierkante meter | [firkantə metər] |
| hectárea (f) | hektaar | [hektãr] |

litro (m)	liter	[litər]
grado (m)	graad	[χrãt]
voltio (m)	volt	[folt]
amperio (m)	ampère	[ampɛ:r]
caballo (m) de fuerza	perdekrag	[perdə·kraχ]

cantidad (f)	hoeveelheid	[hufeəlhæjt]
mitad (f)	helfte	[hɛlftə]
docena (f)	dosyn	[dosajn]
pieza (f)	stuk	[stuk]

| dimensión (f) | grootte | [χroəttə] |
| escala (f) (del mapa) | skaal | [skãl] |

mínimo (adj)	minimaal	[minimãl]
el más pequeño (adj)	die kleinste	[di klæjnstə]
medio (adj)	medium	[medium]
máximo (adj)	maksimaal	[maksimãl]
el más grande (adj)	die grootste	[di χroətstə]

26. Contenedores

tarro (m) de vidrio	glaspot	[χlas·pot]
lata (f)	blikkie	[blikki]
cubo (m)	emmer	[ɛmmər]
barril (m)	drom	[drom]

palangana (f)	wasbak	[vas·bak]
tanque (m)	tenk	[tɛnk]
petaca (f) (de alcohol)	heupfles	[høəp·fles]
bidón (m) de gasolina	petrolblik	[petrol·blik]
cisterna (f)	tenk	[tɛnk]

taza (f) (mug de cerámica)	beker	[bekər]
taza (f) (~ de café)	koppie	[koppi]
platillo (m)	piering	[piriŋ]
vaso (m) (~ de agua)	glas	[χlas]
copa (f) (~ de vino)	wynglas	[vajn·χlas]
olla (f)	soppot	[sop·pot]

| botella (f) | bottel | [bottəl] |
| cuello (m) de botella | nek | [nek] |

garrafa (f)	kraffie	[kraffi]
jarro (m) (~ de agua)	kruik	[krœik]
recipiente (m)	houer	[hæʋər]

| tarro (m) | pot | [pot] |
| florero (m) | vaas | [fãs] |

frasco (m) (~ de perfume)	bottel	[bottəl]
frasquito (m)	botteltjie	[bottɛlki]
tubo (m)	buisie	[bœisi]

saco (m) (~ de azúcar)	sak	[sak]
bolsa (f) (~ plástica)	sak	[sak]
paquete (m) (~ de cigarrillos)	pakkie	[pakki]

caja (f)	kartondoos	[karton·doəs]
cajón (m) (~ de madera)	krat	[krat]
cesta (f)	mandjie	[mandʒi]

27. Materiales

material (m)	boustof	[bæʊstof]
madera (f)	hout	[hæʊt]
de madera (adj)	hout-	[hæʊt-]

| vidrio (m) | glas | [χlas] |
| de vidrio (adj) | glas- | [χlas-] |

| piedra (f) | klip | [klip] |
| de piedra (adj) | klip- | [klip-] |

| plástico (m) | plastiek | [plastik] |
| de plástico (adj) | plastiek- | [plastik-] |

| goma (f) | rubber | [rubbər] |
| de goma (adj) | rubber- | [rubbər-] |

| tela (f) | materiaal | [materiãl] |
| de tela (adj) | materiaal- | [materiãl-] |

| papel (m) | papier | [papir] |
| de papel (adj) | papier- | [papir-] |

| cartón (m) | karton | [karton] |
| de cartón (adj) | karton- | [karton-] |

| polietileno (m) | politeen | [politeən] |
| celofán (m) | sellofaan | [sɛllofãn] |

| linóleo (m) | linoleum | [linoløəm] |
| contrachapado (m) | laaghout | [lãχhæʊt] |

porcelana (f)	porselein	[porselæjn]
de porcelana (adj)	porselein-	[porselæjn-]
arcilla (f), barro (m)	klei	[klæj]
de barro (adj)	klei-	[klæj-]
cerámica (f)	keramiek	[keramik]
de cerámica (adj)	keramiek-	[keramik-]

28. Los metales

metal (m)	metaal	[metãl]
metálico (adj)	metaal-	[metãl-]
aleación (f)	allooi	[alloj]

oro (m)	goud	[χæʊt]
de oro (adj)	goue	[χæʊə]
plata (f)	silwer	[silwər]
de plata (adj)	silwer-	[silwər-]

hierro (m)	yster	[ajstər]
de hierro (adj)	yster-	[ajstər-]
acero (m)	staal	[stãl]
de acero (adj)	staal-	[stãl-]
cobre (m)	koper	[kopər]
de cobre (adj)	koper-	[kopər-]

aluminio (m)	aluminium	[aluminium]
de aluminio (adj)	aluminium-	[aluminium-]
bronce (m)	brons	[brɔŋs]
de bronce (adj)	brons-	[brɔŋs-]

latón (m)	geelkoper	[χeəl·kopər]
níquel (m)	nikkel	[nikkəl]
platino (m)	platinum	[platinum]
mercurio (m)	kwik	[kwik]
estaño (m)	tin	[tin]
plomo (m)	lood	[loət]
zinc (m)	sink	[sink]

EL SER HUMANO

El ser humano. El cuerpo

29. El ser humano. Conceptos básicos

ser (m) humano	**mens**	[mɛŋs]
hombre (m) (varón)	**man**	[man]
mujer (f)	**vrou**	[fræʊ]
niño -a (m, f)	**kind**	[kint]
niña (f)	**meisie**	[mæjɛi]
niño (m)	**seun**	[søən]
adolescente (m)	**tiener**	[tinər]
viejo, anciano (m)	**ou man**	[æʊ man]
vieja, anciana (f)	**ou vrou**	[æʊ fræʊ]

30. La anatomía humana

organismo (m)	**organisme**	[orχanismə]
corazón (m)	**hart**	[hart]
sangre (f)	**bloed**	[blut]
arteria (f)	**slagaar**	[slaχār]
vena (f)	**aar**	[ār]
cerebro (m)	**brein**	[bræjn]
nervio (m)	**senuwee**	[senuveə]
nervios (m pl)	**senuwees**	[senuveəs]
vértebra (f)	**rugwerwels**	[ruχ·werwɛls]
columna (f) vertebral	**ruggraat**	[ruχ·χrāt]
estómago (m)	**maag**	[māχ]
intestinos (m pl)	**ingewande**	[inχəwandə]
intestino (m)	**derm**	[derm]
hígado (m)	**lewer**	[levər]
riñón (m)	**nier**	[nir]
hueso (m)	**been**	[beən]
esqueleto (m)	**geraamte**	[χerāmtə]
costilla (f)	**rib**	[rip]
cráneo (m)	**skedel**	[skedəl]
músculo (m)	**spier**	[spir]
bíceps (m)	**biseps**	[biseps]
tríceps (m)	**triseps**	[triseps]
tendón (m)	**sening**	[seniŋ]
articulación (f)	**gewrig**	[χevrəχ]

pulmones (m pl)	longe	[loŋə]
genitales (m pl)	geslagsorgane	[χeslaχs·orχanə]
piel (f)	vel	[fəl]

31. La cabeza

cabeza (f)	kop	[kop]
cara (f)	gesig	[χesəχ]
nariz (f)	neus	[nøøs]
boca (f)	mond	[mont]

ojo (m)	oog	[oəχ]
ojos (m pl)	oë	[oɛ]
pupila (f)	pupil	[pupil]
ceja (f)	wenkbrou	[vɛnk·bræʊ]
pestaña (f)	ooghaar	[oəχ·hār]
párpado (m)	ooglid	[oəχ·lit]

lengua (f)	tong	[toŋ]
diente (m)	tand	[tant]
labios (m pl)	lippe	[lippə]
pómulos (m pl)	wangbene	[vaŋ·benə]
encía (f)	tandvleis	[tand·flæjs]
paladar (m)	verhemelte	[fer·hemɛltə]

ventanas (f pl)	neusgate	[nøəsχatə]
mentón (m)	ken	[ken]
mandíbula (f)	kakebeen	[kakebeən]
mejilla (f)	wang	[vaŋ]

frente (f)	voorhoof	[foərhoəf]
sien (f)	slaap	[slāp]
oreja (f)	oor	[oər]
nuca (f)	agterkop	[aχtərkop]
cuello (m)	nek	[nek]
garganta (f)	keel	[keəl]

pelo, cabello (m)	haar	[hār]
peinado (m)	kapsel	[kapsəl]
corte (m) de pelo	haarstyl	[hārstajl]
peluca (f)	pruik	[prœik]

bigote (m)	snor	[snor]
barba (f)	baard	[bārt]
tener (~ la barba)	dra	[dra]
trenza (f)	vlegsel	[fleχsəl]
patillas (f pl)	bakkebaarde	[bakkəbārdə]

pelirrojo (adj)	rooiharig	[roj·harəχ]
gris, canoso (adj)	grys	[χrajs]
calvo (adj)	kaal	[kāl]
calva (f)	kaal plek	[kāl plek]
cola (f) de caballo	poniestert	[poni·stert]
flequillo (m)	gordyntjiekapsel	[χordajnki·kapsəl]

32. El cuerpo

mano (f)	hand	[hant]
brazo (m)	arm	[arm]

dedo (m)	vinger	[fiŋər]
dedo (m) del pie	toon	[toən]
dedo (m) pulgar	duim	[dœim]
dedo (m) meñique	pinkie	[pinki]
uña (f)	nael	[naəl]

puño (m)	vuis	[fœis]
palma (f)	palm	[palm]
muñeca (f)	pols	[pols]
antebrazo (m)	voorarm	[foərarm]
codo (m)	elmboog	[ɛlmboəχ]
hombro (m)	skouer	[skæʊər]

pierna (f)	been	[beən]
planta (f)	voet	[fut]
rodilla (f)	knie	[kni]
pantorrilla (f)	kuit	[kœit]
cadera (f)	heup	[høəp]
talón (m)	hakskeen	[hak·skeən]

cuerpo (m)	liggaam	[liχχām]
vientre (m)	maag	[māχ]
pecho (m)	bors	[bors]
seno (m)	bors	[bors]
lado (m), costado (m)	sy	[saj]
espalda (f)	rug	[ruχ]
zona (f) lumbar	lae rug	[laə ruχ]
cintura (f), talle (m)	middel	[middəl]

ombligo (m)	naeltjie	[naɛlki]
nalgas (f pl)	boude	[bæʊdə]
trasero (m)	sitvlak	[sitflak]

lunar (m)	moesie	[musi]
marca (f) de nacimiento	moedervlek	[mudər·flek]
tatuaje (m)	tatoe	[tatu]
cicatriz (f)	litteken	[littekən]

La ropa y los accesorios

33. La ropa exterior. Los abrigos

ropa (f)	klere	[klerə]
ropa (f) de calle	oorklere	[oərklerə]
ropa (f) de invierno	winterklere	[vintər·klerə]
abrigo (m)	jas	[jas]
abrigo (m) de piel	pelsjas	[pelʃas]
abrigo (m) corto de piel	kort pelsjas	[kort pelʃas]
chaqueta (f) plumón	donsjas	[donʃas]
cazadora (f)	baadjie	[bādʒi]
impermeable (m)	reënjas	[reɛnjas]
impermeable (adj)	waterdig	[vatərdəχ]

34. Ropa de hombre y mujer

camisa (f)	hemp	[hemp]
pantalones (m pl)	broek	[bruk]
jeans, vaqueros (m pl)	denimbroek	[denim·bruk]
chaqueta (f), saco (m)	baadjie	[bādʒi]
traje (m)	pak	[pak]
vestido (m)	rok	[rok]
falda (f)	romp	[romp]
blusa (f)	bloes	[blus]
rebeca (f),	gebreide baadjie	[χebræjdə bādʒi]
chaqueta (f) de punto		
chaqueta (f)	baadjie	[bādʒi]
camiseta (f) (T-shirt)	T-hemp	[te-hemp]
pantalones (m pl) cortos	kortbroek	[kort·bruk]
traje (m) deportivo	sweetpak	[sweet·pak]
bata (f) de baño	badjas	[batjas]
pijama (m)	pajama	[pajama]
suéter (m)	trui	[trœi]
pulóver (m)	trui	[trœi]
chaleco (m)	onderbaadjie	[ondər·bādʒi]
frac (m)	swaelstertbaadjie	[swaɛlstert·bādʒi]
esmoquin (m)	aandpak	[āntpak]
uniforme (m)	uniform	[uniform]
ropa (f) de trabajo	werksklere	[verks·klerə]
mono (m)	oorpak	[oərpak]
bata (f) (p. ej. ~ blanca)	jas	[jas]

35. La ropa. La ropa interior

ropa (f) interior	onderklere	[ondərklerə]
bóxer (m)	onderbroek	[ondərbruk]
bragas (f pl)	onderbroek	[ondərbruk]
camiseta (f) interior	frokkie	[frokki]
calcetines (m pl)	sokkies	[sokkis]
camisón (m)	nagrok	[naχrok]
sostén (m)	bra	[bra]
calcetines (m pl) altos	kniekouse	[kni·kæʊsə]
pantimedias (f pl)	kousbroek	[kæʊsbruk]
medias (f pl)	kouse	[kæʊsə]
traje (m) de baño	baaikostuum	[bāj·kostɪm]

36. Gorras

gorro (m)	hoed	[hut]
sombrero (m) de fieltro	hoed	[hut]
gorra (f) de béisbol	bofbalpet	[bofbal·pet]
gorra (f) plana	pet	[pet]
boina (f)	mus	[mus]
capuchón (m)	kap	[kap]
panamá (m)	panamahoed	[panama·hut]
gorro (m) de punto	gebreide mus	[χebræjdə mus]
pañuelo (m)	kopdoek	[kopduk]
sombrero (m) de mujer	dameshoed	[dames·hut]
casco (m) (~ protector)	veiligheidshelm	[fæjliχæjts·hɛlm]
gorro (m) de campaña	mus	[mus]
casco (m) (~ de moto)	helmet	[hɛlmet]
bombín (m)	bolhoed	[bolhut]
sombrero (m) de copa	hoëhoed	[hoɛhut]

37. El calzado

calzado (m)	skoeisel	[skuisəl]
botas (f pl)	mansskoene	[maŋs·skunə]
zapatos (m pl) (~ de tacón bajo)	damesskoene	[dames·skunə]
botas (f pl) altas	laarse	[lārsə]
zapatillas (f pl)	pantoffels	[pantoffəls]
tenis (m pl)	tennisskoene	[tɛnnis·skunə]
zapatillas (f pl) de lona	tekkies	[tɛkkis]
sandalias (f pl)	sandale	[sandalə]
zapatero (m)	skoenmaker	[skun·makər]
tacón (m)	hak	[hak]

par (m)	paar	[pãr]
cordón (m)	skoenveter	[skun·fetər]
encordonar (vt)	ryg	[rajχ]
calzador (m)	skoenlepel	[skun·lepəl]
betún (m)	skoenpolitoer	[skun·politur]

38. Los textiles. Las telas

algodón (m)	katoen	[katun]
de algodón (adj)	katoen-	[katun-]
lino (m)	vlas	[flas]
de lino (adj)	vlas-	[flas-]

seda (f)	sy	[saj]
de seda (adj)	sy-	[saj-]
lana (f)	wol	[vol]
de lana (adj)	wol-	[vol-]

terciopelo (m)	fluweel	[fluveəl]
gamuza (f)	suède	[suɛdə]
pana (f)	ferweel	[ferweəl]

nilón (m)	nylon	[najlon]
de nilón (adj)	nylon-	[najlon-]
poliéster (m)	poliëster	[poliɛstər]
de poliéster (adj)	poliëster-	[poliɛstər-]

piel (f) (cuero)	leer	[leər]
de piel (de cuero)	leer-	[leər-]
piel (f) (~ de zorro, etc.)	bont	[bont]
de piel (abrigo ~)	bont-	[bont-]

39. Accesorios personales

guantes (m pl)	handskoene	[handskunə]
manoplas (f pl)	duimhandskoene	[dœim·handskunə]
bufanda (f)	serp	[serp]

gafas (f pl)	bril	[bril]
montura (f)	raam	[rãm]
paraguas (m)	sambreel	[sambreəl]
bastón (m)	wandelstok	[vandəl·stok]
cepillo (m) de pelo	haarborsel	[hãr·borsəl]
abanico (m)	waaier	[vãjer]

corbata (f)	das	[das]
pajarita (f)	strikkie	[strikki]
tirantes (m pl)	kruisbande	[krœis·bandə]
moquero (m)	sakdoek	[sakduk]

peine (m)	kam	[kam]
pasador (m) de pelo	haarspeld	[hãrs·pɛlt]

horquilla (f)	**haarpen**	[hãr·pen]
hebilla (f)	**gespe**	[χespə]
cinturón (m)	**belt**	[bɛlt]
correa (f) (de bolso)	**skouerband**	[skæʋer·bant]
bolsa (f)	**handsak**	[hand·sak]
bolso (m)	**beursie**	[bøərsi]
mochila (f)	**rugsak**	[ruχsak]

40. La ropa. Miscelánea

moda (f)	**mode**	[modə]
de moda (adj)	**in die mode**	[in di modə]
diseñador (m) de moda	**modeontwerper**	[modə·ontwerpər]
cuello (m)	**kraag**	[krãχ]
bolsillo (m)	**sak**	[sak]
de bolsillo (adj)	**sak-**	[sak-]
manga (f)	**mou**	[mæʋ]
presilla (f)	**lussie**	[lussi]
bragueta (f)	**gulp**	[χulp]
cremallera (f)	**ritssluiter**	[rits·slœeitər]
cierre (m)	**vasmaker**	[fasmakər]
botón (m)	**knoop**	[knoəp]
ojal (m)	**knoopsgat**	[knoəps·χat]
saltar (un botón)	**loskom**	[loskom]
coser (vi, vt)	**naai**	[nãi]
bordar (vt)	**borduur**	[bordɪr]
bordado (m)	**borduurwerk**	[bordɪr·werk]
aguja (f)	**naald**	[nãlt]
hilo (m)	**garing**	[χariŋ]
costura (f)	**soom**	[soəm]
ensuciarse (vr)	**vuil word**	[fœil vort]
mancha (f)	**vlek**	[flek]
arrugarse (vr)	**kreukel**	[krøəkəl]
rasgar (vt)	**skeur**	[skøər]
polilla (f)	**mot**	[mot]

41. Productos personales. Cosméticos

pasta (f) de dientes	**tandepasta**	[tandə·pasta]
cepillo (m) de dientes	**tandeborsel**	[tandə·borsəl]
limpiarse los dientes	**tande borsel**	[tandə borsəl]
maquinilla (f) de afeitar	**skeermes**	[skeər·mes]
crema (f) de afeitar	**skeerroom**	[skeər·roəm]
afeitarse (vr)	**skeer**	[skeər]
jabón (m)	**seep**	[seəp]

champú (m)	sjampoe	[ʃampu]
tijeras (f pl)	skêr	[skær]
lima (f) de uñas	naelvyl	[naɛl·fajl]
cortaúñas (m pl)	naelknipper	[naɛl·knippər]
pinzas (f pl)	haartangetjie	[hārtaŋəki]

cosméticos (m pl)	kosmetika	[kosmetika]
mascarilla (f)	gesigmasker	[ɣesiχ·maskər]
manicura (f)	manikuur	[manikɪr]
hacer la manicura	laat manikuur	[lāt manikɪr]
pedicura (f)	voetbehandeling	[fut·behandeliŋ]

bolsa (f) de maquillaje	kosmetika tassie	[kosmetika tassi]
polvos (m pl)	gesigpoeier	[ɣesiχ·pujer]
polvera (f)	poeierdosie	[pujer·dosi]
colorete (m), rubor (m)	blosser	[blossər]

perfume (m)	parfuum	[parfɪm]
agua (f) de tocador	reukwater	[røək·vatər]
loción (f)	vloeiroom	[flui·roəm]
agua (f) de Colonia	reukwater	[røək·vatər]

sombra (f) de ojos	oogskadu	[oəχ·skadu]
lápiz (m) de ojos	oogomlyner	[oəχ·omlajnər]
rímel (m)	maskara	[maskara]

pintalabios (m)	lipstiffie	[lip·stiffi]
esmalte (m) de uñas	naellak	[naɛl·lak]
fijador (m) para el pelo	haarsproei	[hārs·prui]
desodorante (m)	reukweermiddel	[røək·veərmiddəl]

crema (f)	room	[roəm]
crema (f) de belleza	gesigroom	[ɣesiχ·roəm]
crema (f) de manos	handroom	[hand·roəm]
crema (f) antiarrugas	antirimpelroom	[antirimpəl·roəm]
crema (f) de día	dagroom	[daχ·roəm]
crema (f) de noche	nagroom	[naχ·roəm]
de día (adj)	dag-	[daχ-]
de noche (adj)	nag-	[naχ-]

tampón (m)	tampon	[tampon]
papel (m) higiénico	toiletpapier	[tojlet·papir]
secador (m) de pelo	haardroër	[hār·droɛr]

42. Las joyas

joyas (f pl)	juweliersware	[juvelirs·warə]
precioso (adj)	edel-	[ɛdəl-]
contraste (m)	waarmerk	[vărmɛrk]

anillo (m)	ring	[riŋ]
anillo (m) de boda	trouring	[træʊriŋ]
pulsera (f)	armband	[armbant]
pendientes (m pl)	oorbelle	[oər·bɛllə]

collar (m) (~ de perlas)	halssnoer	[hals·snur]
corona (f)	kroon	[kroən]
collar (m) de abalorios	kraalsnoer	[krāl·snur]

diamante (m)	diamant	[diamant]
esmeralda (f)	smarag	[smaraχ]
rubí (m)	robyn	[robajn]
zafiro (m)	saffier	[saffir]
perla (f)	pêrel	[pærəl]
ámbar (m)	amber	[ambər]

43. Los relojes

reloj (m)	polshorlosie	[pols·horlosi]
esfera (f)	wyserplaat	[vajsər·plāt]
aguja (f)	wyster	[vajstər]
pulsera (f)	metaal horlosiebandjie	[metāl horlosi·bandʒi]
correa (f) (del reloj)	horlosiebandjie	[horlosi·bandʒi]

pila (f)	battery	[battəraj]
descargarse (vr)	pap wees	[pap veəs]
adelantarse (vr)	voorloop	[foərloəp]
retrasarse (vr)	agterloop	[aχtərloəp]

reloj (m) de pared	muurhorlosie	[mɪr·horlosi]
reloj (m) de arena	uurglas	[ɪr·χlas]
reloj (m) de sol	sonwyser	[son·wajsər]
despertador (m)	wekker	[vɛkkər]
relojero (m)	horlosiemaker	[horlosi·makər]
reparar (vt)	herstel	[herstəl]

La comida y la nutrición

carne (f)	vleis	[flæjs]
gallina (f)	hoender	[hundər]
pollo (m)	braaikuiken	[brāj·kœiken]
pato (m)	eend	[eent]
ganso (m)	gans	[χaŋs]
caza (f) menor	wild	[vilt]
pava (f)	kalkoen	[kalkun]
carne (f) de cerdo	varkvleis	[fark·flæjs]
carne (f) de ternera	kalfsvleis	[kalfs·flæjs]
carne (f) de carnero	lamsvleis	[lams·flæjs]
carne (f) de vaca	beesvleis	[beəs·flæjs]
conejo (m)	konynvleis	[konajn·flæjs]
salchichón (m)	wors	[vors]
salchicha (f)	Weense worsie	[veɛŋsə vorsi]
beicon (m)	spek	[spek]
jamón (m)	ham	[ham]
jamón (m) fresco	gerookte ham	[χeroəktə ham]
paté (m)	patee	[pateə]
hígado (m)	lewer	[levər]
carne (f) picada	maalvleis	[māl·flæjs]
lengua (f)	tong	[toŋ]
huevo (m)	eier	[æjer]
huevos (m pl)	eiers	[æjers]
clara (f)	eierwit	[æjer·wit]
yema (f)	dooier	[dojer]
pescado (m)	vis	[fis]
mariscos (m pl)	seekos	[seə·kos]
crustáceos (m pl)	skaaldiere	[skāldirə]
caviar (m)	kaviaar	[kafiār]
cangrejo (m) de mar	krab	[krap]
camarón (m)	garnaal	[χarnāl]
ostra (f)	oester	[ustər]
langosta (f)	seekreef	[seə·kreəf]
pulpo (m)	seekat	[seə·kat]
calamar (m)	pylinkvis	[pajl·inkfis]
esturión (m)	steur	[støər]
salmón (m)	salm	[salm]
fletán (m)	heilbot	[hæjlbot]
bacalao (m)	kabeljou	[kabeljæʊ]

caballa (f)	makriel	[makril]
atún (m)	tuna	[tuna]
anguila (f)	paling	[paliŋ]
trucha (f)	forel	[forəl]
sardina (f)	sardyn	[sardajn]
lucio (m)	varswatersnoek	[farswatər·snuk]
arenque (m)	haring	[hariŋ]
pan (m)	brood	[broət]
queso (m)	kaas	[kãs]
azúcar (m)	suiker	[sœikər]
sal (f)	sout	[sæʊt]
arroz (m)	rys	[rajs]
macarrones (m pl)	pasta	[pasta]
tallarines (m pl)	noedels	[nudɛls]
mantequilla (f)	botter	[bottər]
aceite (m) vegetal	plantaardige olie	[plantãrdixə oli]
aceite (m) de girasol	sonblomolie	[sonblom·oli]
margarina (f)	margarien	[marχarin]
olivas, aceitunas (f pl)	olywe	[olajvə]
aceite (m) de oliva	olyfolie	[olajf·oli]
leche (f)	melk	[melk]
leche (f) condensada	kondensmelk	[kondɛŋs·melk]
yogur (m)	jogurt	[joχurt]
nata (f) agria	suurroom	[sɪr·roəm]
nata (f) líquida	room	[roəm]
mayonesa (f)	mayonnaise	[majonɛs]
crema (f) de mantequilla	crème	[krɛm]
cereales (m pl) integrales	ontbytgraan	[ontbajt·χrãn]
harina (f)	meelblom	[meəl·blom]
conservas (f pl)	blikkieskos	[blikkis·kos]
copos (m pl) de maíz	mielievlokkies	[mili·flokkis]
miel (f)	heuning	[høəniŋ]
confitura (f)	konfyt	[konfajt]
chicle (m)	kougom	[kæʊχom]

45. Las bebidas

agua (f)	water	[vatər]
agua (f) potable	drinkwater	[drink·vatər]
agua (f) mineral	mineraalwater	[minerãl·vatər]
sin gas	sonder gas	[sondər χas]
gaseoso (adj)	soda-	[soda-]
con gas	bruis-	[brœis-]
hielo (m)	ys	[ajs]

con hielo	met ys	[met ajs]
sin alcohol	nie-alkoholies	[ni-alkoholis]
bebida (f) sin alcohol	koeldrank	[kul·drank]
refresco (m)	verfrissende drank	[ferfrissendə drank]
limonada (f)	limonade	[limonadə]
bebidas (f pl) alcohólicas	likeure	[likøərə]
vino (m)	wyn	[vajn]
vino (m) blanco	witwyn	[vit·vajn]
vino (m) tinto	rooiwyn	[roj·vajn]
licor (m)	likeur	[likøər]
champaña (f)	sjampanje	[ʃampanje]
vermú (m)	vermoet	[fermut]
whisky (m)	whisky	[vhiskaj]
vodka (m)	vodka	[fodka]
ginebra (f)	jenever	[jenefər]
coñac (m)	brandewyn	[brandə·vajn]
ron (m)	rum	[rum]
café (m)	koffie	[koffi]
café (m) solo	swart koffie	[swart koffi]
café (m) con leche	koffie met melk	[koffi met melk]
capuchino (m)	capuccino	[kaputʃino]
café (m) soluble	poeierkoffie	[pujer·koffi]
leche (f)	melk	[melk]
cóctel (m)	mengeldrankie	[menχəl·dranki]
batido (m)	melkskommel	[melk·skommel]
zumo (m), jugo (m)	sap	[sap]
jugo (m) de tomate	tamatiesap	[tamati·sap]
zumo (m) de naranja	lemoensap	[lemoən·sap]
zumo (m) fresco	vars geparste sap	[fars χeparstə sap]
cerveza (f)	bier	[bir]
cerveza (f) rubia	ligte bier	[liχtə bir]
cerveza (f) negra	donker bier	[donkər bir]
té (m)	tee	[teə]
té (m) negro	swart tee	[swart teə]
té (m) verde	groen tee	[χrun teə]

46. Las verduras

legumbres (f pl)	groente	[χruntə]
verduras (f pl)	groente	[χruntə]
tomate (m)	tamatie	[tamati]
pepino (m)	komkommer	[komkommər]
zanahoria (f)	wortel	[vortəl]
patata (f)	aartappel	[ārtappəl]
cebolla (f)	ui	[œi]

ajo (m)	**knoffel**	[knoffəl]
col (f)	**kool**	[koəl]
coliflor (f)	**blomkool**	[blom·koəl]
col (f) de Bruselas	**Brusselspruite**	[brussɛl·sprœitə]
brócoli (m)	**broccoli**	[brokoli]
remolacha (f)	**beet**	[beət]
berenjena (f)	**eiervrug**	[æjerfruχ]
calabacín (m)	**vingerskorsie**	[fiŋər·skorsi]
calabaza (f)	**pampoen**	[pampun]
nabo (m)	**raap**	[rãp]
perejil (m)	**pietersielie**	[pitərsili]
eneldo (m)	**dille**	[dillə]
lechuga (f)	**slaai**	[slãi]
apio (m)	**seldery**	[selderaj]
espárrago (m)	**aspersie**	[aspersi]
espinaca (f)	**spinasie**	[spinasi]
guisante (m)	**ertjie**	[ɛrki]
habas (f pl)	**boontjies**	[boənkis]
maíz (m)	**mielie**	[mili]
fréjol (m)	**nierboontjie**	[nir·boənki]
pimiento (m) dulce	**paprika**	[paprika]
rábano (m)	**radys**	[radajs]
alcachofa (f)	**artisjok**	[artiʃok]

47. Las frutas. Las nueces

fruto (m)	**vrugte**	[fruχtə]
manzana (f)	**appel**	[appəl]
pera (f)	**peer**	[peər]
limón (m)	**suurlemoen**	[sɪr·lemun]
naranja (f)	**lemoen**	[lemun]
fresa (f)	**aarbei**	[ãrbæj]
mandarina (f)	**nartjie**	[narki]
ciruela (f)	**pruim**	[prœim]
melocotón (m)	**perske**	[perskə]
albaricoque (m)	**appelkoos**	[appɛlkoəs]
frambuesa (f)	**framboos**	[framboəs]
piña (f)	**pynappel**	[pajnappəl]
banana (f)	**piesang**	[pisaŋ]
sandía (f)	**waatlemoen**	[vãtlemun]
uva (f)	**druif**	[drœif]
guinda (f)	**suurkersie**	[sɪr·kersi]
cereza (f)	**soetkersie**	[sut·kersi]
melón (m)	**spanspek**	[spaŋspek]
pomelo (m)	**pomelo**	[pomelo]
aguacate (m)	**avokado**	[afokado]
papaya (f)	**papaja**	[papaja]

| mango (m) | mango | [manχo] |
| granada (f) | granaat | [χranãt] |

grosella (f) roja	rooi aalbessie	[roj ãlbɛssi]
grosella (f) negra	swartbessie	[swartbɛssi]
grosella (f) espinosa	appelliefie	[appɛllifi]
arándano (m)	bosbessie	[bosbɛssi]
zarzamoras (f pl)	braambessie	[brãmbɛssi]

pasas (f pl)	rosyntjie	[rosajnki]
higo (m)	vy	[faj]
dátil (m)	dadel	[dadəl]

cacahuete (m)	grondboontjie	[χront·boənki]
almendra (f)	amandel	[amandəl]
nuez (f)	okkerneut	[okkər·nøət]
avellana (f)	haselneut	[hasɛl·nøət]
nuez (f) de coco	klapper	[klappər]
pistachos (m pl)	pistachio	[pistatʃio]

48. El pan. Los dulces

pasteles (m pl)	soet gebak	[sut χebak]
pan (m)	brood	[broət]
galletas (f pl)	koekies	[kukis]

chocolate (m)	sjokolade	[ʃokoladə]
de chocolate (adj)	sjokolade	[ʃokoladə]
caramelo (m)	lekkers	[lɛkkərs]
tarta (f) (pequeña)	koek	[kuk]
tarta (f) (~ de cumpleaños)	koek	[kuk]

| tarta (f) (~ de manzana) | pastei | [pastæj] |
| relleno (m) | vulsel | [fulsəl] |

confitura (f)	konfyt	[konfajt]
mermelada (f)	marmelade	[marmeladə]
gofre (m)	wafels	[vafɛls]
helado (m)	roomys	[roəm·ajs]
pudin (m)	poeding	[pudiŋ]

49. Los platos

plato (m)	gereg	[χerəχ]
cocina (f)	kookkuns	[koək·kuns]
receta (f)	resep	[resep]
porción (f)	porsie	[porsi]

ensalada (f)	slaai	[slãi]
sopa (f)	sop	[sop]
caldo (m)	helder sop	[hɛldər sop]
bocadillo (m)	toebroodjie	[tubroədʒi]

huevos (m pl) fritos	gabakte eiers	[χabaktə æjers]
hamburguesa (f)	hamburger	[hamburχər]
bistec (m)	biefstuk	[bifstuk]

guarnición (f)	sygereg	[saj·χerəχ]
espagueti (m)	spaghetti	[spaχɛtti]
puré (m) de patatas	kapokaartappels	[kapok·ārtappəls]
pizza (f)	pizza	[pizza]
gachas (f pl)	pap	[pap]
tortilla (f) francesa	omelet	[oməlet]

cocido en agua (adj)	gekook	[χekoək]
ahumado (adj)	gerook	[χeroək]
frito (adj)	gebak	[χebak]
seco (adj)	gedroog	[χedroəχ]
congelado (adj)	gevries	[χefris]
marinado (adj)	gepiekel	[χepikəl]

azucarado, dulce (adj)	soet	[sut]
salado (adj)	sout	[sæʊt]
frío (adj)	koud	[kæʊt]
caliente (adj)	warm	[varm]
amargo (adj)	bitter	[bittər]
sabroso (adj)	smaaklik	[smāklik]

cocer en agua	kook in water	[koək in vatər]
preparar (la cena)	kook	[koək]
freír (vt)	braai	[braj]
calentar (vt)	opwarm	[opwarm]

salar (vt)	sout	[sæʊt]
poner pimienta	peper	[pepər]
rallar (vt)	rasp	[rasp]
piel (f)	skil	[skil]
pelar (vt)	skil	[skil]

50. Las especias

sal (f)	sout	[sæʊt]
salado (adj)	sout	[sæʊt]
salar (vt)	sout	[sæʊt]

pimienta (f) negra	swart peper	[swart pepər]
pimienta (f) roja	rooi peper	[roj pepər]
mostaza (f)	mosterd	[mostert]
rábano (m) picante	peperwortel	[peper·wortəl]

condimento (m)	smaakmiddel	[smāk·middəl]
especia (f)	spesery	[spesəraj]
salsa (f)	sous	[sæʊs]
vinagre (m)	asyn	[asajn]

| anís (m) | anys | [anajs] |
| albahaca (f) | basilikum | [basilikum] |

clavo (m)	naeltjies	[naɛlkis]
jengibre (m)	gemmer	[χɛmmər]
cilantro (m)	koljander	[koljandər]
canela (f)	kaneel	[kaneəl]

sésamo (m)	sesamsaad	[sesam·sāt]
hoja (f) de laurel	lourierblaar	[læʊrir·blār]
paprika (f)	paprika	[paprika]
comino (m)	komynsaad	[komajnsāt]
azafrán (m)	saffraan	[saffrān]

51. Las comidas

| comida (f) | kos | [kos] |
| comer (vi, vt) | eet | [eət] |

desayuno (m)	ontbyt	[ontbajt]
desayunar (vi)	ontbyt	[ontbajt]
almuerzo (m)	middagete	[middaχ·etə]
almorzar (vi)	gaan eet	[χān eət]
cena (f)	aandete	[āndetə]
cenar (vi)	aandete gebruik	[āndetə χebrœik]

| apetito (m) | aptyt | [aptajt] |
| ¡Que aproveche! | Smaaklike ete! | [smāklikə etə!] |

abrir (vt)	oopmaak	[oəpmāk]
derramar (líquido)	mors	[mors]
derramarse (líquido)	mors	[mors]

hervir (vi)	kook	[koək]
hervir (vt)	kook	[koək]
hervido (agua ~a)	gekook	[χekoək]
enfriar (vt)	laat afkoel	[lāt afkul]
enfriarse (vr)	afkoel	[afkul]

| sabor (m) | smaak | [smāk] |
| regusto (m) | nasmaak | [nasmāk] |

adelgazar (vi)	vermaer	[fermaər]
dieta (f)	dieet	[diət]
vitamina (f)	vitamien	[fitamin]
caloría (f)	kalorie	[kalori]

| vegetariano (m) | vegetariër | [feχetariɛr] |
| vegetariano (adj) | vegetaries | [feχetaris] |

grasas (f pl)	vette	[fɛttə]
proteínas (f pl)	proteïen	[proteïen]
carbohidratos (m pl)	koolhidrate	[koəlhidratə]

loncha (f)	snytjie	[snajki]
pedazo (m)	stuk	[stuk]
miga (f)	krummel	[krumməl]

52. Los cubiertos

cuchara (f)	lepel	[lepəl]
cuchillo (m)	mes	[mes]
tenedor (m)	vurk	[furk]
taza (f)	koppie	[koppi]
plato (m)	bord	[bort]
platillo (m)	piering	[piriŋ]
servilleta (f)	servet	[serfət]
mondadientes (m)	tandestokkie	[tandə·stokki]

53. El restaurante

restaurante (m)	restaurant	[restɔurant]
cafetería (f)	koffiekroeg	[koffi·kruχ]
bar (m)	kroeg	[kruχ]
salón (m) de té	teekamer	[teə·kamər]
camarero (m)	kelner	[kɛlnər]
camarera (f)	kelnerin	[kɛlnərin]
barman (m)	kroegman	[kruχman]
carta (f), menú (m)	spyskaart	[spajs·kãrt]
carta (f) de vinos	wyn	[vajn]
reservar una mesa	wynkaart	[vajn·kãrt]
plato (m)	gereg	[χerəχ]
pedir (vt)	bestel	[bestəl]
hacer un pedido	bestel	[bestəl]
aperitivo (m)	drankie	[dranki]
entremés (m)	voorgereg	[foərχerəχ]
postre (m)	nagereg	[naχerəχ]
cuenta (f)	rekening	[rekəniŋ]
pagar la cuenta	die rekening betaal	[di rekəniŋ betãl]
dar la vuelta	kleingeld gee	[klæjn·χɛlt χeə]
propina (f)	fooitjie	[fojki]

La familia nuclear, los parientes y los amigos

54. La información personal. Los formularios

nombre (m)	voornaam	[foərnãm]
apellido (m)	van	[fan]
fecha (f) de nacimiento	geboortedatum	[χeboərtə·datum]
lugar (m) de nacimiento	geboorteplek	[χeboərtə·plek]
nacionalidad (f)	nasionaliteit	[naʃionalitæjt]
domicilio (m)	woonplek	[voən·plek]
país (m)	land	[lant]
profesión (f)	beroep	[berup]
sexo (m)	geslag	[χeslaχ]
estatura (f)	lengte	[leŋtə]
peso (m)	gewig	[χevəχ]

55. Los familiares. Los parientes

madre (f)	moeder	[mudər]
padre (m)	vader	[fadər]
hijo (m)	seun	[søən]
hija (f)	dogter	[doχtər]
hija (f) menor	jonger dogter	[joŋər doχtər]
hijo (m) menor	jonger seun	[joŋər søən]
hija (f) mayor	oudste dogter	[æʊdstə doχtər]
hijo (m) mayor	oudste seun	[æʊdstə søən]
hermano (m)	broer	[brur]
hermano (m) mayor	ouer broer	[æʊer brur]
hermano (m) menor	jonger broer	[joŋər brur]
hermana (f)	suster	[sustər]
hermana (f) mayor	ouer suster	[æʊer sustər]
hermana (f) menor	jonger suster	[joŋər sustər]
primo (m)	neef	[neəf]
prima (f)	neef	[neəf]
mamá (f)	ma	[ma]
papá (m)	pa	[pa]
padres (pl)	ouers	[æʊers]
niño -a (m, f)	kind	[kint]
niños (pl)	kinders	[kindərs]
abuela (f)	ouma	[æʊma]
abuelo (m)	oupa	[æʊpa]

nieto (m)	kleinseun	[klæjn·søən]
nieta (f)	kleindogter	[klæjn·doχtər]
nietos (pl)	kleinkinders	[klæjn·kindərs]
tío (m)	oom	[oəm]
tía (f)	tante	[tantə]
sobrino (m)	neef	[neəf]
sobrina (f)	nig	[niχ]
suegra (f)	skoonma	[skoən·ma]
suegro (m)	skoonpa	[skoən·pa]
yerno (m)	skoonseun	[skoən·søən]
madrastra (f)	stiefma	[stifma]
padrastro (m)	stiefpa	[stifpa]
niño (m) de pecho	baba	[baba]
bebé (m)	baba	[baba]
chico (m)	seuntjie	[søənki]
mujer (f)	vrou	[fræʊ]
marido (m)	man	[man]
esposo (m)	eggenoot	[εχχenoət]
esposa (f)	eggenote	[εχχenotə]
casado (adj)	getroud	[χetræʊt]
casada (adj)	getroud	[χetræʊt]
soltero (adj)	ongetroud	[onχətræʊt]
soltero (m)	vrygesel	[frajχesəl]
divorciado (adj)	geskei	[χeskæj]
viuda (f)	weduwee	[veduveə]
viudo (m)	wedunaar	[vedunãr]
pariente (m)	familielid	[famililit]
pariente (m) cercano	na familie	[na famili]
pariente (m) lejano	ver familie	[fer famili]
parientes (pl)	familielede	[famililedə]
huérfano (m)	weeskind	[veəskint]
huérfana (f)	weeskind	[veəskint]
tutor (m)	voog	[foəχ]
adoptar (un niño)	aanneem	[ãnneəm]
adoptar (una niña)	aanneem	[ãnneəm]

56. Los amigos. Los compañeros del trabajo

amigo (m)	vriend	[frint]
amiga (f)	vriendin	[frindin]
amistad (f)	vriendskap	[frindskap]
ser amigo	bevriend wees	[befrint veəs]
amigote (m)	maat	[mãt]
amiguete (f)	vriendin	[frindin]
compañero (m)	maat	[mãt]
jefe (m)	baas	[bãs]

superior (m)	baas	[bās]
propietario (m)	eienaar	[æjenār]
subordinado (m)	ondergeskikte	[ondərχeskiktə]
colega (m, f)	kollega	[kolleχa]

conocido (m)	kennis	[kɛnnis]
compañero (m) de viaje	medereisiger	[medə·ræjsiχər]
condiscípulo (m)	klasmaat	[klas·māt]

vecino (m)	buurman	[bɪrman]
vecina (f)	buurvrou	[bɪrfræʊ]
vecinos (pl)	bure	[burə]

57. El hombre. La mujer

mujer (f)	vrou	[fræʊ]
muchacha (f)	meisie	[mæjsi]
novia (f)	bruid	[brœit]

guapa (adj)	mooi	[moj]
alta (adj)	groot	[χroət]
esbelta (adj)	slank	[slank]
de estatura mediana	kort	[kort]

| rubia (f) | blondine | [blondinə] |
| morena (f) | brunet | [brunet] |

de señora (adj)	dames-	[dames-]
virgen (f)	maagd	[māχt]
embarazada (adj)	swanger	[swaɳjəɪ]

hombre (m) (varón)	man	[man]
rubio (m)	blond	[blont]
moreno (m)	brunet	[brunet]
alto (adj)	groot	[χroət]
de estatura mediana	kort	[kort]

grosero (adj)	onbeskof	[onbeskof]
rechoncho (adj)	frisgebou	[frisχebæʊ]
robusto (adj)	frisgebou	[frisχebæʊ]
fuerte (adj)	sterk	[sterk]
fuerza (f)	sterkte	[sterktə]

gordo (adj)	vet	[fet]
moreno (adj)	blas	[blas]
esbelto (adj)	slank	[slank]
elegante (adj)	elegant	[ɛleχant]

58. La edad

| edad (f) | ouderdom | [æʊderdom] |
| juventud (f) | jeug | [jøəχ] |

joven (adj)	jong	[joŋ]
menor (adj)	jonger	[joŋər]
mayor (adj)	ouer	[æʊer]

joven (m)	jongman	[joŋman]
adolescente (m)	tiener	[tinər]
muchacho (m)	ou	[æʊ]

| anciano (m) | ou man | [æʊ man] |
| anciana (f) | ou vrou | [æʊ fræʊ] |

adulto	volwasse	[folwassə]
de edad media (adj)	middeljarig	[middəl·jarəχ]
anciano, mayor (adj)	bejaard	[bejãrt]
viejo (adj)	oud	[æʊt]

jubilación (f)	pensioen	[pɛnsiun]
jubilarse	met pensioen gaan	[met pɛnsiun χãn]
jubilado (m)	pensioenaris	[pɛnsiunaris]

59. Los niños

niño -a (m, f)	kind	[kint]
niños (pl)	kinders	[kindərs]
gemelos (pl)	tweeling	[tweəliŋ]

cuna (f)	wiegie	[viχi]
sonajero (m)	rammelaar	[rammelãr]
pañal (m)	luier	[lœiər]

chupete (m)	fopspeen	[fopspeən]
cochecito (m)	kinderwaentjie	[kindər·waenki]
jardín (m) de infancia	kindertuin	[kindər·tœin]
niñera (f)	babasitter	[babasittər]

infancia (f)	kinderdae	[kindərdae]
muñeca (f)	pop	[pop]
juguete (m)	speelgoed	[speəl·χut]
mecano (m)	boudoos	[bæʊ·doəs]
bien criado (adj)	goed opgevoed	[χut opχəfut]
mal criado (adj)	sleg opgevoed	[sleχ opχəfut]
mimado (adj)	bederf	[bederf]

hacer travesuras	stout wees	[stæʊt veəs]
travieso (adj)	ondeuend	[ondøent]
travesura (f)	ondeuendheid	[ondøenthæjt]
travieso (m)	rakker	[rakkər]

| obediente (adj) | gehoorsaam | [χehoərsãm] |
| desobediente (adj) | ongehoorsaam | [onχəhoərsãm] |

dócil (adj)	soet	[sut]
inteligente (adj)	slim	[slim]
niño (m) prodigio	wonderkind	[vondərkint]

60. El matrimonio. La vida familiar

besar (vt)	soen	[sun]
besarse (vr)	mekaar soen	[mekãr sun]
familia (f)	familie	[famili]
familiar (adj)	gesins-	[χesins-]
pareja (f)	paartjie	[pãrki]
matrimonio (m)	huwelik	[huvelik]
hogar (m) familiar	tuiste	[tœistə]
dinastía (f)	dinastie	[dinasti]

cita (f)	datum	[datum]
beso (m)	soen	[sun]

amor (m)	liefde	[lifdə]
querer (amar)	liefhê	[lifhɛ:]
querido (adj)	geliefde	[χelifdə]

ternura (f)	teerheid	[teərhæjt]
tierno (afectuoso)	teer	[teər]
fidelidad (f)	trou	[træʊ]
fiel (adj)	trou	[træʊ]
cuidado (m)	sorg	[sorχ]
cariñoso (un padre ~)	sorgsaam	[sorχsãm]

recién casados (pl)	pasgetroudes	[pas·χetræʊdes]
luna (f) de miel	wittebroodsdae	[vittebroəds·daə]
estar casada	trou	[træʊ]
casarse (con una mujer)	trou	[træʊ]

boda (f)	bruilof	[brœilof]
bodas (f pl) de oro	goue bruilof	[χæʊə brœilof]
aniversario (m)	verjaardag	[ferjãr·daχ]

amante (m)	minnaar	[minnãr]
amante (f)	minnares	[minnares]

adulterio (m)	owerspel	[overspəl]
cometer adulterio	owerspel pleeg	[overspəl pleəχ]
celoso (adj)	jaloers	[jalurs]
tener celos	jaloers wees	[jalurs veəs]
divorcio (m)	egskeiding	[ɛχskæjdiŋ]
divorciarse (vr)	skei	[skæj]

reñir (vi)	baklei	[baklæj]
reconciliarse (vr)	versoen	[fersun]
juntos (adv)	saam	[sãm]
sexo (m)	seks	[seks]

felicidad (f)	geluk	[χeluk]
feliz (adj)	gelukkig	[χelukkəχ]
desgracia (f)	ongeluk	[onχəluk]
desgraciado (adj)	ongelukkig	[onχəlukkəχ]

Las características de personalidad. Los sentimientos

61. Los sentimientos. Las emociones

sentimiento (m)	gevoel	[χeful]
sentimientos (m pl)	gevoelens	[χefulɛŋs]
sentir (vt)	voel	[ful]
hambre (f)	honger	[hoŋər]
tener hambre	honger wees	[hoŋər veəs]
sed (f)	dors	[dors]
tener sed	dors wees	[dors veəs]
somnolencia (f)	slaperigheid	[slaperiχæjt]
tener sueño	vaak voel	[fāk ful]
cansancio (m)	moegheid	[muχæjt]
cansado (adj)	moeg	[muχ]
estar cansado	moeg word	[muχ vort]
humor (m) (de buen ~)	stemming	[stɛmmiŋ]
aburrimiento (m)	verveling	[ferfeliŋ]
aburrirse (vr)	verveeld wees	[ferveəlt veəs]
soledad (f)	afsondering	[afsondəriŋ]
aislarse (vr)	jou afsonder	[jæʊ afsondər]
inquietar (vt)	bekommerd maak	[bekommərt māk]
inquietarse (vr)	bekommerd wees	[bekommərt veəs]
inquietud (f)	kommerwekkend	[kommər·wɛkkent]
preocupación (f)	vrees	[freəs]
preocupado (adj)	behep	[behep]
estar nervioso	senuweeagtig wees	[senuveə·aχtəχ veəs]
darse al pánico	paniekerig raak	[panikerəχ rāk]
esperanza (f)	hoop	[hoəp]
esperar (tener esperanza)	hoop	[hoəp]
seguridad (f)	sekerheid	[sekərhæjt]
seguro (adj)	seker	[sekər]
inseguridad (f)	onsekerheid	[oŋsekərhæjt]
inseguro (adj)	onseker	[oŋsekər]
borracho (adj)	dronk	[dronk]
sobrio (adj)	nugter	[nuχtər]
débil (adj)	swak	[swak]
feliz (adj)	gelukkig	[χelukkəχ]
asustar (vt)	bang maak	[baŋ māk]
furia (f)	kwaadheid	[kwādhæjt]
rabia (f)	woede	[vudə]
depresión (f)	depressie	[deprɛssi]
incomodidad (f)	ongemak	[onχəmak]

comodidad (f)	gemak	[χemak]
arrepentirse (vr)	jammer wees	[jammər veəs]
arrepentimiento (m)	spyt	[spajt]
mala suerte (f)	teëspoed	[tɛɛsput]
tristeza (f)	droefheid	[drufhæjt]

vergüenza (f)	skaamte	[skãmtə]
júbilo (m)	vreugde	[frøəχdə]
entusiasmo (m)	entoesiasme	[ɛntusiasmə]
entusiasta (m)	entoesiasties	[ɛntusiastis]
mostrar entusiasmo	begeestering toon	[beχeesteriŋ toən]

62. El carácter. La personalidad

carácter (m)	karakter	[karaktər]
defecto (m)	karakterfout	[karaktər·fæʊt]
mente (f)	verstand	[fərstant]
razón (f)	verstand	[ferstant]

consciencia (f)	gewete	[χevetə]
hábito (m)	gewoonte	[χevoentə]
habilidad (f)	talent	[talent]
poder (~ nadar, etc.)	kan	[kan]

paciente (adj)	geduldig	[χeduldəχ]
impaciente (adj)	ongeduldig	[onχeduldəχ]
curioso (adj)	nuuskierig	[nɪskirəχ]
curiosidad (f)	nuuskierigheid	[nɪskiriχæjt]

modestia (f)	beskeidenheid	[beskæjdenhæjt]
modesto (adj)	beskeie	[beskæje]
inmodesto (adj)	onbeskeie	[onbeskæje]

pereza (f)	luiheid	[lœihæjt]
perezoso (adj)	lui	[lœi]
perezoso (m)	luiaard	[lœiãrt]

astucia (f)	sluheid	[sluhæjt]
astuto (adj)	slu	[slu]
desconfianza (f)	wantroue	[vantræʊə]
desconfiado (adj)	agterdogtig	[aχtərdoχtəχ]

generosidad (f)	gulheid	[χulhæjt]
generoso (adj)	gulhartig	[χulhartəχ]
talentoso (adj)	talentvol	[talentfol]
talento (m)	talent	[talent]

valiente (adj)	moedig	[mudəχ]
coraje (m)	moed	[mut]
honesto (adj)	eerlik	[eərlik]
honestidad (f)	eerlikheid	[eərlikhæjt]

| prudente (adj) | versigtig | [fersiχtəχ] |
| valeroso (adj) | dapper | [dappər] |

| serio (adj) | ernstig | [ɛrnstəχ] |
| severo (adj) | streng | [streŋ] |

decidido (adj)	vasberade	[fasberadə]
indeciso (adj)	besluiteloos	[beslœiteloəs]
tímido (adj)	skaam	[skãm]
timidez (f)	skaamheid	[skãmhæjt]

confianza (f)	vertroue	[fertræʊə]
creer (créeme)	vertrou	[fertræʊ]
confiado (crédulo)	goedgelowig	[χudχəlovəχ]

sinceramente (adv)	opreg	[opreχ]
sincero (adj)	opregte	[opreχtə]
sinceridad (f)	opregtheid	[opreχthæjt]
abierto (adj)	oop	[oəp]

calmado (adj)	kalm	[kalm]
franco (sincero)	openhartig	[openhartəχ]
ingenuo (adj)	naïef	[naïef]
distraído (adj)	verstrooid	[ferstrojt]
gracioso (adj)	snaaks	[snãks]

avaricia (f)	hebsug	[hebsuχ]
avaro (adj)	hebsugtig	[hebsuχtəχ]
tacaño (adj)	gierig	[χirəχ]
malvado (adj)	boos	[boəs]
terco (adj)	hardnekkig	[hardnɛkkəχ]
desagradable (adj)	onaangenaam	[onãnχənãm]

egoísta (m)	selfsugtig	[sɛlfsuχtəχ]
egoísta (adj)	selfsugtig	[sɛlfsuχtəχ]
cobarde (m)	laffaard	[laffãrt]
cobarde (adj)	lafhartig	[lafhartəχ]

63. El sueño. Los sueños

dormir (vi)	slaap	[slãp]
sueño (m) (estado)	slaap	[slãp]
sueño (m) (dulces ~s)	droom	[droəm]
soñar (vi)	droom	[droəm]
adormilado (adj)	vaak	[fãk]

cama (f)	bed	[bet]
colchón (m)	matras	[matras]
manta (f)	kombers	[kombers]
almohada (f)	kussing	[kussiŋ]
sábana (f)	laken	[laken]

insomnio (m)	slaaploosheid	[slãploəshæjt]
de insomnio (adj)	slaaploos	[slãploəs]
somnífero (m)	slaappil	[slãp·pil]
tener sueño	vaak voel	[fãk ful]
bostezar (vi)	gaap	[χãp]

irse a la cama	gaan slaap	[χān slāp]
hacer la cama	die bed opmaak	[di bet opmāk]
dormirse (vr)	aan die slaap raak	[ān di slāp rāk]

pesadilla (f)	nagmerrie	[naχmerri]
ronquido (m)	gesnork	[χesnork]
roncar (vi)	snork	[snork]

despertador (m)	wekker	[vɛkkər]
despertar (vt)	wakker maak	[vakkər māk]
despertarse (vr)	wakker word	[vakkər vort]
levantarse (vr)	opstaan	[opstān]
lavarse (vr)	jou was	[jæʊ vas]

64. El humor. La risa. La alegría

humor (m)	humor	[humor]
sentido (m) del humor	humorsin	[humorsin]
divertirse (vr)	jouself geniet	[jæʊsɛlf χenit]
alegre (adj)	vrolik	[frolik]
júbilo (m)	pret	[pret]

sonrisa (f)	glimlag	[χlimlaχ]
sonreír (vi)	glimlag	[χlimlaχ]
echarse a reír	begin lag	[beχin laχ]
reírse (vr)	lag	[laχ]
risa (f)	lag	[laχ]

anécdota (f)	anekdote	[anekdotə]
gracioso (adj)	snaaks	[snāks]
ridículo (adj)	snaaks	[snāks]

bromear (vi)	grappies maak	[χrappis māk]
broma (f)	grappie	[χrappi]
alegría (f) (emoción)	vreugde	[frøəχdə]
alegrarse (vr)	bly wees	[blaj veəs]
alegre (~ de que ...)	bly	[blaj]

65. La discusión y la conversación. Unidad 1

| comunicación (f) | kommunikasie | [kommunikasi] |
| comunicarse (vr) | kommunikeer | [kommunikeər] |

conversación (f)	gesprek	[χesprek]
diálogo (m)	dialoog	[dialoəχ]
discusión (f) (debate)	diskussie	[diskussi]
debate (m)	dispuut	[dispɪt]
debatir (vi)	debatteer	[debatteər]

interlocutor (m)	gespreksgenoot	[χespreks·χenoət]
tema (m)	onderwerp	[ondərwerp]
punto (m) de vista	standpunt	[stand·punt]

| opinión (f) | opinie | [opini] |
| discurso (m) | toespraak | [tusprāk] |

discusión (f) (del informe, etc.)	bespreking	[besprekiŋ]
discutir (vt)	bespreek	[bespreek]
conversación (f)	gesprek	[χesprek]
conversar (vi)	gesels	[χesɛls]
reunión (f)	ontmoeting	[ontmutiŋ]
encontrarse (vr)	ontmoet	[ontmut]

proverbio (m)	spreekwoord	[spreek·woərt]
dicho (m)	gesegde	[χeseχdə]
adivinanza (f)	raaisel	[rājsəl]
contraseña (f)	wagwoord	[vaχ·woərt]
secreto (m)	geheim	[χəhæjm]

juramento (m)	eed	[eət]
jurar (vt)	sweer	[sweər]
promesa (f)	belofte	[beloftə]
prometer (vt)	beloof	[beloəf]

consejo (m)	raad	[rāt]
aconsejar (vt)	aanraai	[ānrāi]
seguir el consejo	raad volg	[rāt folχ]
escuchar (a los padres)	luister na	[lœistər na]

noticias (f pl)	nuus	[nɪs]
sensación (f)	sensasie	[sɛŋsasi]
información (f)	inligting	[inliχtiŋ]
conclusión (f)	slotsom	[slotsom]
voz (f)	stem	[stem]
cumplido (m)	kompliment	[kompliment]
amable (adj)	gaaf	[χāf]

palabra (f)	woord	[voərt]
frase (f)	frase	[frasə]
respuesta (f)	antwoord	[antwoərt]

| verdad (f) | waarheid | [vārhæjt] |
| mentira (f) | leuen | [løəen] |

pensamiento (m)	gedagte	[χedaχtə]
idea (f)	idee	[ideə]
fantasía (f)	verbeelding	[ferbeəldiŋ]

66. La discusión y la conversación. Unidad 2

respetado (adj)	gerespekteer	[χerespekteər]
respetar (vt)	respekteer	[respekteər]
respeto (m)	respek	[respek]
Estimado ...	Geagte ...	[χeaχtə ...]

| presentar (~ a sus padres) | voorstel | [foərstəl] |
| conocer a alguien | kennismaak | [kɛnnismāk] |

intención (f)	voorneme	[foərnemə]
tener intención (de …)	voornemens wees	[foərnemɛŋs veəs]
deseo (m)	wens	[vɛŋs]
desear (vt) (~ buena suerte)	wens	[vɛŋs]

sorpresa (f)	verrassing	[ferrassiŋ]
sorprender (vt)	verras	[ferras]
sorprenderse (vr)	verbaas wees	[ferbās veəs]

dar (vt)	gee	[χeə]
tomar (vt)	vat	[fat]
devolver (vt)	teruggee	[teruχeə]
retornar (vt)	terugvat	[teruχfat]

disculparse (vr)	verskoning vra	[ferskoniŋ fra]
disculpa (f)	verskoning	[ferskoniŋ]
perdonar (vt)	vergewe	[ferχevə]

hablar (vi)	praat	[prāt]
escuchar (vt)	luister	[lœistər]
escuchar hasta el final	aanhoor	[ānhoər]
comprender (vt)	verstaan	[ferstān]
mostrar (vt)	wys	[vajs]
mirar a …	kyk na …	[kajk na …]
llamar (vt)	roep	[rup]
distraer (molestar)	aflei	[aflæj]
molestar (vt)	steur	[støər]
pasar (~ un mensaje)	deurgee	[døərχeə]

petición (f)	versoek	[fersuk]
pedir (vt)	versoek	[fersuk]
exigencia (f)	eis	[æjs]
exigir (vt)	eis	[æjs]

motejar (vr)	terg	[terχ]
burlarse (vr)	terg	[terχ]
burla (f)	spot	[spot]
apodo (m)	bynaam	[bajnām]

alusión (f)	sinspeling	[sinspeliŋ]
aludir (vi)	sinspeel	[sinspeəl]
sobrentender (vt)	impliseer	[impliseər]

descripción (f)	beskrywing	[beskrajviŋ]
describir (vt)	beskryf	[beskrajf]
elogio (m)	lof	[lof]
elogiar (vt)	loof	[loəf]

decepción (f)	teleurstelling	[teløərstɛliŋ]
decepcionar (vt)	teleurstel	[teløərstəl]
estar decepcionado	teleurgestel	[teløərχestəl]

suposición (f)	veronderstelling	[feronderstɛliŋ]
suponer (vt)	veronderstel	[feronderstəl]
advertencia (f)	waarskuwing	[vārskuviŋ]
prevenir (vt)	waarsku	[vārsku]

67. La discusión y la conversación. Unidad 3

convencer (vt)	ompraat	[omprãt]
calmar (vt)	kalmeer	[kalmeər]
silencio (m) (~ es oro)	stilte	[stiltə]
callarse (vr)	stilbly	[stilblaj]
susurrar (vi, vt)	fluister	[flœistər]
susurro (m)	gefluister	[χeflœistər]
francamente (adv)	openlik	[openlik]
en mi opinión ...	volgens my ...	[folχɛŋs maj ...]
detalle (m) (de la historia)	besonderhede	[besondərhedə]
detallado (adj)	gedetailleerd	[χedetajlleərt]
detalladamente (adv)	in detail	[in detajl]
pista (f)	wenk	[vɛnk]
mirada (f)	kykie	[kajki]
echar una mirada	kyk	[kajk]
fija (mirada ~)	strak	[strak]
parpadear (vi)	knipper	[knippər]
guiñar un ojo	knipoog	[knipoəχ]
asentir con la cabeza	knik	[knik]
suspiro (m)	sug	[suχ]
suspirar (vi)	sug	[suχ]
estremecerse (vr)	huiwer	[hœivər]
gesto (m)	gebaar	[χebãr]
tocar (con la mano)	aanraak	[ānrãk]
asir (~ de la mano)	vat	[fat]
palmear (~ la espalda)	op die skouer tik	[op di skæυər tik]
¡Cuidado!	Oppas!	[oppas!]
¿De veras?	Regtig?	[reχtəχ?]
¿Estás seguro?	Is jy seker?	[is jaj sekər?]
¡Suerte!	Voorspoed!	[foərspud!]
¡Ya veo!	Ek sien!	[ɛk sin!]
¡Es una lástima!	Jammer!	[jammər!]

68. El acuerdo. El rechazo

acuerdo (m)	toelating	[tulatiŋ]
estar de acuerdo	toelaat	[tulãt]
aprobación (f)	goedkeuring	[χudkøəriŋ]
aprobar (vt)	goedkeur	[χudkøər]
rechazo (m)	weiering	[væjeriŋ]
negarse (vr)	weier	[væjer]
¡Excelente!	Wonderlik!	[vondərlik!]
¡De acuerdo!	Goed!	[χud!]
¡Vale!	OK!	[okej!]
prohibido (adj)	verbode	[ferbodə]

está prohibido	dit is verbode	[dit is ferbodə]
es imposible	dis onmoontlik	[dis onmoentlik]
incorrecto (adj)	onjuis	[onjœis]

rechazar (vt)	verwerp	[ferwerp]
apoyar (la decisión)	steun	[støən]
aceptar (vt)	aanvaar	[ānfār]

confirmar (vt)	bevestig	[befestəχ]
confirmación (f)	bevestiging	[befestəχiŋ]
permiso (m)	toelating	[tulatiŋ]
permitir (vt)	toelaat	[tulāt]
decisión (f)	besluit	[beslœit]
no decir nada	stilbly	[stilblaj]

condición (f)	voorwaarde	[foərwārdə]
excusa (f) (pretexto)	verskoning	[ferskoniŋ]
elogio (m)	lof	[lof]
elogiar (vt)	loof	[loəf]

69. El éxito. La buena suerte. El fracaso

éxito (m)	sukses	[suksɛs]
con éxito (adv)	suksesvol	[suksɛsfol]
exitoso (adj)	suksesvol	[suksɛsfol]

suerte (f)	geluk	[χeluk]
¡Suerte!	Voorspoed!	[foərspud!]
de suerte (día ~)	geluks-	[χeluks-]
afortunado (adj)	gelukkig	[χelukkəχ]

fiasco (m)	mislukking	[mislukkiŋ]
infortunio (m)	teëspoed	[teɛsput]
mala suerte (f)	teëspoed	[teɛsput]
fracasado (adj)	onsuksesvol	[ɔŋsuksɛsfol]
catástrofe (f)	katastrofe	[katastrofə]

orgullo (m)	trots	[trots]
orgulloso (adj)	trots	[trots]
estar orgulloso	trots wees	[trots veəs]

ganador (m)	wenner	[vɛnnər]
ganar (vi)	wen	[ven]
perder (vi)	verloor	[ferloər]
tentativa (f)	probeerslag	[probeərslaχ]
intentar (tratar)	probeer	[probeər]
chance (f)	kans	[kaŋs]

70. Las discusiones. Las emociones negativas

grito (m)	skreeu	[skriʊ]
gritar (vi)	skreeu	[skriʊ]

comenzar a gritar	begin skreeu	[beχin skriʊ]
disputa (f), riña (f)	rusie	[rusi]
reñir (vi)	baklei	[baklæj]
escándalo (m) (riña)	stryery	[strajeraj]
causar escándalo	spektakel maak	[spektakəl māk]
conflicto (m)	konflik	[konflik]
malentendido (m)	misverstand	[misferstant]

insulto (m)	belediging	[beledəχiŋ]
insultar (vt)	beledig	[beledəχ]
insultado (adj)	beledig	[beledəχ]
ofensa (f)	gekrenktheid	[χekrɛnkthæjt]
ofender (vt)	beledig	[beledəχ]
ofenderse (vr)	gekrenk voel	[χekrɛnk ful]

indignación (f)	verontwaardiging	[ferontwārdəχiŋ]
indignarse (vr)	verontwaardig wees	[ferontwārdəχ veəs]
queja (f)	klag	[klaχ]
quejarse (vr)	kla	[kla]

disculpa (f)	verskoning	[ferskoniŋ]
disculparse (vr)	verskoning vra	[ferskoniŋ fra]
pedir perdón	om verskoning vra	[om ferskoniŋ fra]

crítica (f)	kritiek	[kritik]
criticar (vt)	kritiseer	[kritiseer]
acusación (f)	beskuldiging	[beskuldəχiŋ]
acusar (vt)	beskuldig	[beskuldəχ]

venganza (f)	wraak	[vrãk]
vengar (vt)	wreek	[vreək]
pagar (vt)	wraak neem	[vrãk neəm]

desprecio (m)	minagting	[minaχtiŋ]
despreciar (vt)	minag	[minaχ]
odio (m)	haat	[hãt]
odiar (vt)	haat	[hãt]

nervioso (adj)	senuweeagtig	[senuveə·aχtəχ]
estar nervioso	senuweeagtig wees	[senuveə·aχtəχ veəs]
enfadado (adj)	kwaad	[kwãt]
enfadar (vt)	kwaad maak	[kwãt māk]

humillación (f)	vernedering	[fernedəriŋ]
humillar (vt)	verneder	[fernedər]
humillarse (vr)	jouself verneder	[jæʊsɛlf fernedər]

choque (m)	skok	[skok]
chocar (vi)	skok	[skok]

molestia (f) (problema)	probleme	[probləmə]
desagradable (adj)	onaangenaam	[onānχənām]

miedo (m)	vrees	[freəs]
terrible (tormenta, etc.)	verskriklik	[ferskriklik]
de miedo (historia ~)	vreesaanjaend	[freəsānjaent]

| horror (m) | afgryse | [afχrajsə] |
| horrible (adj) | vreeslik | [freəslik] |

empezar a temblar	begin beef	[beχin beəf]
llorar (vi)	huil	[hœil]
comenzar a llorar	begin huil	[beχin hœil]
lágrima (f)	traan	[trān]

culpa (f)	skuld	[skult]
remordimiento (m)	skuldgevoel	[skultχəful]
deshonra (f)	skande	[skandə]
protesta (f)	protes	[protes]
estrés (m)	stres	[stres]

molestar (vt)	steur	[støər]
estar furioso	woedend wees	[vudent veəs]
enfadado (adj)	kwaad	[kwāt]
terminar (vt)	beëindig	[beɛindəχ]
regañar (vt)	sweer	[sweər]

asustarse (vr)	skrik	[skrik]
golpear (vt)	slaan	[slān]
pelear (vi)	baklei	[baklæj]

resolver (~ la discusión)	besleg	[besleχ]
descontento (adj)	ontevrede	[ontefredə]
furioso (adj)	woedend	[vudent]

| ¡No está bien! | Dis nie goed nie! | [dis ni χut ni!] |
| ¡Está mal! | Dis sleg! | [dis sleχ!] |

La medicina

enfermedad (f)	siekte	[siktə]
estar enfermo	siek wees	[sik veəs]
salud (f)	gesondheid	[χesonthæjt]
resfriado (m) (coriza)	loopneus	[loəpnøəs]
angina (f)	keelontsteking	[keəl·ontstɛkiŋ]
resfriado (m)	verkoue	[ferkæʊə]
bronquitis (f)	bronchitis	[bronχitis]
pulmonía (f)	longontsteking	[loŋ·ontstɛkiŋ]
gripe (f)	griep	[χrip]
miope (adj)	bysiende	[bajsində]
présbita (adj)	versiende	[fersində]
estrabismo (m)	skeelheid	[skeəlhæjt]
estrábico (m) (adj)	skeel	[skeəl]
catarata (f)	katarak	[katarak]
glaucoma (m)	gloukoom	[χlæʊkoəm]
insulto (m)	beroerte	[berurtə]
ataque (m) cardiaco	hartaanval	[hart·ãnfal]
infarto (m) de miocardio	hartinfark	[hart·infark]
parálisis (f)	verlamming	[ferlammiŋ]
paralizar (vt)	verlam	[ferlam]
alergia (f)	allergie	[allerχi]
asma (f)	asma	[asma]
diabetes (f)	suikersiekte	[sœikər·siktə]
dolor (m) de muelas	tandpyn	[tand·pajn]
caries (f)	tandbederf	[tand·bederf]
diarrea (f)	diarree	[diarreə]
estreñimiento (m)	hardlywigheid	[hardlajviχæjt]
molestia (f) estomacal	maagongesteldheid	[mãχ·oŋəstɛldhæjt]
envenenamiento (m)	voedselvergiftiging	[fudsəl·ferχiftəχiŋ]
envenenarse (vr)	voedselvergiftiging kry	[fudsəl·ferχiftəχiŋ kraj]
artritis (f)	artritis	[artritis]
raquitismo (m)	Engelse siekte	[ɛŋəlsə siktə]
reumatismo (m)	reumatiek	[røəmatik]
ateroesclerosis (f)	artrosklerose	[artrosklerosə]
gastritis (f)	maagontsteking	[mãχ·ontstɛkiŋ]
apendicitis (f)	blindedermontsteking	[blindederm·ontstɛkiŋ]
colecistitis (f)	galblaasontsteking	[χalblãs·ontstɛkiŋ]

úlcera (f)	maagsweer	[mɑ̃χsweər]
sarampión (m)	masels	[masɛls]
rubeola (f)	Duitse masels	[dœitsə masɛls]
ictericia (f)	geelsug	[χeəlsuχ]
hepatitis (f)	hepatitis	[hepatitis]

esquizofrenia (f)	skisofrenie	[skisofreni]
rabia (f) (hidrofobia)	hondsdolheid	[hondsdolhæjt]
neurosis (f)	neurose	[nøərosə]
conmoción (f) cerebral	harsingskudding	[harsiŋ·skuddiŋ]

cáncer (m)	kanker	[kankər]
esclerosis (f)	sklerose	[sklerosə]
esclerosis (m) múltiple	veelvuldige sklerose	[feəlfuldiχə sklerosə]

alcoholismo (m)	alkoholisme	[alkoholismə]
alcohólico (m)	alkoholikus	[alkoholikus]
sífilis (f)	sifilis	[sifilis]
SIDA (m)	VIGS	[vigs]

tumor (m)	tumor	[tumor]
maligno (adj)	kwaadaardig	[kwãdãrdəχ]
benigno (adj)	goedaardig	[χudãrdəχ]

fiebre (f)	koors	[koərs]
malaria (f)	malaria	[malaria]
gangrena (f)	gangreen	[χanχreən]
mareo (m)	seesiekte	[seə·siktə]
epilepsia (f)	epilepsie	[ɛpilepsi]

epidemia (f)	epidemie	[ɛpidemi]
tifus (m)	tifus	[tifus]
tuberculosis (f)	tuberkulose	[tuberkulosə]
cólera (f)	cholera	[χolera]
peste (f)	pes	[pes]

72. Los síntomas. Los tratamientos. Unidad 1

síntoma (m)	simptoom	[simptoəm]
temperatura (f)	temperatuur	[temperatɪr]
fiebre (f)	koors	[koərs]
pulso (m)	polsslag	[pols·slaχ]

mareo (m) (vértigo)	duiseligheid	[dœiseliχæjt]
caliente (adj)	warm	[varm]
escalofrío (m)	koue rillings	[kæʊə rilliŋs]
pálido (adj)	bleek	[bleək]

tos (f)	hoes	[hus]
toser (vi)	hoes	[hus]
estornudar (vi)	nies	[nis]
desmayo (m)	floute	[flæʊtə]
desmayarse (vr)	flou word	[flæʊ vort]
moradura (f)	blou kol	[blæʊ kol]

chichón (m)	knop	[knop]
golpearse (vr)	stamp	[stamp]
magulladura (f)	besering	[beseriŋ]

cojear (vi)	hink	[hink]
dislocación (f)	ontwrigting	[ontwriχtiŋ]
dislocar (vt)	ontwrig	[ontwrəχ]
fractura (f)	breuk	[brøək]
tener una fractura	n breuk hê	[n brøək hɛ:]

corte (m) (tajo)	sny	[snaj]
cortarse (vr)	jouself sny	[jæʊsɛlf snaj]
hemorragia (f)	bloeding	[bludiŋ]

| quemadura (f) | brandwond | [brant·vont] |
| quemarse (vr) | jouself brand | [jæʊsɛlf brant] |

pincharse (~ el dedo)	prik	[prik]
pincharse (vr)	jouself prik	[jæʊsɛlf prik]
herir (vt)	seermaak	[seərmãk]
herida (f)	besering	[beseriŋ]
lesión (f) (herida)	wond	[vont]
trauma (m)	trauma	[trɔuma]

delirar (vi)	yl	[ajl]
tartamudear (vi)	stotter	[stottər]
insolación (f)	sonsteek	[sɔŋ·steək]

73. Los síntomas. Los tratamientos. Unidad 2

| dolor (m) | pyn | [pajn] |
| astilla (f) | splinter | [splintər] |

sudor (m)	sweet	[sweət]
sudar (vi)	sweet	[sweət]
vómito (m)	braak	[brãk]
convulsiones (f pl)	stuiptrekkings	[stœip·trɛkkiŋs]

embarazada (adj)	swanger	[swaŋər]
nacer (vi)	gebore word	[χeborə vort]
parto (m)	geboorte	[χeboərtə]
dar a luz	baar	[bãr]
aborto (m)	aborsie	[aborsi]

respiración (f)	asemhaling	[asemhaliŋ]
inspiración (f)	inaseming	[inasemiŋ]
espiración (f)	uitaseming	[œitasemiŋ]
espirar (vi)	uitasem	[œitasem]
inspirar (vi)	inasem	[inasem]

inválido (m)	invalide	[infalidə]
mutilado (m)	kreupel	[krøəpəl]
drogadicto (m)	dwelmslaaf	[dwɛlm·slãf]
sordo (adj)	doof	[doəf]

mudo (adj)	**stom**	[stom]
sordomudo (adj)	**doofstom**	[doəf·stom]
loco (adj)	**swaksinnig**	[swaksinnəχ]
loco (m)	**kranksinnige**	[kranksinniχə]
loca (f)	**kranksinnige**	[kranksinniχə]
volverse loco	**kranksinnig word**	[kranksinnəχ vort]
gen (m)	**geen**	[χeən]
inmunidad (f)	**immuniteit**	[immunitæjt]
hereditario (adj)	**erflik**	[ɛrflik]
de nacimiento (adj)	**aangebore**	[ānχəborə]
virus (m)	**virus**	[firus]
microbio (m)	**mikrobe**	[mikrobə]
bacteria (f)	**bakterie**	[bakteri]
infección (f)	**infeksie**	[infeksi]

74. Los síntomas. Los tratamientos. Unidad 3

hospital (m)	**hospitaal**	[hospitāl]
paciente (m)	**pasiënt**	[pasiɛnt]
diagnosis (f)	**diagnose**	[diaχnosə]
cura (f)	**genesing**	[χenesiŋ]
tratamiento (m)	**mediese behandeling**	[medisə behandəliŋ]
curarse (vr)	**behandeling kry**	[behandəliŋ kraj]
tratar (vt)	**behandel**	[behandəl]
cuidar (a un enfermo)	**versorg**	[fersorχ]
cuidados (m pl)	**versorging**	[fersorχiŋ]
operación (f)	**operasie**	[operasi]
vendar (vt)	**verbind**	[ferbint]
vendaje (m)	**verband**	[ferbant]
vacunación (f)	**inenting**	[inɛntiŋ]
vacunar (vt)	**inent**	[inɛnt]
inyección (f)	**inspuiting**	[inspœitiŋ]
ataque (m)	**aanval**	[ānfal]
amputación (f)	**amputasie**	[amputasi]
amputar (vt)	**amputeer**	[amputeər]
coma (m)	**koma**	[koma]
revitalización (f)	**intensiewe sorg**	[intɛnsivə sorχ]
recuperarse (vr)	**herstel**	[herstəl]
estado (m) (de salud)	**kondisie**	[kondisi]
consciencia (f)	**bewussyn**	[bevussajn]
memoria (f)	**geheue**	[χəhøə]
extraer (un diente)	**trek**	[trek]
empaste (m)	**vulsel**	[fulsəl]
empastar (vt)	**vul**	[ful]
hipnosis (f)	**hipnose**	[hipnosə]
hipnotizar (vt)	**hipnotiseer**	[hipnotiseər]

75. Los médicos

médico (m)	dokter	[doktər]
enfermera (f)	verpleegster	[ferpleəχ·stər]
médico (m) personal	lyfarts	[lajf·arts]

dentista (m)	tandarts	[tand·arts]
oftalmólogo (m)	oogarts	[oəχ·arts]
internista (m)	internis	[internis]
cirujano (m)	chirurg	[ʃirurχ]

psiquiatra (m)	psigiater	[psiχiatər]
pediatra (m)	kinderdokter	[kindər·doktər]
psicólogo (m)	sielkundige	[silkundiχə]
ginecólogo (m)	ginekoloog	[χinekoloəχ]
cardiólogo (m)	kardioloog	[kardioloəχ]

76. La medicina. Las drogas. Los accesorios

| medicamento (m), droga (f) | medisyn | [medisajn] |
| remedio (m) | geneesmiddel | [χeneəs·middəl] |

| prescribir (vt) | voorskryf | [foərskrajf] |
| receta (f) | voorskrif | [foərskrif] |

tableta (f)	pil	[pil]
ungüento (m)	salf	[salf]
ampolla (f)	ampul	[ampul]
mixtura (f), mezcla (f)	mengsel	[meŋsəl]
sirope (m)	stroop	[stroəp]

| píldora (f) | pil | [pil] |
| polvo (m) | poeier | [pujer] |

venda (f)	verband	[ferbant]
algodón (m) (discos de ~)	watte	[vattə]
yodo (m)	iodium	[iodium]

| tirita (f), curita (f) | pleister | [plæjstər] |
| pipeta (f) | oogdrupper | [oəχ·druppər] |

| termómetro (m) | termometer | [termometər] |
| jeringa (f) | spuitnaald | [spœit·nālt] |

| silla (f) de ruedas | rolstoel | [rol·stul] |
| muletas (f pl) | krukke | [krukkə] |

| anestésico (m) | pynstiller | [pajn·stillər] |
| purgante (m) | lakseermiddel | [lakseər·middəl] |

alcohol (m)	spiritus	[spiritus]
hierba (f) medicinal	geneeskragtige kruie	[χeneəs·kraχtiχə krœiə]
de hierbas (té ~)	kruie-	[krœie-]

77. El tabaquismo. Los productos del tabaco

tabaco (m)	**tabak**	[tabak]
cigarrillo (m)	**sigaret**	[siχaret]
cigarro (m)	**sigaar**	[siχār]
pipa (f)	**pyp**	[pajp]
paquete (m)	**pakkie**	[pakki]
cerillas (f pl)	**vuurhoutjies**	[fɪrhæʊkis]
caja (f) de cerillas	**vuurhoutjiedosie**	[fɪrhæʊki·dosi]
encendedor (m)	**aansteker**	[āŋstekər]
cenicero (m)	**asbak**	[asbak]
pitillera (f)	**sigarethouer**	[siχaret·hæʊər]
boquilla (f)	**sigaretpypie**	[siχaret·pajpi]
filtro (m)	**filter**	[filtər]
fumar (vi, vt)	**rook**	[roək]
encender un cigarrillo	**aansteek**	[āŋsteək]
tabaquismo (m)	**rook**	[roək]
fumador (m)	**roker**	[rokər]
colilla (f)	**stompie**	[stompi]
humo (m)	**rook**	[roək]
ceniza (f)	**as**	[as]

EL AMBIENTE HUMANO

La ciudad

ciudad (f)	stad	[stat]
capital (f)	hoofstad	[hoəf·stat]
aldea (f)	dorp	[dorp]
plano (m) de la ciudad	stadskaart	[stats·kārt]
centro (m) de la ciudad	sentrum	[sentrum]
suburbio (m)	voorstad	[foərstat]
suburbano (adj)	voorstedelik	[foərstedelik]
arrabal (m)	buitewyke	[bœitəvajkə]
afueras (f pl)	omgewing	[omχeviŋ]
barrio (m)	stadswyk	[stats·wajk]
zona (f) de viviendas	woonbuurt	[voənbɪrt]
tráfico (m)	verkeer	[ferkeər]
semáforo (m)	robot	[robot]
transporte (m) urbano	openbare vervoer	[openbarə ferfur]
cruce (m)	kruispunt	[krœis·punt]
paso (m) de peatones	sebraoorgang	[sebra·oərχaŋ]
paso (m) subterráneo	voetgangertonnel	[futχaŋər·tonnəl]
cruzar (vt)	oorsteek	[oərsteək]
peatón (m)	voetganger	[futχaŋər]
acera (f)	sypaadjie	[saj·pādʒi]
puente (m)	brug	[bruχ]
muelle (m)	wal	[val]
fuente (f)	fontein	[fontæjn]
alameda (f)	laning	[laniŋ]
parque (m)	park	[park]
bulevar (m)	boulevard	[bulefar]
plaza (f)	plein	[plæjn]
avenida (f)	laan	[lān]
calle (f)	straat	[strāt]
callejón (m)	systraat	[saj·strāt]
callejón (m) sin salida	doodloopstraat	[doədloəp·strāt]
casa (f)	huis	[hœis]
edificio (m)	gebou	[χebæʊ]
rascacielos (m)	wolkekrabber	[volkə·krabbər]
fachada (f)	gewel	[χevəl]
techo (m)	dak	[dak]

ventana (f)	venster	[fɛŋstər]
arco (m)	arkade	[arkadə]
columna (f)	kolom	[kolom]
esquina (f)	hoek	[huk]

escaparate (f)	uitstalraam	[œitstalrām]
letrero (m) (~ luminoso)	reklamebord	[reklamə·bort]
cartel (m)	plakkaat	[plakkāt]
cartel (m) publicitario	reklameplakkaat	[reklamə·plakkāt]
valla (f) publicitaria	aanplakbord	[ānplakbort]

basura (f)	vullis	[fullis]
cajón (m) de basura	vullisbak	[fullis·bak]
tirar basura	rommel strooi	[rommel stroj]
basurero (m)	vullishoop	[fullis·hoəp]

cabina (f) telefónica	telefoonhokkie	[telefoən·hokki]
farola (f)	lamppaal	[lamp·pāl]
banco (m) (del parque)	bank	[bank]

policía (m)	polisieman	[polisi·man]
policía (f) (~ nacional)	polisie	[polisi]
mendigo (m)	bedelaar	[bedelār]
persona (f) sin hogar	daklose	[daklosə]

79. Las instituciones urbanas

tienda (f)	winkel	[vinkəl]
farmacia (f)	apteek	[apteək]
óptica (f)	optisiën	[optisiɛn]
contro (m) comercial	winkelsentrum	[vinkəl·sentrum]
supermercado (m)	supermark	[supermark]

panadería (f)	bakkery	[bakkeraj]
panadero (m)	bakker	[bakkər]
pastelería (f)	banketbakkery	[banket·bakkeraj]
tienda (f) de comestibles	kruidenierswinkel	[krœidenirs·vinkəl]
carnicería (f)	slagter	[slaχtər]

| verdulería (f) | groentewinkel | [χruntə·vinkəl] |
| mercado (m) | mark | [mark] |

cafetería (f)	koffiekroeg	[koffi·kruχ]
restaurante (m)	restaurant	[restɔurant]
cervecería (f)	kroeg	[kruχ]
pizzería (f)	pizzeria	[pizzeria]

peluquería (f)	haarsalon	[hār·salon]
oficina (f) de correos	poskantoor	[pos·kantoər]
tintorería (f)	droogskoonmakers	[droəχ·skoən·makers]
estudio (m) fotográfico	fotostudio	[foto·studio]

| zapatería (f) | skoenwinkel | [skun·vinkəl] |
| librería (f) | boekhandel | [buk·handəl] |

tienda (f) deportiva	sportwinkel	[sport·vinkəl]
arreglos (m pl) de ropa	klereherstelwinkel	[klerə·herstəl·vinkəl]
alquiler (m) de ropa	klereverhuurwinkel	[klerə·ferhɪr·vinkəl]
videoclub (m)	videowinkel	[video·vinkəl]

circo (m)	sirkus	[sirkus]
zoológico (m)	dieretuin	[dirə·tœin]
cine (m)	bioskoop	[bioskoəp]
museo (m)	museum	[musøəm]
biblioteca (f)	biblioteek	[biblioteək]

teatro (m)	teater	[teatər]
ópera (f)	opera	[opera]
club (m) nocturno	nagklub	[naχ·klup]
casino (m)	kasino	[kasino]

mezquita (f)	moskee	[moskeə]
sinagoga (f)	sinagoge	[sinaχoχə]
catedral (f)	katedraal	[katedrãl]
templo (m)	tempel	[tempəl]
iglesia (f)	kerk	[kerk]

instituto (m)	kollege	[kolledʒ]
universidad (f)	universiteit	[unifersitæjt]
escuela (f)	skool	[skoəl]

prefectura (f)	stadhuis	[stat·hœis]
alcaldía (f)	stadhuis	[stat·hœis]
hotel (m)	hotel	[hotəl]
banco (m)	bank	[bank]

embajada (f)	ambassade	[ambassadə]
agencia (f) de viajes	reisagentskap	[ræjs·aχentskap]
oficina (f) de información	inligtingskantoor	[inliχtiŋs·kantoər]
oficina (f) de cambio	wisselkantoor	[vissəl·kantoər]

metro (m)	metro	[metro]
hospital (m)	hospitaal	[hospitãl]

gasolinera (f)	petrolstasie	[petrol·stasi]
aparcamiento (m)	parkeerterrein	[parkeər·terræjn]

80. Los avisos

letrero (m) (~ luminoso)	reklamebord	[reklamə·bort]
cartel (m) (texto escrito)	kennisgewing	[kɛnnis·χeviŋ]
pancarta (f)	plakkaat	[plakkãt]
señal (m) de dirección	rigtingwyser	[riχtiŋ·wajsər]
flecha (f) (signo)	pyl	[pajl]

advertencia (f)	waarskuwing	[vãrskuviŋ]
aviso (m)	waarskuwingsbord	[vãrskuviŋs·bort]
advertir (vt)	waarsku	[vãrsku]
día (m) de descanso	rusdag	[rusdaχ]

horario (m)	diensrooster	[diŋs·roəstər]
horario (m) de apertura	besigheidsure	[besiχæjts·urə]

¡BIENVENIDOS!	WELKOM!	[vɛlkom!]
ENTRADA	INGANG	[inχaŋ]
SALIDA	UITGANG	[œitχaŋ]

EMPUJAR	STOOT	[stoət]
TIRAR	TREK	[trek]
ABIERTO	OOP	[oəp]
CERRADO	GESLUIT	[χeslœit]

MUJERES	DAMES	[dames]
HOMBRES	MANS	[maŋs]

REBAJAS	AFSLAG	[afslaχ]
SALDOS	UITVERKOPING	[œitferkopiŋ]
NOVEDAD	NUUT!	[nɪt!]
GRATIS	GRATIS	[χratis]

¡ATENCIÓN!	PAS OP!	[pas op!]
COMPLETO	VOLBESPREEK	[folbespreək]
RESERVADO	BESPREEK	[bespreək]

ADMINISTRACIÓN	ADMINISTRASIE	[administrasi]
SÓLO PERSONAL AUTORIZADO	SLEGS PERSONEEL	[sleχs personeəl]

CUIDADO CON EL PERRO	PAS OP VIR DIE HOND!	[pas op fir di hont!]
PROHIBIDO FUMAR	ROOK VERBODE	[roək ferbodə]
NO TOCAR	NIE AANRAAK NIE!	[ni ānrāk ni!]

PELIGROSO	GEVAARLIK	[χefārlik]
PELIGRO	GEVAAR	[χefār]
ALTA TENSIÓN	HOOGSPANNING	[hoəχ·spanniŋ]
PROHIBIDO BAÑARSE	NIE SWEM NIE	[ni swem ni]
NO FUNCIONA	BUITE WERKING	[bœitə verkiŋ]

INFLAMABLE	ONTVLAMBAAR	[ontflambār]
PROHIBIDO	VERBODE	[ferbodə]
PROHIBIDO EL PASO	TOEGANG VERBODE!	[tuχaŋ ferbode!]
RECIÉN PINTADO	NAT VERF	[nat ferf]

81. El transporte urbano

autobús (m)	bus	[bus]
tranvía (m)	trem	[trem]
trolebús (m)	trembus	[trembus]
itinerario (m)	busroete	[bus·rutə]
número (m)	nommer	[nommər]

ir en …	ry per …	[raj pər …]
tomar (~ el autobús)	inklim	[inklim]
bajar (~ del tren)	uitklim …	[œitklim …]

parada (f)	halte	[haltə]
próxima parada (f)	volgende halte	[folxendə haltə]
parada (f) final	eindpunt	[æjnd·punt]
horario (m)	diensrooster	[diŋs·roəstər]
esperar (aguardar)	wag	[vax]
billete (m)	kaartjie	[kãrki]
precio (m) del billete	reistarief	[ræjs·tarif]
cajero (m)	kaartjieverkoper	[kãrki·ferkopər]
control (m) de billetes	kaartjiekontrole	[kãrki·kontrolə]
revisor (m)	kontroleur	[kontroløər]
llegar tarde (vi)	laat wees	[lãt veəs]
perder (~ el tren)	mis	[mis]
tener prisa	haastig wees	[hãstəx veəs]
taxi (m)	taxi	[taksi]
taxista (m)	taxibestuurder	[taksi·bestɪrdər]
en taxi	per taxi	[pər taksi]
parada (f) de taxi	taxistaanplek	[taksi·stãnplek]
tráfico (m)	verkeer	[ferkeər]
atasco (m)	verkeersknoop	[ferkeərs·knoəp]
horas (f pl) de punta	spitsuur	[spits·ɪr]
aparcar (vi)	parkeer	[parkeər]
aparcar (vt)	parkeer	[parkeər]
aparcamiento (m)	parkeerterrein	[parkeər·terræjn]
metro (m)	metro	[metro]
estación (f)	stasie	[stasi]
ir en el metro	die metro vat	[di metro fat]
tren (m)	trein	[træjn]
estación (f)	treinstasie	[træjn·stasi]

82. El turismo. La excursión

monumento (m)	monument	[monument]
fortaleza (f)	fort	[fort]
palacio (m)	paleis	[palæjs]
castillo (m)	kasteel	[kasteəl]
torre (f)	toring	[toriŋ]
mausoleo (m)	mausoleum	[mɔusoløəm]
arquitectura (f)	argitektuur	[arxitektɪr]
medieval (adj)	Middeleeus	[middeliʋs]
antiguo (adj)	oud	[æʋt]
nacional (adj)	nasionaal	[naʃionãl]
conocido (adj)	bekend	[bekent]
turista (m)	toeris	[turis]
guía (m) (persona)	gids	[xids]
excursión (f)	uitstappie	[œitstappi]
mostrar (vt)	wys	[vajs]

contar (una historia)	vertel	[fertəl]
encontrar (hallar)	vind	[fint]
perderse (vr)	verdwaal	[ferdwãl]
plano (m) (~ de metro)	kaart	[kãrt]
mapa (m) (~ de la ciudad)	kaart	[kãrt]

recuerdo (m)	aandenking	[ãndenkiŋ]
tienda (f) de regalos	geskenkwinkel	[χeskɛnk·vinkəl]
hacer fotos	fotografeer	[fotoχrafeər]
fotografiarse (vr)	jou portret laat maak	[jæʊ portret lãt mãk]

83. Las compras

comprar (vt)	koop	[koəp]
compra (f)	aankoop	[ãnkoəp]
hacer compras	inkopies doen	[inkopis dʊn]
compras (f pl)	inkoop	[inkoəp]

estar abierto (tienda)	oop wees	[oəp veəs]
estar cerrado	toe wees	[tu veəs]

calzado (m)	skoeisel	[skuisəl]
ropa (f)	klere	[klerə]
cosméticos (m pl)	kosmetika	[kosmetika]
productos alimenticios	voedingsware	[fudiŋs·warə]
regalo (m)	present	[present]

vendedor (m)	verkoper	[ferkopər]
vendedora (f)	verkoopsdame	[ferkoəps·damə]

caja (f)	kassier	[kassir]
espejo (m)	spieël	[spiɛl]
mostrador (m)	toonbank	[toən·bank]
probador (m)	paskamer	[pas·kamər]

probar (un vestido)	aanpas	[ãnpas]
quedar (una ropa, etc.)	pas	[pas]
gustar (vi)	hou van	[hæʊ fan]

precio (m)	prys	[prajs]
etiqueta (f) de precio	pryskaartjie	[prajs·kãrki]
costar (vt)	kos	[kos]
¿Cuánto?	Hoeveel?	[hufeəl?]
descuento (m)	afslag	[afslaχ]

no costoso (adj)	billik	[billik]
barato (adj)	goedkoop	[χudkoəp]
caro (adj)	duur	[dɪr]
Es caro	dis duur	[dis dɪr]

alquiler (m)	verhuur	[ferhɪr]
alquilar (vt)	verhuur	[ferhɪr]
crédito (m)	krediet	[kredit]
a crédito (adv)	op krediet	[op kredit]

84. El dinero

dinero (m)	geld	[χɛlt]
cambio (m)	valutaruil	[faluta·rœil]
curso (m)	wisselkoers	[vissəl·kurs]
cajero (m) automático	OTM	[o·te·em]
moneda (f)	muntstuk	[muntstuk]
dólar (m)	dollar	[dollar]
euro (m)	euro	[øəro]
lira (f)	lira	[lira]
marco (m) alemán	Duitse mark	[dœitsə mark]
franco (m)	frank	[frank]
libra esterlina (f)	pond sterling	[pont sterliŋ]
yen (m)	yen	[jɛn]
deuda (f)	skuld	[skult]
deudor (m)	skuldenaar	[skuldenãr]
prestar (vt)	uitleen	[œitleən]
tomar prestado	leen	[leən]
banco (m)	bank	[bank]
cuenta (f)	rekening	[rekəniŋ]
ingresar (~ en la cuenta)	deponeer	[deponeər]
sacar de la cuenta	trek	[trek]
tarjeta (f) de crédito	kredietkaart	[kredit·kãrt]
dinero (m) en efectivo	kontant	[kontant]
cheque (m)	tjek	[tʃek]
talonario (m)	tjekboek	[tʃek·buk]
cartera (f)	beursie	[bøərsi]
monedero (m)	muntstukbeursie	[muntstuk·bøərsi]
caja (f) fuerte	brandkas	[brant·kas]
heredero (m)	erfgenaam	[ɛrfχənãm]
herencia (f)	erfenis	[ɛrfenis]
fortuna (f)	fortuin	[fortœin]
arriendo (m)	huur	[hɪr]
alquiler (m) (dinero)	huur	[hɪr]
alquilar (~ una casa)	huur	[hɪr]
precio (m)	prys	[prajs]
coste (m)	prys	[prajs]
suma (f)	som	[som]
gastar (vt)	spandeer	[spandeər]
gastos (m pl)	onkoste	[onkostə]
economizar (vi, vt)	besuinig	[besœinəχ]
económico (adj)	ekonomies	[ɛkonomis]
pagar (vi, vt)	betaal	[betãl]
pago (m)	betaling	[betaliŋ]

cambio (m) (devolver el ~)	wisselgeld	[vissəl·χɛlt]
impuesto (m)	belasting	[belastiŋ]
multa (f)	boete	[butə]
multar (vt)	beboet	[bebut]

85. La oficina de correos

oficina (f) de correos	poskantoor	[pos·kantoər]
correo (m) (cartas, etc.)	pos	[pos]
cartero (m)	posbode	[pos·bodə]
horario (m) de apertura	besigheidsure	[besiχæjts·urə]

carta (f)	brief	[brif]
carta (f) certificada	geregistreerde brief	[χereχistreərdə brif]
tarjeta (f) postal	poskaart	[pos·kãrt]
telegrama (m)	telegram	[teleχram]
paquete (m) postal	pakkie	[pakki]
giro (m) postal	geldoorplasing	[χɛld·oərplasiŋ]

recibir (vt)	ontvang	[ontfaŋ]
enviar (vt)	stuur	[stɪr]
envío (m)	versending	[fersendiŋ]

dirección (f)	adres	[adres]
código (m) postal	poskode	[pos·kodə]
expedidor (m)	sender	[sendər]
destinatario (m)	ontvanger	[ontfaŋər]

| nombre (m) | voornaam | [foərnãm] |
| apellido (m) | van | [fɑn] |

tarifa (f)	postarief	[pos·tarif]
ordinario (adj)	standaard	[standãrt]
económico (adj)	ekonomies	[ɛkonomis]

peso (m)	gewig	[χevəχ]
pesar (~ una carta)	weeg	[veəχ]
sobre (m)	koevert	[kufert]
sello (m)	posseël	[pos·seɛl]

La vivienda. La casa. El hogar

casa (f)	huis	[hœis]
en casa (adv)	tuis	[tœis]
patio (m)	werf	[verf]
verja (f)	omheining	[omhæjniŋ]
ladrillo (m)	baksteen	[baksteən]
de ladrillo (adj)	baksteen-	[baksteən-]
piedra (f)	klip	[klip]
de piedra (adj)	klip-	[klip-]
hormigón (m)	beton	[beton]
de hormigón (adj)	beton-	[beton-]
nuevo (adj)	nuut	[nɪt]
viejo (adj)	ou	[æʊ]
deteriorado (adj)	vervalle	[ferfallə]
moderno (adj)	moderne	[modernə]
de muchos pisos	multiverdieping-	[multi·ferdipiŋ-]
alto (adj)	hoë	[hoɛ]
piso (m), planta (f)	verdieping	[ferdipiŋ]
de una sola planta	enkelverdieping	[ɛnkəl·ferdipiŋ]
piso (m) bajo	eerste verdieping	[eərstə ferdipiŋ]
piso (m) alto	boonste verdieping	[boəŋstə verdipiŋ]
techo (m)	dak	[dak]
chimenea (f)	skoorsteen	[skoərsteən]
tejas (f pl)	dakteëls	[dakteɛls]
de tejas (adj)	geteël	[xeteɛl]
desván (m)	solder	[soldər]
ventana (f)	venster	[fɛŋstər]
vidrio (m)	glas	[xlas]
alféizar (m)	vensterbank	[fɛŋstər·bank]
contraventanas (f pl)	luik	[lœik]
pared (f)	muur	[mɪr]
balcón (m)	balkon	[balkon]
gotera (f)	reënpyp	[reɛn·pajp]
arriba (estar ~)	bo	[bo]
subir (vi)	boontoe gaan	[boentu χān]
descender (vi)	afkom	[afkom]
mudarse (vr)	verhuis	[ferhœis]

87. La casa. La entrada. El ascensor

entrada (f)	ingang	[inxaŋ]
escalera (f)	trap	[trap]
escalones (m pl)	treetjies	[treəkis]
baranda (f)	leuning	[løəniŋ]
vestíbulo (m)	voorportaal	[foər·portāl]
buzón (m)	posbus	[pos·bus]
contenedor (m) de basura	vullisblik	[fullis·blik]
bajante (f) de basura	vullisgeut	[fullis·χøət]
ascensor (m)	hysbak	[hajsbak]
ascensor (m) de carga	vraghysbak	[fraχ·hajsbak]
cabina (f)	hysbak	[hajsbak]
ir en el ascensor	hysbak neem	[hajsbak neəm]
apartamento (m)	woonstel	[voəŋstol]
inquilinos (pl)	bewoners	[bevoners]
vecino (m)	buurman	[bɪrman]
vecina (f)	buurvrou	[bɪrfræʊ]
vecinos (pl)	bure	[burə]

88. La casa. La electricidad

electricidad (f)	krag, elektrisiteit	[kraχ], [elektrisitæjt]
bombilla (f)	gloeilamp	[χlui·lamp]
interruptor (m)	skakelaar	[skakəlār]
fusible (m)	sekering	[sekərlŋ]
cable, hilo (m)	kabel	[kabəl]
instalación (f) eléctrica	bedrading	[bedradiŋ]
contador (m) de luz	kragmeter	[kraχ·metər]
lectura (f) (~ del contador)	lesings	[lesiŋs]

89. La casa. La puerta. La cerradura

puerta (f)	deur	[døər]
portón (m)	hek	[hek]
tirador (m)	deurknop	[døər·knop]
abrir el cerrojo	oopsluit	[oəpslœit]
abrir (vt)	oopmaak	[oəpmāk]
cerrar (vt)	sluit	[slœit]
llave (f)	sleutel	[sløətəl]
manojo (m) de llaves	bos	[bos]
crujir (vi)	kraak	[krāk]
crujido (m)	gekraak	[χekrāk]
gozne (m)	skarnier	[skarnir]
felpudo (m)	deurmat	[døər·mat]
cerradura (f)	deurslot	[døər·slot]

ojo (m) de cerradura	sleutelgat	[sløətəl·χat]
cerrojo (m)	grendel	[χrendəl]
pestillo (m)	deurknip	[døər·knip]
candado (m)	hangslot	[haŋslot]

tocar el timbre	lui	[lœi]
campanillazo (m)	gelui	[χelœi]
timbre (m)	deurklokkie	[døər·klokki]
botón (m)	belknoppie	[bɛl·knoppi]
toque (m) a la puerta	klop	[klop]
tocar la puerta	klop	[klop]

código (m)	kode	[kodə]
cerradura (f) de contraseña	kombinasieslot	[kombinasi·slot]
telefonillo (m)	interkom	[interkom]
número (m)	nommer	[nommər]
placa (f) de puerta	naambordjie	[nām·bordʒi]
mirilla (f)	loergaatjie	[lurχāki]

90. La casa de campo

aldea (f)	dorp	[dorp]
huerta (f)	groentetuin	[χruntə·tœin]
empalizada (f)	heining	[hæjniŋ]
valla (f)	spitspaalheining	[spitspāl·hæjniŋ]
puertecilla (f)	tuinhekkie	[tœin·hɛkki]

granero (m)	graanstoorplek	[χrān·stoərplek]
sótano (m)	wortelkelder	[vortəl·keldər]
cobertizo (m)	tuinhuisie	[tœin·hœisi]
pozo (m)	waterput	[vatər·put]

estufa (f)	houtkaggel	[hæʊt·kaχχəl]
calentar la estufa	die houtkaggel stook	[di hæʊt·kaχχəl stoək]
leña (f)	brandhout	[brant·hæʊt]
leño (m)	stomp	[stomp]

veranda (f)	stoep	[stup]
terraza (f)	dek	[dek]
porche (m)	ingangstrappie	[inχaŋs·trappi]
columpio (m)	swaai	[swāi]

91. La villa. La mansión

casa (f) de campo	buitewoning	[bœitə·voniŋ]
villa (f)	landhuis	[land·hœis]
ala (f)	vleuel	[fløəəl]

jardín (m)	tuin	[tœin]
parque (m)	park	[park]
invernadero (m) tropical	tropiese kweekhuis	[tropisə kweək·hœis]
cuidar (~ el jardín, etc.)	versorg	[fersorχ]

piscina (f)	swembad	[swem·bat]
gimnasio (m)	gim	[χim]
cancha (f) de tenis	tennisbaan	[tɛnnis·bān]
sala (f) de cine	huisteater	[hœis·teatər]
garaje (m)	garage	[χaraʒə]

| propiedad (f) privada | privaat besit | [prifāt besit] |
| terreno (m) privado | privaateiendom | [prifāt·æjendom] |

| advertencia (f) | waarskuwing | [vārskuviŋ] |
| letrero (m) de aviso | waarskuwingsbord | [vārskuviŋs·bort] |

seguridad (f)	sekuriteit	[sekuritæjt]
guardia (m) de seguridad	veiligheidswag	[fæjliχæjts·waχ]
alarma (f) antirrobo	diefalarm	[dif·alarm]

92. El castillo. El palacio

castillo (m)	kasteel	[kasteəl]
palacio (m)	paleis	[palæjs]
fortaleza (f)	fort	[fort]
muralla (f)	ringmuur	[riŋ·mɪr]
torre (f)	toring	[toriŋ]
torre (f) principal	toring	[toriŋ]

rastrillo (m)	valhek	[falhek]
pasaje (m) subterráneo	tonnel	[tonnəl]
foso (m) del castillo	grag	[χraχ]
cadena (f)	ketting	[kɛttiŋ]
aspillera (f)	skietgat	[skɪtχat]

magnífico (adj)	pragtig	[praχtəχ]
majestuoso (adj)	majestueus	[majestuøəs]
inexpugnable (adj)	onneembaar	[onneəmbār]
medieval (adj)	Middeleeus	[middeliʋs]

93. El apartamento

apartamento (m)	woonstel	[voəŋstəl]
habitación (f)	kamer	[kamər]
dormitorio (m)	slaapkamer	[slāp·kamər]
comedor (m)	eetkamer	[eət·kamər]
salón (m)	sitkamer	[sit·kamər]
despacho (m)	studeerkamer	[studeər·kamər]

antecámara (f)	ingangsportaal	[inχaŋs·portāl]
cuarto (m) de baño	badkamer	[bad·kamər]
servicio (m)	toilet	[tojlet]

techo (m)	plafon	[plafon]
suelo (m)	vloer	[flur]
rincón (m)	hoek	[huk]

94. El apartamento. La limpieza

hacer la limpieza	skoonmaak	[skoənmāk]
quitar (retirar)	bêre	[bærə]
polvo (m)	stof	[stof]
polvoriento (adj)	stoffig	[stoffəχ]
limpiar el polvo	afstof	[afstof]
aspirador (m), aspiradora (f)	stofsuier	[stof·sœiər]
limpiar con la aspiradora	stofsuig	[stofsœiχ]
barrer (vi, vt)	vee	[feə]
barreduras (f pl)	veegsel	[feəχsəl]
orden (m)	orde	[ordə]
desorden (m)	wanorde	[vanordə]
fregona (f)	mop	[mop]
trapo (m)	stoflap	[stoflap]
escoba (f)	kort besem	[kort besem]
cogedor (m)	skoppie	[skoppi]

95. Los muebles. El interior

muebles (m pl)	meubels	[møəbɛls]
mesa (f)	tafel	[tafel]
silla (f)	stoel	[stul]
cama (f)	bed	[bet]
sofá (m)	rusbank	[rusbank]
sillón (m)	gemakstoel	[χemak·stul]
librería (f)	boekkas	[buk·kas]
estante (m)	rak	[rak]
armario (m)	klerekas	[klerə·kas]
percha (f)	kapstok	[kapstok]
perchero (m) de pie	kapstok	[kapstok]
cómoda (f)	laaikas	[lājkas]
mesa (f) de café	koffietafel	[koffi·tafəl]
espejo (m)	spieël	[spiɛl]
tapiz (m)	mat	[mat]
alfombra (f)	matjie	[maki]
chimenea (f)	vuurherd	[fɪr·hert]
vela (f)	kers	[kers]
candelero (m)	kandelaar	[kandelār]
cortinas (f pl)	gordyne	[χordajnə]
empapelado (m)	muurpapier	[mɪr·papir]
estor (m) de láminas	blindings	[blindiŋs]
lámpara (f) de mesa	tafellamp	[tafel·lamp]
aplique (m)	muurlamp	[mɪr·lamp]

lámpara (f) de pie	staanlamp	[stãn·lamp]
lámpara (f) de araña	kroonlugter	[kroən·luχtər]

pata (f) (~ de la mesa)	poot	[poət]
brazo (m)	armleuning	[arm·løəniŋ]
espaldar (m)	rugleuning	[ruχ·løəniŋ]
cajón (m)	laai	[lãi]

96. Los accesorios de cama

ropa (f) de cama	beddegoed	[beddə·χut]
almohada (f)	kussing	[kussiŋ]
funda (f)	kussingsloop	[kussiŋ·sloəp]
manta (f)	duvet	[dufet]
sábana (f)	laken	[laken]
sobrecama (f)	bedsprei	[bed·spræj]

97. La cocina

cocina (f)	kombuis	[kombœis]
gas (m)	gas	[χas]
cocina (f) de gas	gasstoof	[χas·stoəf]
cocina (f) eléctrica	elektriese stoof	[elektrisə stoəf]
horno (m)	oond	[oent]
horno (m) microondas	mikrogolfoond	[mikroχolf·oent]

frigorífico (m)	yskas	[ajs·kas]
congelador (m)	vrieskas	[friskas]
lavavajillas (m)	skottelgoedwasser	[skottɛlχud·wassər]

picadora (f) de carne	vleismeul	[flæjs·møəl]
exprimidor (m)	versapper	[fersappər]
tostador (m)	broodrooster	[broəd·roəstər]
batidora (f)	menger	[meŋər]

cafetera (f) (aparato de cocina)	koffiemasjien	[koffi·maʃin]
cafetera (f) (para servir)	koffiepot	[koffi·pot]
molinillo (m) de café	koffiemeul	[koffi·møəl]

hervidor (m) de agua	fluitketel	[flœit·ketəl]
tetera (f)	teepot	[teə·pot]
tapa (f)	deksel	[deksəl]
colador (m) de té	teesiffie	[teə·siffi]

cuchara (f)	lepel	[lepəl]
cucharilla (f)	teelepeltjie	[teə·lepəlki]
cuchara (f) de sopa	soplepel	[sop·lepəl]
tenedor (m)	vurk	[furk]
cuchillo (m)	mes	[mes]
vajilla (f)	tafelgerei	[tafel·χeræj]
plato (m)	bord	[bort]

platillo (m)	piering	[piriŋ]
vaso (m) de chupito	likeurglas	[likøər·χlas]
vaso (m) (~ de agua)	glas	[χlas]
taza (f)	koppie	[koppi]

azucarera (f)	suikerpot	[sœikər·pot]
salero (m)	soutvaatjie	[sæʊt·fāki]
pimentero (m)	pepervaatjie	[pepər·fāki]
mantequera (f)	botterbakkie	[bottər·bakki]

cacerola (f)	soppot	[sop·pot]
sartén (f)	braaipan	[brāj·pan]
cucharón (m)	opskeplepel	[opskep·lepəl]
colador (m)	vergiet	[ferχit]
bandeja (f)	skinkbord	[skink·bort]

botella (f)	bottel	[bottəl]
tarro (m) de vidrio	fles	[fles]
lata (f)	blikkie	[blikki]

abrebotellas (m)	botteloopmaker	[bottəl·oəpmakər]
abrelatas (m)	blikoopmaker	[blik·oəpmakər]
sacacorchos (m)	kurktrekker	[kurk·trɛkkər]
filtro (m)	filter	[filtər]
filtrar (vt)	filter	[filtər]

| basura (f) | vullis | [fullis] |
| cubo (m) de basura | vullisbak | [fullis·bak] |

98. El baño

cuarto (m) de baño	badkamer	[bad·kamər]
agua (f)	water	[vatər]
grifo (m)	kraan	[krān]
agua (f) caliente	warme water	[varmə vatər]
agua (f) fría	koue water	[kæʊə vatər]

pasta (f) de dientes	tandepasta	[tandə·pasta]
limpiarse los dientes	tande borsel	[tandə borsəl]
cepillo (m) de dientes	tandeborsel	[tandə·borsəl]

afeitarse (vr)	skeer	[skeər]
espuma (f) de afeitar	skeerroom	[skeər·roəm]
maquinilla (f) de afeitar	skeermes	[skeər·mes]

lavar (vt)	was	[vas]
darse un baño	bad	[bat]
ducha (f)	stort	[stort]
darse una ducha	stort	[stort]

bañera (f)	bad	[bat]
inodoro (m)	toilet	[tojlet]
lavabo (m)	wasbak	[vas·bak]
jabón (m)	seep	[seəp]

jabonera (f)	seepbakkie	[seep·bakki]
esponja (f)	spons	[spɔŋs]
champú (m)	sjampoe	[ʃampu]
toalla (f)	handdoek	[handduk]
bata (f) de baño	badjas	[batjas]

colada (f), lavado (m)	was	[vas]
lavadora (f)	wasmasjien	[vas·maʃin]
lavar la ropa	die wasgoed was	[di vasχut vas]
detergente (m) en polvo	waspoeier	[vas·pujer]

99. Los aparatos domésticos

televisor (m)	TV-stel	[te·fe·stəl]
magnetófono (m)	bandspeler	[band·spelər]
vídeo (m)	videomasjien	[video·maʃin]
radio (m)	radio	[radio]
reproductor (m) (~ MP3)	speler	[spelər]

proyector (m) de vídeo	videoprojektor	[video·projektor]
sistema (m) home cinema	tuisfliekteater	[tœis·flik·teatər]
reproductor (m) de DVD	DVD-speler	[de·fe·de·spelər]
amplificador (m)	versterker	[fersterkər]
videoconsola (f)	videokonsole	[video·kɔŋsolə]

cámara (f) de vídeo	videokamera	[video·kamera]
cámara (f) fotográfica	kamera	[kamera]
cámara (f) digital	digitale kamera	[diχitalə kamera]

aspirador (m), aspiradora (f)	stofsuier	[stof·sœier]
plancha (f)	strykyster	[strajk·ajstər]
tabla (f) de planchar	strykplank	[strajk·plank]

teléfono (m)	telefoon	[telefoən]
teléfono (m) móvil	selfoon	[sɛlfoən]
máquina (f) de escribir	tikmasjien	[tik·maʃin]
máquina (f) de coser	naaimasjien	[naj·maʃin]

micrófono (m)	mikrofoon	[mikrofoən]
auriculares (m pl)	koptelefoon	[kop·telefoən]
mando (m) a distancia	afstandsbeheer	[afstands·beheər]

CD (m)	CD	[se·de]
casete (m)	kasset	[kasset]
disco (m) de vinilo	plaat	[plāt]

100. Los arreglos. La renovación

renovación (f)	opknapwerk	[opknap·werk]
renovar (vt)	opknap	[opknap]
reparar (vt)	herstel	[herstəl]
poner en orden	aan kant maak	[ān kant māk]

rehacer (vt)	oordoen	[oərdun]
pintura (f)	verf	[ferf]
pintar (las paredes)	verf	[ferf]
pintor (m)	skilder	[skildər]
brocha (f)	verfborsel	[ferf·borsəl]

| cal (f) | witkalk | [vitkalk] |
| encalar (vt) | wit | [vit] |

empapelado (m)	muurpapier	[mɪr·papir]
empapelar (vt)	behang	[behaŋ]
barniz (m)	vernis	[fernis]
cubrir con barniz	vernis	[fernis]

101. La plomería

agua (f)	water	[vatər]
agua (f) caliente	warme water	[varmə vatər]
agua (f) fría	koue water	[kæʊə vatər]
grifo (m)	kraan	[krãn]

gota (f)	druppel	[druppəl]
gotear (el grifo)	drup	[drup]
gotear (cañería)	lek	[lek]
escape (m) de agua	lekkasie	[lɛkkasi]
charco (m)	poeletjie	[puləki]

tubo (m)	pyp	[pajp]
válvula (f)	kraan	[krãn]
estar atascado	verstop raak	[ferstop rãk]

instrumentos (m pl)	gereedskap	[χereədskap]
llave (f) inglesa	skroefsleutel	[skruf·sløətəl]
destornillar (vt)	losskroef	[losskruf]
atornillar (vt)	vasskroef	[fasskruf]

desatascar (vt)	oopmaak	[oəpmãk]
fontanero (m)	loodgieter	[loədχitər]
sótano (m)	kelder	[kɛldər]
alcantarillado (m)	riolering	[rioleriŋ]

102. El fuego. El incendio

incendio (m)	brand	[brant]
llama (f)	vlam	[flam]
chispa (f)	vonk	[fonk]
humo (m)	rook	[roək]
antorcha (f)	fakkel	[fakkel]
hoguera (f)	kampvuur	[kampfɪr]

| gasolina (f) | petrol | [petrol] |
| queroseno (m) | kerosien | [kerosin] |

inflamable (adj)	ontvambaar	[ontfambār]
explosivo (adj)	ontplofbaar	[ontplofbār]
PROHIBIDO FUMAR	ROOK VERBODE	[roɛk ferbodə]

seguridad (f)	veiligheid	[fæjliχæjt]
peligro (m)	gevaar	[χefār]
peligroso (adj)	gevaarlik	[χefārlik]

prenderse fuego	vlam vat	[flam fat]
explosión (f)	ontploffing	[ontploffiŋ]
incendiar (vt)	aan die brand steek	[ān di brant steek]
incendiario (m)	brandstigter	[brant·stiχtər]
incendio (m) provocado	brandstigting	[brant·stiχtiŋ]

estar en llamas	brand	[brant]
arder (vi)	brand	[brant]
incendiarse (vr)	afbrand	[afbrant]

llamar a los bomberos	die brandweer roep	[di brantveər rup]
bombero (m)	brandweerman	[brantveər·man]
coche (m) de bomberos	brandweerwa	[brantveər·wa]
cuerpo (m) de bomberos	brandweer	[brantveər]
escalera (f) telescópica	brandweerwaleer	[brantveər·wa·leər]

manguera (f)	brandslang	[brant·slaŋ]
extintor (m)	brandblusser	[brant·blussər]
casco (m)	helmet	[hɛlmet]
sirena (f)	sirene	[sirenə]

gritar (vi)	skreeu	[skriʊ]
pedir socorro	hulp roep	[hulp rup]
socorrista (m)	redder	[rɛddər]
salvar (vt)	red	[ret]

llegar (vi)	aankom	[ānkom]
apagar (~ el incendio)	blus	[blus]
agua (f)	water	[vatər]
arena (f)	sand	[sant]

ruinas (f pl)	ruïnes	[ruïnes]
colapsarse (vr)	instort	[instort]
hundirse (vr)	val	[fal]
derrumbarse (vr)	instort	[instort]

| trozo (m) (~ del muro) | brokstukke | [brokstukkə] |
| ceniza (f) | as | [as] |

| morir asfixiado | verstik | [ferstik] |
| perecer (vi) | omkom | [omkom] |

LAS ACTIVIDADES DE LA GENTE

El trabajo. Los negocios. Unidad 1

103. La oficina. El trabajo de oficina

oficina (f)	kantoor	[kantoər]
despacho (m)	kantoor	[kantoər]
recepción (f)	ontvangs	[ontfaŋs]
secretario (m)	sekretaris	[sekretaris]
secretaria (f)	sekretaresse	[sekretarɛssə]
director (m)	direkteur	[direktøər]
manager (m)	bestuurder	[bestɪrdər]
contable (m)	boekhouer	[bukhæʋər]
colaborador (m)	werknemer	[verknemər]
muebles (m pl)	meubels	[møəbɛls]
escritorio (m)	lessenaar	[lɛssenãr]
silla (f)	draaistoel	[drãj·stul]
cajonera (f)	laaikas	[lãjkas]
perchero (m) de pie	kapstok	[kapstok]
ordenador (m)	rekenaar	[rekənãr]
impresora (f)	drukker	[drukkər]
fax (m)	faksmasjien	[faks·maʃin]
fotocopiadora (f)	fotostaatmasjien	[fotostãt·maʃin]
papel (m)	papier	[papir]
papelería (f)	kantoorbenodigdhede	[kantoər·benodiχdhedə]
alfombrilla (f) para ratón	muismatjie	[mœis·maki]
hoja (f) de papel	blaai	[blãi]
carpeta (f)	binder	[bindər]
catálogo (m)	katalogus	[kataloχus]
directorio (m) telefónico	telefoongids	[telefoən·χids]
documentación (f)	dokumentasie	[dokumentasi]
folleto (m)	brosjure	[broʃurə]
prospecto (m)	strooibiljet	[stroj·biljɛt]
muestra (f)	monsterkaart	[moŋstər·kãrt]
reunión (f) de formación	opleidingsvergadering	[oplæjdiŋs·ferχaderiŋ]
reunión (f)	vergadering	[ferχaderiŋ]
pausa (f) del almuerzo	middagpouse	[middaχ·pæʋsə]
hacer copias	aantal kopieë maak	[ãntal kopiɛ mãk]
llamar por teléfono	bel	[bəl]
responder (vi, vt)	antwoord	[antwoərt]
poner en comunicación	deursit	[døərsit]

fijar (~ una reunión)	reël	[reɛl]
demostrar (vt)	demonstreer	[demɔŋstreer]
estar ausente	afwesig wees	[afwesəχ vees]
ausencia (f)	afwesigheid	[afwesiχæjt]

104. Los procesos de negocio. Unidad 1

negocio (m), comercio (m)	besigheid	[besiχæjt]
ocupación (f)	beroep	[berup]
firma (f)	firma	[firma]
compañía (f)	maatskappy	[māatskappaj]
corporación (f)	korporasie	[korporasi]
empresa (f)	onderneming	[ondərnemiŋ]
agencia (f)	agentskap	[aχentskap]
acuerdo (m)	ooreenkoms	[oəreənkoms]
contrato (m)	kontrak	[kontrak]
trato (m), acuerdo (m)	transaksie	[traŋsaksi]
pedido (m)	bestelling	[bestɛlliŋ]
condición (f) del contrato	voorwaarde	[foərwārdə]
al por mayor (adv)	groothandels-	[χroət·handəls-]
al por mayor (adj)	groothandels-	[χroət·handəls-]
venta (f) al por mayor	groothandel	[χroət·handəl]
al por menor (adj)	kleinhandels-	[klæjn·handəls-]
venta (f) al por menor	kleinhandel	[klæjn·handəl]
competidor (m)	konkurrent	[konkurrent]
competencia (f)	konkurrensie	[konkurrəŋsi]
competir (vi)	kompeteer	[kompeteər]
socio (m)	vennoot	[fɛnnoət]
sociedad (f)	vennootskap	[fɛnnoətskap]
crisis (f)	krisis	[krisis]
bancarrota (f)	bankrotskap	[bankrotskap]
ir a la bancarrota	bankrot speel	[bankrot speəl]
dificultad (f)	moeilikheid	[muilikhæjt]
problema (m)	probleem	[probleəm]
catástrofe (f)	katastrofe	[katastrofə]
economía (f)	ekonomie	[ɛkonomi]
económico (adj)	ekonomiese	[ɛkonomisə]
recesión (f) económica	ekonomiese agteruitgang	[ɛkonomisə aχtər·œitχaŋ]
meta (f)	doel	[dul]
objetivo (m)	opdrag	[opdraχ]
comerciar (vi)	handel	[handəl]
red (f) (~ comercial)	netwerk	[netwerk]
existencias (f pl)	voorraad	[foərrāt]
surtido (m)	reeks	[reeks]
líder (m)	leier	[læjer]

| grande (empresa ~) | groot | [χroət] |
| monopolio (m) | monopolie | [monopoli] |

teoría (f)	teorie	[teori]
práctica (f)	praktyk	[praktajk]
experiencia (f)	ervaring	[ɛrfariŋ]
tendencia (f)	tendens	[tendɛŋs]
desarrollo (m)	ontwikkeling	[ontwikkeliŋ]

105. Los procesos de negocio. Unidad 2

| rentabilidad (f) | wins | [vins] |
| rentable (adj) | voordelig | [foərdeləχ] |

delegación (f)	delegasie	[deleχasi]
salario (m)	salaris	[salaris]
corregir (un error)	korrigeer	[korriχeər]
viaje (m) de negocios	sakereis	[sakeræjs]
comisión (f)	kommissie	[kommissi]

controlar (vt)	kontroleer	[kontroleər]
conferencia (f)	konferensie	[konferɛŋsi]
licencia (f)	lisensie	[lisɛŋsi]
fiable (socio ~)	betroubaar	[betræubãr]

iniciativa (f)	inisiatief	[inisiatif]
norma (f)	norm	[norm]
circunstancia (f)	omstandigheid	[omstandiχæjt]
deber (m)	taak	[tãk]

empresa (f)	organisasie	[orχanisasi]
organización (f) (proceso)	organisasie	[orχanisasi]
organizado (adj)	georganiseer	[χeorχaniseər]
anulación (f)	kansellering	[kaŋsɛlleriŋ]
anular (vt)	kanselleer	[kaŋsɛlleər]
informe (m)	verslag	[ferslaχ]

patente (m)	patent	[patent]
patentar (vt)	patenteer	[patenteər]
planear (vt)	beplan	[beplan]

premio (m)	bonus	[bonus]
profesional (adj)	professioneel	[profɛssioneəl]
procedimiento (m)	prosedure	[prosedurə]

examinar (vt)	ondersoek	[ondərsuk]
cálculo (m)	berekening	[berekeniŋ]
reputación (f)	reputasie	[reputasi]
riesgo (m)	risiko	[risiko]

dirigir (administrar)	beheer	[beheər]
información (f)	informasie	[informasi]
propiedad (f)	eiendom	[æjendom]
unión (f)	unie	[uni]

seguro (m) de vida	lewensversekering	[lɛvɛŋs·fersekeriŋ]
asegurar (vt)	verseker	[fersekər]
seguro (m)	versekering	[fersekeriŋ]

subasta (f)	veiling	[fæjliŋ]
notificar (informar)	laat weet	[lāt veət]
gestión (f)	beheer	[beheər]
servicio (m)	diens	[diŋs]

foro (m)	forum	[forum]
funcionar (vi)	funksioneer	[funksioneər]
etapa (f)	stadium	[stadium]
jurídico (servicios ~s)	regs-	[reχs-]
jurista (m)	regsgeleerde	[reχs·χeleərdə]

106. La producción. Los trabajos

planta (f)	fabriek	[fabrik]
fábrica (f)	fabriek	[fabrik]
taller (m)	werkplek	[verkplek]
planta (f) de producción	bedryf	[bedrajf]

industria (f)	industrie	[industri]
industrial (adj)	industrieel	[industriəl]
industria (f) pesada	swaar industrie	[swār industri]
industria (f) ligera	ligte industrie	[liχtə industri]

producción (f)	produkte	[produktə]
producir (vt)	produseer	[produseər]
materias (f pl) primas	grondstowwe	[χront·stowə]

jefe (m) de brigada	voorman	[foərman]
brigada (f)	werkspan	[verks·pan]
obrero (m)	werker	[verkər]

día (m) de trabajo	werksdag	[verks·daχ]
descanso (m)	pouse	[pæʊsə]
reunión (f)	vergadering	[ferχaderiŋ]
discutir (vt)	bespreek	[bespreək]

plan (m)	plan	[plan]
cumplir el plan	die plan uitvoer	[di plan œitfur]
tasa (f) de producción	produksienorm	[produksi·norm]
calidad (f)	kwaliteit	[kwalitæjt]
control (m)	kontrole	[kontrolə]
control (m) de calidad	kwaliteitskontrole	[kwalitæjts·kontrolə]

seguridad (f) de trabajo	werkplekveiligheid	[verkplek·fæjliχæjt]
disciplina (f)	dissipline	[dissiplinə]
infracción (f)	oortreding	[oərtrediŋ]
violar (las reglas)	oortree	[oərtreə]

| huelga (f) | staking | [stakiŋ] |
| huelguista (m) | staker | [stakər] |

estar en huelga	staak	[stāk]
sindicato (m)	vakbond	[fakbont]

inventar (máquina, etc.)	uitvind	[œitfint]
invención (f)	uitvinding	[œitfindiŋ]
investigación (f)	navorsing	[naforsiŋ]
mejorar (vt)	verbeter	[ferbetər]
tecnología (f)	tegnologie	[teχnoloχi]
dibujo (m) técnico	tegniese tekening	[teχnisə tekəniŋ]

cargamento (m)	vrag	[fraχ]
cargador (m)	laaier	[lājer]
cargar (camión, etc.)	laai	[lāi]
carga (f) (proceso)	laai	[lāi]
descargar (vt)	uitlaai	[œitlāi]
descarga (f)	uitlaai	[œitlāi]

transporte (m)	vervoer	[ferfur]
compañía (f) de transporte	vervoermaatskappy	[ferfur·mātskappaj]
transportar (vt)	vervoer	[ferfur]

vagón (m)	trok	[trok]
cisterna (f)	tenk	[tɛnk]
camión (m)	vragmotor	[fraχ·motor]

máquina (f) herramienta	werktuigmasjien	[verktœiχ·maʃin]
mecanismo (m)	meganisme	[meχanismə]

desperdicios (m pl)	industriële afval	[industriɛlə affal]
empaquetado (m)	verpakking	[ferpakkiŋ]
empaquetar (vt)	verpak	[ferpak]

107. El contrato. El acuerdo

contrato (m)	kontrak	[kontrak]
acuerdo (m)	ooreenkoms	[oəreənkoms]
anexo (m)	addendum	[addendum]

firma (f) (nombre)	handtekening	[hand·tekəniŋ]
firmar (vt)	onderteken	[ondərtekən]
sello (m)	stempel	[stempəl]

objeto (m) del acuerdo	onderwerp van ooreenkoms	[ondərwerp fan oəreənkoms]
cláusula (f)	klousule	[klæusulə]
partes (f pl)	partye	[partajə]
domicilio (m) legal	wetlike adres	[vetlikə adres]

violar el contrato	die kontrak verbreek	[di kontrak ferbreək]
obligación (f)	verpligting	[ferpliχtiŋ]
responsabilidad (f)	verantwoordelikheid	[ferant·voərdelikhæjt]
fuerza mayor (f)	oormag	[oərmaχ]
disputa (f)	geskil	[χeskil]
penalidades (f pl)	boete	[butə]

108. Importación y exportación

importación (f)	invoer	[infur]
importador (m)	invoerder	[infurdər]
importar (vt)	invoer	[infur]
de importación (adj)	invoer-	[infur-]

exportación (f)	uitvoer	[œitfur]
exportador (m)	uitvoerder	[œitfurdər]
exportar (vt)	uitvoer	[œitfur]
de exportación (adj)	uitvoer-	[œitfur-]

mercancía (f)	goedere	[χuderə]
lote (m) de mercancías	besending	[besendiŋ]

peso (m)	gewig	[χevəχ]
volumen (m)	volume	[folumə]
metro (m) cúbico	kubieke meter	[kubikə metər]

productor (m)	produsent	[produsent]
compañía (f) de transporte	vervoermaatskappy	[ferfur·mãtskappaj]
contenedor (m)	houer	[hæuər]

frontera (f)	grens	[χrɛŋs]
aduana (f)	doeane	[duanə]
derechos (m pl) arancelarios	doeanereg	[duanə·reχ]
aduanero (m)	doeanebeampte	[duanə·beamptə]
contrabandismo (m)	smokkel	[smokkəl]
contrabando (m)	smokkelgoed	[smokkəl·χut]

109. Las finanzas

acción (f)	aandeel	[ãndeəl]
bono (m), obligación (f)	obligasie	[obliχasi]
letra (f) de cambio	promesse	[prɔmɛssə]

bolsa (f)	beurs	[bøərs]
cotización (f) de valores	aandeelkoers	[ãndeəl·kurs]

abaratarse (vr)	daal	[dãl]
encarecerse (vr)	styg	[stajχ]

parte (f)	aandeel	[ãndeəl]
interés (m) mayoritario	meerderheidsbelang	[meərderhæjts·belaŋ]

inversiones (f pl)	belegging	[beleχχiŋ]
invertir (vi, vt)	belê	[belɛ:]
porcentaje (m)	persent	[persent]
interés (m)	rente	[rentə]

beneficio (m)	wins	[vins]
beneficioso (adj)	voordelig	[foərdeləχ]
impuesto (m)	belasting	[belastiŋ]

divisa (f)	valuta	[faluta]
nacional (adj)	nasionaal	[naʃionãl]
cambio (m)	wissel	[vissəl]

contable (m)	boekhouer	[bukhæʊər]
contaduría (f)	boekhouding	[bukhæʊdiŋ]

bancarrota (f)	bankrotskap	[bankrotskap]
quiebra (f)	ineenstorting	[ineɛŋstortiŋ]
ruina (f)	bankrotskap	[bankrotskap]
arruinarse (vr)	geruïneer wees	[χeruïneer vees]
inflación (f)	inflasie	[inflasi]
devaluación (f)	devaluasie	[defaluasi]

capital (m)	kapitaal	[kapitãl]
ingresos (m pl)	inkomste	[inkomstə]
volumen (m) de negocio	omset	[omsət]
recursos (m pl)	hulpbronne	[hulpbronnə]
recursos (m pl) monetarios	monetêre hulpbronne	[monetærə hulpbronnə]

gastos (m pl) accesorios	oorhoofse koste	[oərhoəfsə kostə]
reducir (vt)	verminder	[fermindər]

110. La mercadotecnia

mercadotecnia (f)	bemarking	[bemarkiŋ]
mercado (m)	mark	[mark]
segmento (m) del mercado	marksegment	[mark·seχment]
producto (m)	produk	[produk]
mercancía (f)	goedere	[χudərə]
marca (f)	merk	[merk]
marca (f) comercial	handelsmerk	[handəls·merk]
logotipo (m)	logo	[loχo]
logo (m)	logo	[loχo]

demanda (f)	vraag	[frãχ]
oferta (f)	aanbod	[ãnbot]
necesidad (f)	behoefte	[behuftə]
consumidor (m)	verbruiker	[ferbrœikər]

análisis (m)	analise	[analisə]
analizar (vt)	analiseer	[analiseer]
posicionamiento (m)	plasing	[plasiŋ]
posicionar (vt)	plaas	[plãs]
precio (m)	prys	[prajs]
política (f) de precios	prysbeleid	[prajs·belæjt]
formación (f) de precios	prysvorming	[prajs·formiŋ]

111. La publicidad

publicidad (f)	reklame	[reklamə]
publicitar (vt)	adverteer	[adferteər]

presupuesto (m)	begroting	[beχrotiŋ]
anuncio (m) publicitario	advertensie	[adfertɛŋsi]
publicidad (f) televisiva	TV-advertensie	[te·fe-adfertɛŋsi]
publicidad (f) radiofónica	radioreklame	[radio·reklamə]
publicidad (f) exterior	buitereklame	[bœitə·reklamə]

medios (m pl) de comunicación de masas	massamedia	[massa·media]
periódico (m)	tydskrif	[tajdskrif]
imagen (f)	imago	[imaχo]

| consigna (f) | slagspreuk | [slaχ·sprøək] |
| divisa (f) | motto | [motto] |

campaña (f)	veldtog	[fɛldtoχ]
campaña (f) publicitaria	reklameveldtog	[reklamə·fɛldtoχ]
auditorio (m) objetivo	doelgroep	[dul·χrup]

tarjeta (f) de visita	besigheidskaartjie	[besiχæjts·kãrki]
prospecto (m)	strooibiljet	[stroj·biljet]
folleto (m)	brosjure	[broʃurə]
panfleto (m)	pamflet	[pamflet]
boletín (m)	nuusbrief	[nɪsbrif]

letrero (m) (~ luminoso)	reklamebord	[reklamə·bort]
pancarta (f)	plakkaat	[plakkãt]
valla (f) publicitaria	aanplakbord	[ānplakbort]

112. La banca

| banco (m) | bank | [bank] |
| sucursal (f) | tak | [tak] |

| consultor (m) | bankklerk | [bank·klerk] |
| gerente (m) | bestuurder | [bestɪrdər] |

cuenta (f)	bankrekening	[bank·rekəniŋ]
numero (m) de la cuenta	rekeningnommer	[rekəniŋ·nommər]
cuenta (f) corriente	tjekrekening	[tʃek·rekəniŋ]
cuenta (f) de ahorros	spaarrekening	[spãr·rekəniŋ]

| cerrar la cuenta | die rekening sluit | [di rekəniŋ slœit] |
| sacar de la cuenta | trek | [trek] |

depósito (m)	deposito	[deposito]
giro (m) bancario	telegrafiese oorplasing	[teleχrafisə oərplasiŋ]
hacer un giro	oorplaas	[oərplãs]

| suma (f) | som | [som] |
| ¿Cuánto? | Hoeveel? | [hufeəl?] |

firma (f) (nombre)	handtekening	[hand·tekəniŋ]
firmar (vt)	onderteken	[ondərtekən]
tarjeta (f) de crédito	kredietkaart	[kredit·kãrt]

código (m)	kode	[kodə]
número (m) de tarjeta de crédito	kredietkaartnommer	[kredit·kārt·nommər]
cajero (m) automático	OTM	[o·te·em]
cheque (m)	tjek	[tʃek]
talonario (m)	tjekboek	[tʃek·buk]
crédito (m)	lening	[leniŋ]
garantía (f)	waarborg	[vārborχ]

113. El teléfono. Las conversaciones telefónicas

teléfono (m)	telefoon	[telefoən]
teléfono (m) móvil	selfoon	[sɛlfoən]
contestador (m)	antwoordmasjien	[antwoərt·maʃin]
llamar, telefonear	bel	[bəl]
llamada (f)	oproep	[oprup]
¿Sí?, ¿Dígame?	Hallo!	[hallo!]
preguntar (vt)	vra	[fra]
responder (vi, vt)	antwoord	[antwoərt]
oír (vt)	hoor	[hoər]
bien (adv)	goed	[χut]
mal (adv)	nie goed nie	[ni χut ni]
ruidos (m pl)	steurings	[støəriŋs]
auricular (m)	gehoorstuk	[χehoərstuk]
descolgar (el teléfono)	optel	[optəl]
colgar el auricular	afskakel	[afskakəl]
ocupado (adj)	besig	[besəχ]
sonar (teléfono)	lui	[lœi]
guía (f) de teléfonos	telefoongids	[telefoən·χids]
local (adj)	lokale	[lokalə]
llamada (f) local	lokale oproep	[lokalə oprup]
de larga distancia	langafstand	[lanχ·afstant]
llamada (f) de larga distancia	langafstand oproep	[lanχ·afstant oprup]
internacional (adj)	internasionale	[internaʃionalə]
llamada (f) internacional	internasionale oproep	[internaʃionalə oprup]

114. El teléfono celular

teléfono (m) móvil	selfoon	[sɛlfoən]
pantalla (f)	skerm	[skerm]
botón (m)	knoppie	[knoppi]
tarjeta SIM (f)	SIMkaart	[sim·kārt]
pila (f)	battery	[battəraj]
descargarse (vr)	pap wees	[pap veəs]

cargador (m)	batterylaaier	[battəraj·lajer]
menú (m)	spyskaart	[spajs·kārt]
preferencias (f pl)	instellings	[instɛlliŋs]
melodía (f)	wysie	[vajsi]
seleccionar (vt)	kies	[kis]

calculadora (f)	sakrekenaar	[sakrekənār]
contestador (m)	stempos	[stem·pos]
despertador (m)	wekker	[vɛkkər]
contactos (m pl)	kontakte	[kontaktə]

| mensaje (m) de texto | SMS | [es·em·es] |
| abonado (m) | intekenaar | [intekənār] |

115. Los artículos de escritorio. La papelería

| bolígrafo (m) | bolpen | [bol·pen] |
| pluma (f) estilográfica | vulpen | [ful·pen] |

lápiz (m)	potlood	[potloət]
marcador (m)	merkpen	[merk·pen]
rotulador (m)	viltpen	[filt·pen]

| bloc (m) de notas | notaboekie | [nota·buki] |
| agenda (f) | dagboek | [daχ·buk] |

regla (f)	liniaal	[liniãl]
calculadora (f)	sakrekenaar	[sakrekənār]
goma (f) de borrar	uitveër	[œitfeɛr]
chincheta (f)	duimspyker	[dœim·spajkər]
clip (m)	skuifspeld	[skœif·spɛlt]

cola (f), pegamento (m)	gom	[χom]
grapadora (f)	krammasjien	[kram·maʃin]
perforador (m)	ponsmasjien	[poŋs·maʃin]
sacapuntas (m)	skerpmaker	[skerp·makər]

116. Diversos tipos de documentación

informe (m)	verslag	[ferslaχ]
acuerdo (m)	ooreenkoms	[oəreənkoms]
formulario (m) de solicitud	aansoekvorm	[ānsuk·form]
auténtico (adj)	outentiek	[æʊtentik]
tarjeta (f) de identificación	lapelkaart	[lapəl·kārt]
tarjeta (f) de visita	besigheidskaartjie	[besiχæjts·kārki]

certificado (m)	sertifikaat	[sertifikãt]
cheque (m) bancario	tjek	[tʃek]
cuenta (f) (restaurante)	rekening	[rekəniŋ]
constitución (f)	grondwet	[χront·wet]
contrato (m)	kontrak	[kontrak]
copia (f)	kopie	[kopi]

ejemplar (m)	kopie	[kopi]
declaración (f) de aduana	doeaneverklaring	[duanə·ferklariŋ]
documento (m)	dokument	[dokumɛnt]
permiso (m) de conducir	bestuurslisensie	[bestɪrs·lisɛŋsi]
anexo (m)	addendum	[addendum]
cuestionario (m)	vorm	[form]
carnet (m) de identidad	identiteitskaart	[identitæjts·kārt]
solicitud (f) de información	navraag	[nafrãχ]
tarjeta (f) de invitación	uitnodiging	[œitnodəχiŋ]
factura (f)	rekening	[rekəniŋ]
ley (f)	wet	[vet]
carta (f)	brief	[brif]
hoja (f) membretada	briefhoof	[brifhoəf]
lista (f) (de nombres, etc.)	lys	[lajs]
manuscrito (m)	manuskrip	[manuskrip]
boletín (m)	nuusbrief	[nɪsbrif]
nota (f) (mensaje)	briefie	[brifi]
pase (m) (permiso)	lapelkaart	[lapəl·kārt]
pasaporte (m)	paspoort	[paspoərt]
permiso (m)	permit	[permit]
curriculum vitae (m)	curriculum vitae	[kurrikulum fitaə]
pagaré (m)	skuldbekentenis	[skuld·bekentənis]
recibo (m)	kwitansie	[kwitaŋsi]
ticket (m) de compra	strokie	[stroki]
informe (m)	verslag	[ferslaχ]
presentar (identificación)	wys	[vajs]
firmar (vt)	onderteken	[ondərtekən]
firma (f) (nombre)	handtekening	[hand·tekəniŋ]
sello (m)	stempel	[stempəl]
texto (m)	teks	[teks]
billete (m)	kaartjie	[kārki]
tachar (vt)	doodtrek	[doədtrek]
rellenar (vt)	invul	[inful]
guía (f) de embarque	vragbrief	[fraχ·brif]
testamento (m)	testament	[testament]

117. Tipos de negocios

agencia (f) de empleo	arbeidsburo	[arbæjds·buro]
agencia (f) de información	nuusagentskap	[nɪs·aχentskap]
agencia (f) de publicidad	reklameburo	[reklamə·buro]
agencia (f) de seguridad	sekuriteitsfirma	[sekuritæjts·firma]
almacén (m)	pakhuis	[pak·hœis]
antigüedad (f)	antiek	[antik]
asesoría (f) jurídica	regsadviseur	[reχs·adfisøər]
servicios (m pl) de auditoría	ouditeursdienste	[æʋditəərs·diŋstə]
bar (m)	kroeg	[kruχ]

bebidas (f pl) alcohólicas	alkoholiese dranke	[alkoholisə drankə]
bolsa (f) de comercio	beurs	[bøərs]
casino (m)	kasino	[kasino]
centro (m) de negocios	sakesentrum	[sakə·sentrum]
fábrica (f) de cerveza	brouery	[bræʊeraj]
cine (m) (iremos al ~)	bioskoop	[bioskoəp]
climatizadores (m pl)	lugversorger	[luχfersorχər]
club (m) nocturno	nagklub	[naχ·klup]
comercio (m)	handel	[handəl]
productos alimenticios	voedingsware	[fudiŋs·warə]
compañía (f) aérea	lugredery	[luχrederaj]
construcción (f)	boubedryf	[bæʊbedrajf]
contabilidad (f)	boekhoudienste	[bukhæʊ·diŋstə]
deporte (m)	sport	[sport]
diseño (m)	ontwerp	[ontwerp]
editorial (f)	uitgewery	[œitχeveraj]
escuela (f) de negocios	besigheidsskool	[besiχæjts·skoəl]
estomatología (f)	tandekliniek	[tandə·klinik]
farmacia (f)	apteek	[apteək]
industria (f) farmacéutica	farmasie	[farmasi]
funeraria (f)	begrafnisonderneming	[beχrafnis·ondərnemiŋ]
galería (f) de arte	kunsgalery	[kuns·χaleraj]
helado (m)	roomys	[roəm·ajs]
hotel (m)	hotel	[hotəl]
industria (f)	industrie	[industri]
industria (f) ligera	ligte industrie	[liχtə industri]
inmueble (m)	eiendom	[æjendom]
internet (m), red (f)	internet	[internet]
inversiones (f pl)	investerings	[infesteriŋs]
joyería (f)	juweliersware	[juvelirs·warə]
joyero (m)	juwelier	[juvelir]
lavandería (f)	wassery	[vasseraj]
librería (f)	boekhandel	[buk·handəl]
medicina (f)	geneesmiddels	[χeneəs·middəls]
muebles (m pl)	meubels	[møəbɛls]
museo (m)	museum	[musøəm]
negocio (m) bancario	bankwese	[bankwesə]
periódico (m)	koerant	[kurant]
petróleo (m)	olie	[oli]
piscina (f)	swembad	[swem·bat]
poligrafía (f)	drukkery	[drukkəraj]
publicidad (f)	reklame	[reklamə]
radio (f)	radio	[radio]
recojo (m) de basura	afvalinsameling	[affal·insameliŋ]
restaurante (m)	restaurant	[restɔurant]
revista (f)	tydskrif	[tajdskrif]
ropa (f)	klerasie	[klerasi]

salón (m) de belleza	skoonheidssalon	[skoənhæjts·salon]
seguro (m)	versekering	[fersekeriŋ]
servicio (m) de entrega	koerierdienste	[kurir·diŋstə]
servicios (m pl) financieros	finansiële dienste	[finaŋsiɛlə diŋstə]
supermercado (m)	supermark	[supermark]

taller (m)	kleremaker	[klerə·makər]
teatro (m)	teater	[teatər]
televisión (f)	televisie	[telefisi]
tienda (f)	winkel	[vinkəl]
tintorería (f)	droogskoonmakers	[droəχ·skoən·makers]
servicios de transporte	vervoer	[ferfur]
turismo (m)	reisbedryf	[ræjs·bedrajf]

venta (f) por catálogo	posorderbedryf	[pos·ordər·bedrajf]
veterinario (m)	veearts	[feə·arts]
consultoría (f)	advieskantoor	[adfis·kantoər]

El trabajo. Los negocios. Unidad 2

118. La exhibición. La feria comercial

exposición, feria (f)	skou	[skæʊ]
feria (f) comercial	handelsskou	[handəls·skæʊ]
participación (f)	deelneming	[deəlnemiŋ]
participar (vi)	deelneem	[deəlneəm]
participante (m)	deelnemer	[deəlnemər]
director (m)	bestuurder	[bestɪrdər]
dirección (f)	organisasiekantoor	[orχanisasi·kantoər]
organizador (m)	organiseerder	[orχaniseərdər]
organizar (vt)	organiseer	[orχaniseər]
solicitud (f) de participación	deelnemingsvorm	[deəlnemiŋs·form]
rellenar (vt)	invul	[inful]
detalles (m pl)	besonderhede	[besondərhedə]
información (f)	informasie	[informasi]
precio (m)	prys	[prajs]
incluso	insluitend	[inslœitent]
incluir (vt)	insluit	[inslœit]
pagar (vi, vt)	betaal	[betāl]
cuota (f) de registro	registrasiefooi	[reχistrasi·foj]
entrada (f)	ingang	[inχaŋ]
pabellón (m)	paviljoen	[pafiljun]
registrar (vt)	registreer	[reχistreər]
tarjeta (f) de identificación	lapelkaart	[lapəl·kārt]
stand (m) de feria	stalletjie	[stalləki]
reservar (vt)	bespreek	[bespreək]
vitrina (f)	uistalkas	[œistalkas]
lámpara (f)	kollig	[kolləχ]
diseño (m)	ontwerp	[ontwerp]
poner (colocar)	sit	[sit]
situarse (vr)	geplaas wees	[χeplās veəs]
distribuidor (m)	verdeler	[ferdelər]
proveedor (m)	verskaffer	[ferskaffər]
suministrar (vt)	verskaf	[ferskaf]
país (m)	land	[lant]
extranjero (adj)	buitelands	[bœitəlands]
producto (m)	produk	[produk]
asociación (f)	vereniging	[ferenəχiŋ]
sala (f) de conferencias	konferensiesaal	[konferɛŋsi·sāl]

| congreso (m) | kongres | [konχres] |
| concurso (m) | wedstryd | [vedstrajt] |

visitante (m)	besoeker	[besukər]
visitar (vt)	besoek	[besuk]
cliente (m)	kliënt	[kliɛnt]

119. Medios de comunicación de masas

periódico (m)	koerant	[kurant]
revista (f)	tydskrif	[tajdskrif]
prensa (f)	pers	[pers]
radio (f)	radio	[radio]
estación (f) de radio	omroep	[omrup]
televisión (f)	televisie	[telefisi]

presentador (m)	aanbieder	[ānbidər]
presentador (m) de noticias	nuusleser	[nɪslesər]
comentarista (m)	kommentator	[kommentator]

periodista (m)	joernalis	[jurnalis]
corresponsal (m)	korrespondent	[korrespondɛnt]
corresponsal (m) fotográfico	persfotograaf	[pers·fotoχrāf]
reportero (m)	verslaggewer	[ferslaχ·χevər]

| redactor (m) | redakteur | [redaktøər] |
| redactor jefe (m) | hoofredakteur | [hoəf·redaktøər] |

suscribirse (vr)	inteken op ...	[intekən op ...]
suscripción (f)	intekening	[intekəniŋ]
suscriptor (m)	intekenaar	[intekənãr]
leer (vi, vt)	lees	[leəs]
lector (m)	leser	[lesər]

tirada (f)	oplaag	[oplāχ]
mensual (adj)	maandeliks	[māndəliks]
semanal (adj)	weekliks	[veəkliks]
número (m)	nommer	[nommər]
nuevo (~ número)	nuwe	[nuvə]

titular (m)	opskrif	[opskrif]
noticia (f)	kort artikel	[kort artikəl]
columna (f)	kolom	[kolom]
artículo (m)	artikel	[artikəl]
página (f)	bladsy	[bladsaj]

reportaje (m)	veslag	[feslaχ]
evento (m)	gebeurtenis	[χebøərtenis]
sensación (f)	sensasie	[sɛŋsasi]
escándalo (m)	skandaal	[skandāl]
escandaloso (adj)	skandelik	[skandəlik]
gran (~ escándalo)	groot	[χroət]
emisión (f)	program	[proχram]
entrevista (f)	onderhoud	[ondərhæʊt]

transmisión (f) en vivo | regstreekse uitsending | [reχstreeksə œitsendiŋ]
canal (m) | kanaal | [kanāl]

120. La agricultura

agricultura (f)	landbou	[landbæʊ]
campesino (m)	boer	[bur]
campesina (f)	boervrou	[bur·fræʊ]
granjero (m)	boer	[bur]
tractor (m)	trekker	[trɛkkər]
cosechadora (f)	stroper	[stropər]
arado (m)	ploeg	[pluχ]
arar (vi, vt)	ploeg	[pluχ]
labrado (m)	ploegland	[pluχlant]
surco (m)	voor	[foər]
sembrar (vi, vt)	saai	[sāi]
sembradora (f)	saaier	[sājer]
siembra (f)	saai	[sāi]
guadaña (f)	sens	[sɛŋs]
segar (vi, vt)	maai	[mãi]
pala (f)	graaf	[χrāf]
layar (vt)	omspit	[omspit]
azada (f)	skoffel	[skoffəl]
sachar, escardar	skoffel	[skoffəl]
mala hierba (f)	onkruid	[onkrœit]
regadera (f)	gieter	[χitər]
regar (plantas)	nat gooi	[nat χoj]
riego (m)	nat gooi	[nat χoj]
horquilla (f)	gaffel	[χaffəl]
rastrillo (m)	hark	[hark]
fertilizante (m)	misstof	[misstof]
abonar (vt)	bemes	[bemes]
estiércol (m)	misstof	[misstof]
campo (m)	veld	[fɛlt]
prado (m)	weiland	[væjlant]
huerta (f)	groentetuin	[χruntə·tœin]
jardín (m)	boord	[boərt]
pacer (vt)	wei	[væj]
pastor (m)	herder	[herdər]
pastadero (m)	weiland	[væjlant]
ganadería (f)	veeboerdery	[fee·burderaj]
cría (f) de ovejas	skaapboerdery	[skāp·burderaj]

plantación (f)	aanplanting	[ãnplantiŋ]
hilera (f) (~ de cebollas)	bedding	[beddiŋ]
invernadero (m)	broeikas	[bruikas]

| sequía (f) | droogte | [droǝχtǝ] |
| seco, árido (adj) | droog | [droǝχ] |

grano (m)	graan	[χrãn]
cereales (m pl)	graangewasse	[χrãn·χǝwassǝ]
recolectar (vt)	oes	[us]

molinero (m)	meulenaar	[møǝlenãr]
molino (m)	meul	[møǝl]
moler (vt)	maal	[mãl]
harina (f)	meelblom	[meǝl·blom]
paja (f)	strooi	[stroj]

121. La construcción. El proceso de construcción

obra (f)	bouperseel	[bæʊ·perseǝl]
construir (vt)	bou	[bæʊ]
albañil (m)	bouwerker	[bæʊ·verkǝr]

proyecto (m)	projek	[projek]
arquitecto (m)	argitek	[arχitek]
obrero (m)	werker	[verkǝr]

cimientos (m pl)	fondament	[fondament]
techo (m)	dak	[dak]
pila (f) de cimentación	heipaal	[hæjpãl]
muro (m)	muur	[mɪr]

| armadura (f) | betonstaal | [betoŋ·stãl] |
| andamio (m) | steiers | [stæjers] |

hormigón (m)	beton	[beton]
granito (m)	graniet	[χranit]
piedra (f)	klip	[klip]
ladrillo (m)	baksteen	[baksteǝn]

arena (f)	sand	[sant]
cemento (m)	sement	[sement]
estuco (m)	pleister	[plæjstǝr]
estucar (vt)	pleister	[plæjstǝr]

pintura (f)	verf	[ferf]
pintar (las paredes)	verf	[ferf]
barril (m)	drom	[drom]

grúa (f)	kraan	[krãn]
levantar (vt)	optel	[optǝl]
bajar (vt)	laat sak	[lãt sak]
bulldózer (m)	stootskraper	[stoǝt·skrapǝr]
excavadora (f)	graafmasjien	[χrãf·maʃin]

cuchara (f)	bak	[bak]
cavar (vt)	grawe	[χravə]
casco (m)	helmet	[hɛlmet]

122. La ciencia. La investigación. Los científicos

ciencia (f)	wetenskap	[vetɛŋskap]
científico (adj)	wetenskaplik	[vetɛŋskaplik]
científico (m)	wetenskaplike	[vetɛŋskaplikə]
teoría (f)	teorie	[teori]

axioma (m)	aksioma	[aksioma]
análisis (m)	analise	[analisə]
analizar (vt)	analiseer	[analiseər]
argumento (m)	argument	[arχument]
sustancia (f) (materia)	substansie	[substaŋsi]

hipótesis (f)	hipotese	[hipotesə]
dilema (m)	dilemma	[dilɛmma]
tesis (f) de grado	proefskrif	[prufskrif]
dogma (m)	dogma	[doχma]

doctrina (f)	doktrine	[doktrinə]
investigación (f)	navorsing	[naforsiŋ]
investigar (vt)	navors	[nafors]
prueba (f)	toetse	[tutsə]
laboratorio (m)	laboratorium	[laboratorium]

método (m)	metode	[metodə]
molécula (f)	molekule	[molekulə]
seguimiento (m)	monitering	[moniteriŋ]
descubrimiento (m)	ontdekking	[ontdɛkkiŋ]

postulado (m)	postulaat	[postulãt]
principio (m)	beginsel	[beχinsəl]
pronóstico (m)	voorspelling	[foərspɛlliŋ]
pronosticar (vt)	voorspel	[foərspəl]

síntesis (f)	sintese	[sintesə]
tendencia (f)	tendens	[tendɛŋs]
teorema (m)	stelling	[stɛlliŋ]

enseñanzas (f pl)	leer	[leər]
hecho (m)	feit	[fæjt]

expedición (f)	ekspedisie	[ɛkspedisi]
experimento (m)	eksperiment	[ɛksperiment]

académico (m)	akademikus	[akademikus]
bachiller (m)	baccalaureus	[bakalɔurøəs]
doctorado (m)	doktor	[doktor]
docente (m)	medeprofessor	[medə·profɛssor]
Master (m) (~ en Letras)	Magister	[maχistər]
profesor (m)	professor	[profɛssor]

Las profesiones y los oficios

123. La búsqueda de trabajo. El despido

trabajo (m)	**baantjie**	[bānki]
empleados (pl)	**personeel**	[personeəl]
personal (m)	**personeel**	[personeəl]
carrera (f)	**loopbaan**	[loəpbān]
perspectiva (f)	**vooruitsigte**	[foərœit·siχtə]
maestría (f)	**meesterskap**	[meəsterskap]
selección (f)	**seleksie**	[seleksi]
agencia (f) de empleo	**arbeidsburo**	[arbæjds·buro]
curriculum vitae (m)	**curriculum vitae**	[kurrikulum fitaə]
entrevista (f)	**werksonderhoud**	[werk·ondərhæʊt]
vacancia (f)	**vakature**	[fakaturə]
salario (m)	**salaris**	[salaris]
salario (m) fijo	**vaste salaris**	[fastə salaris]
remuneración (f)	**loon**	[loən]
puesto (m) (trabajo)	**posisie**	[posisi]
deber (m)	**taak**	[tāk]
gama (f) de deberes	**reeks opdragte**	[reəks opdraχtə]
ocupado (adj)	**besig**	[besəχ]
despedir (vt)	**afdank**	[afdank]
despido (m)	**afdanking**	[afdankiŋ]
desempleo (m)	**werkloosheid**	[verkloəshæjt]
desempleado (m)	**werkloos**	[verkloəs]
jubilación (f)	**pensioen**	[pɛnsiun]
jubilarse	**met pensioen gaan**	[met pɛnsiun χān]

124. Los negociantes

director (m)	**direkteur**	[direktøər]
gerente (m)	**bestuurder**	[bestɪrdər]
jefe (m)	**baas**	[bās]
superior (m)	**hoof**	[hoəf]
superiores (m pl)	**hoofde**	[hoəfdə]
presidente (m)	**direkteur**	[direktøər]
presidente (m) (de compañía)	**voorsitter**	[foərsittər]
adjunto (m)	**adjunk**	[adjunk]
asistente (m)	**assistent**	[assistent]

| secretario, -a (m, f) | sekretaris | [sekretaris] |
| secretario (m) particular | persoonlike assistent | [persoənlikə assistent] |

hombre (m) de negocios	sakeman	[sakəman]
emprendedor (m)	entrepreneur	[ɛntrəprenøər]
fundador (m)	stigter	[stiχtər]
fundar (vt)	stig	[stiχ]

institutor (m)	stigter	[stiχtər]
socio (m)	vennoot	[fɛnnoət]
accionista (m)	aandeelhouer	[āndeəl·hæʋər]

millonario (m)	miljoenêr	[miljunær]
multimillonario (m)	miljardêr	[miljardær]
propietario (m)	eienaar	[æjenãr]
terrateniente (m)	grondeienaar	[χront·æjenãr]

cliente (m)	kliënt	[kliɛnt]
cliente (m) habitual	vaste kliënt	[fastə kliɛnt]
comprador (m)	koper	[kopər]
visitante (m)	besoeker	[besukər]

profesional (m)	professioneel	[profɛssioneəl]
experto (m)	kenner	[kɛnnər]
especialista (m)	spesialis	[spesialis]

| banquero (m) | bankier | [bankir] |
| broker (m) | makelaar | [makəlãr] |

cajero (m)	kassier	[kassir]
contable (m)	bookhouer	[bukhæʋər]
guardia (m) de seguridad	veiligheidswag	[fæjliχæjts·waχ]

inversionista (m)	belegger	[beleχər]
deudor (m)	skuldenaar	[skuldenãr]
acreedor (m)	krediteur	[kreditøər]
prestatario (m)	lener	[lenər]

| importador (m) | invoerder | [infurdər] |
| exportador (m) | uitvoerder | [œitfurdər] |

productor (m)	produsent	[produsent]
distribuidor (m)	verdeler	[ferdelər]
intermediario (m)	tussenpersoon	[tussən·persoən]

asesor (m) (~ fiscal)	raadgewer	[rāt·χevər]
representante (m)	verkoopsagent	[ferkoəps·aχent]
agente (m)	agent	[aχent]
agente (m) de seguros	versekeringsagent	[fersəkeriŋs·aχent]

125. Los trabajos de servicio

| cocinero (m) | kok | [kok] |
| jefe (m) de cocina | sjef | [ʃef] |

panadero (m)	bakker	[bakkər]
barman (m)	kroegman	[kruχman]
camarero (m)	kelner	[kɛlnər]
camarera (f)	kelnerin	[kɛlnərin]

abogado (m)	advokaat	[adfokāt]
jurista (m)	prokureur	[prokurøər]
notario (m)	notaris	[notaris]

electricista (m)	elektrisiën	[ɛlektrisiɛn]
fontanero (m)	loodgieter	[loədχitər]
carpintero (m)	timmerman	[timmerman]

masajista (m)	masseerder	[masseərdər]
masajista (f)	masseerster	[masseərstər]
médico (m)	dokter	[doktər]

taxista (m)	taxibestuurder	[taksi·bestɪrdər]
chofer (m)	bestuurder	[bestɪrdər]
repartidor (m)	koerier	[kurir]

camarera (f)	kamermeisie	[kamər·mæjsi]
guardia (m) de seguridad	veiligheidswag	[fæjliχæjts·waχ]
azafata (f)	lugwaardin	[luχ·wārdin]

profesor (m) (~ de baile, etc.)	onderwyser	[ondərwajsər]
bibliotecario (m)	bibliotekaris	[bibliotekaris]
traductor (m)	vertaler	[fertalər]
intérprete (m)	tolk	[tolk]
guía (m)	gids	[χids]

peluquero (m)	haarkapper	[hār·kappər]
cartero (m)	posbode	[pos·bodə]
vendedor (m)	verkoper	[ferkopər]

jardinero (m)	tuinman	[tœin·man]
servidor (m)	bediende	[bedində]
criada (f)	bediende	[bedində]
mujer (f) de la limpieza	skoonmaakster	[skoən·mākstər]

126. La profesión militar y los rangos

soldado (m) raso	soldaat	[soldāt]
sargento (m)	sersant	[sersant]
teniente (m)	luitenant	[lœitənant]
capitán (m)	kaptein	[kaptæjn]

mayor (m)	majoor	[majoər]
coronel (m)	kolonel	[kolonəl]
general (m)	generaal	[χenerāl]
mariscal (m)	maarskalk	[mārskalk]
almirante (m)	admiraal	[admirāl]
militar (m)	leër	[leɛr]
soldado (m)	soldaat	[soldāt]

oficial (m)	offisier	[offisir]
comandante (m)	kommandant	[kommandant]

guardafronteras (m)	grenswag	[χrɛŋsˈwaχ]
radio-operador (m)	radio-operateur	[radio-operatøər]
explorador (m)	verkenner	[fɛrkɛnnər]
zapador (m)	sappeur	[sappøər]
tirador (m)	skutter	[skuttər]
navegador (m)	navigator	[nafiχator]

127. Los oficiales. Los sacerdotes

rey (m)	koning	[koniŋ]
reina (f)	koningin	[koniŋin]
príncipe (m)	prins	[prins]
princesa (f)	prinses	[prinsəs]
zar (m)	tsaar	[tsār]
zarina (f)	tsarina	[tsarina]
presidente (m)	president	[president]
ministro (m)	minister	[ministər]
primer ministro (m)	eerste minister	[eərstə ministər]
senador (m)	senator	[senator]
diplomático (m)	diplomaat	[diplomāt]
cónsul (m)	konsul	[koŋsul]
embajador (m)	ambassadeur	[ambassadøər]
consejero (m)	adviseur	[adfisøər]
funcionario (m)	amptenaar	[amptənar]
prefecto (m)	prefek	[prefek]
alcalde (m)	burgermeester	[burgərˈmeəstər]
juez (m)	regter	[reχtər]
fiscal (m)	aanklaer	[ānklaər]
misionero (m)	sendeling	[sendəliŋ]
monje (m)	monnik	[monnik]
abad (m)	ab	[ap]
rabino (m)	rabbi	[rabbi]
visir (m)	visier	[fisir]
sha (m)	sjah	[ʃah]
jeque (m)	sjeik	[ʃæjk]

128. Las profesiones agrícolas

apicultor (m)	byeboer	[bajebur]
pastor (m)	herder	[herdər]
agrónomo (m)	landboukundige	[landbæʊˈkundiχə]

ganadero (m)	veeteler	[feə·telər]
veterinario (m)	veearts	[feə·arts]
granjero (m)	boer	[bur]
vinicultor (m)	wynmaker	[vajn·makər]
zoólogo (m)	dierkundige	[dir·kundiχə]
vaquero (m)	cowboy	[kovboj]

129. Las profesiones artísticas

actor (m)	akteur	[aktøər]
actriz (f)	aktrise	[aktrisə]
cantante (m)	sanger	[saŋər]
cantante (f)	sangeres	[saŋəres]
bailarín (m)	danser	[daŋsər]
bailarina (f)	danseres	[daŋsəres]
artista (m)	verhoogkunstenaar	[ferhoəχ·kunstənãr]
artista (f)	verhoogkunstenares	[ferhoəχ·kunstənares]
músico (m)	musikant	[musikant]
pianista (m)	pianis	[pianis]
guitarrista (m)	kitaarspeler	[kitãr·spelər]
director (m) de orquesta	dirigent	[diriχent]
compositor (m)	komponis	[komponis]
empresario (m)	impresario	[impresario]
director (m) de cine	filmregisseur	[film·reχissøər]
productor (m)	produsent	[produsent]
guionista (m)	draaiboekskrywer	[drãjbuk·skrajvər]
crítico (m)	kritikus	[kritikus]
escritor (m)	skrywer	[skrajvər]
poeta (m)	digter	[diχtər]
escultor (m)	beeldhouer	[beəldhæuər]
pintor (m)	kunstenaar	[kunstenãr]
malabarista (m)	jongleur	[jonχløər]
payaso (m)	hanswors	[haŋswors]
acróbata (m)	akrobaat	[akrobãt]
ilusionista (m)	goëlaar	[χoɛlãr]

130. Profesiones diversas

médico (m)	dokter	[doktər]
enfermera (f)	verpleegster	[ferpleəχ·stər]
psiquiatra (m)	psigiater	[psiχiatər]
dentista (m)	tandarts	[tand·arts]
cirujano (m)	chirurg	[ʃirurχ]

astronauta (m)	astronout	[astronæʊt]
astrónomo (m)	astronoom	[astronoəm]
piloto (m)	piloot	[piloət]

conductor (m) (chófer)	bestuurder	[bestɪrdər]
maquinista (m)	treindrywer	[træjn·drajvər]
mecánico (m)	werktuigkundige	[verktœiχ·kundiχə]

minero (m)	mynwerker	[majn·werkər]
obrero (m)	werker	[verkər]
cerrajero (m)	slotmaker	[slot·makər]
carpintero (m)	skrynwerker	[skrajn·werkər]
tornero (m)	draaibankwerker	[drãjbank·werkər]
albañil (m)	bouwerker	[bæʊ·verkər]
soldador (m)	sweiser	[swæjsər]

profesor (m) (título)	professor	[profɛssor]
arquitecto (m)	argitek	[arχitek]
historiador (m)	historikus	[historikus]
científico (m)	wetenskaplike	[vetɛŋskaplikə]
físico (m)	fisikus	[fisikus]
químico (m)	skeikundige	[skæjkundiχə]

arqueólogo (m)	argeoloog	[arχeoloəχ]
geólogo (m)	geoloog	[χeoloəχ]
investigador (m)	navorser	[naforsər]

| niñera (f) | babasitter | [babasittər] |
| pedagogo (m) | onderwyser | [ondərwajsər] |

redactor (m)	redakteur	[redaktøər]
redactor jefe (m)	hoofredakteur	[hoəf·redaktøər]
corresponsal (m)	korrespondent	[korrespondɛnt]
mecanógrafa (f)	tikster	[tikstər]

| diseñador (m) | ontwerper | [ontwerpər] |
| especialista (m) en ordenadores | rekenaarkenner | [rekənãr·kɛnnər] |

| programador (m) | programmeur | [proχrammøər] |
| ingeniero (m) | ingenieur | [inχeniøər] |

marino (m)	matroos	[matroəs]
marinero (m)	seeman	[seəman]
socorrista (m)	redder	[rɛddər]

bombero (m)	brandweerman	[brantveər·man]
policía (m)	polisieman	[polisi·man]
vigilante (m) nocturno	bewaker	[bevakər]
detective (m)	speurder	[spøərdər]

aduanero (m)	doeanebeampte	[duanə·beamptə]
guardaespaldas (m)	lyfwag	[lajf·waχ]
guardia (m) de prisiones	tronkbewaarder	[tronk·bevãrdər]
inspector (m)	inspekteur	[inspektøər]
deportista (m)	sportman	[sportman]
entrenador (m)	breier	[bræjer]

carnicero (m)	**slagter**	[slaχtər]
zapatero (m)	**skoenmaker**	[skun·makər]
comerciante (m)	**handelaar**	[handəlãr]
cargador (m)	**laaier**	[lãjer]

diseñador (m) de modas	**modeontwerper**	[modə·ontwerpər]
modelo (f)	**model**	[modəl]

131. Los trabajos. El estatus social

escolar (m)	**skoolseun**	[skoəl·søən]
estudiante (m)	**student**	[student]

filósofo (m)	**filosoof**	[filosoəf]
economista (m)	**ekonoom**	[ɛkonoəm]
inventor (m)	**uitvinder**	[œitfindər]

desempleado (m)	**werkloos**	[verkloəs]
jubilado (m)	**pensioentrekker**	[pɛnsiun·trɛkkər]
espía (m)	**spioen**	[spiun]

prisionero (m)	**gevangene**	[χefaŋənə]
huelguista (m)	**staker**	[stakər]
burócrata (m)	**burokraat**	[burokrãt]
viajero (m)	**reisiger**	[ræjsiχər]

homosexual (m)	**gay**	[χaaj]
hacker (m)	**kuberkraker**	[kubər·krakər]
hippie (m)	**hippie**	[hippi]

bandido (m)	**bandiet**	[bandit]
sicario (m)	**huurmoordenaar**	[hɪr·moərdenãr]
drogadicto (m)	**dwelmslaaf**	[dwɛlm·slãf]
narcotraficante (m)	**dwelmhandelaar**	[dwɛlm·handəlãr]
prostituta (f)	**prostituut**	[prostitɪt]
chulo (m), proxeneta (m)	**pooier**	[pojer]

brujo (m)	**towenaar**	[tovenãr]
bruja (f)	**heks**	[heks]
pirata (m)	**piraat, seerower**	[pirãt], [seə·rovər]
esclavo (m)	**slaaf**	[slãf]
samurai (m)	**samoerai**	[samuraj]
salvaje (m)	**wilde**	[vildə]

Los deportes

deportista (m)	**sportman**	[sportman]
tipo (m) de deporte	**sportsoorte**	[sport·soərtə]
baloncesto (m)	**basketbal**	[basketbal]
baloncestista (m)	**basketbalspeler**	[basketbal·spelər]
béisbol (m)	**bofbal**	[bofbal]
beisbolista (m)	**bofbalspeler**	[bofbal·spelər]
fútbol (m)	**sokker**	[sokkər]
futbolista (m)	**sokkerspeler**	[sokkər·spelər]
portero (m)	**doelwagter**	[dul·waχtər]
hockey (m)	**hokkie**	[hokki]
jugador (m) de hockey	**hokkiespeler**	[hokki·spelər]
voleibol (m)	**vlugbal**	[fluχbal]
voleibolista (m)	**vlugbalspeler**	[fluχbal·spelər]
boxeo (m)	**boks**	[boks]
boxeador (m)	**bokser**	[boksər]
lucha (f)	**stoei**	[stui]
luchador (m)	**stoeier**	[stujer]
kárate (m)	**karate**	[karatə]
karateka (m)	**karatevegter**	[karatə·feχtər]
judo (m)	**judo**	[judo]
judoka (m)	**judoka**	[judoka]
tenis (m)	**tennis**	[tɛnnis]
tenista (m)	**tennisspeler**	[tɛnnis·spelər]
natación (f)	**swem**	[swem]
nadador (m)	**swemmer**	[swemmər]
esgrima (f)	**skerm**	[skerm]
esgrimidor (m)	**skermer**	[skermər]
ajedrez (m)	**skaak**	[skāk]
ajedrecista (m)	**skaakspeler**	[skāk·spelər]
alpinismo (m)	**alpinisme**	[alpinismə]
alpinista (m)	**alpinis**	[alpinis]
carrera (f)	**hardloop**	[hardloəp]

corredor (m)	hardloper	[hardlopər]
atletismo (m)	atletiek	[atletik]
atleta (m)	atleet	[atleət]

| deporte (m) hípico | perdry | [perdraj] |
| jinete (m) | ruiter | [rœitər] |

patinaje (m) artístico	kunsskaats	[kuns·skãts]
patinador (m)	kunsskaatser	[kuns·skãtsər]
patinadora (f)	kunsskaatser	[kuns·skãtsər]

| levantamiento (m) de pesas | gewigoptel | [χeviχ·optəl] |
| levantador (m) de pesas | gewigopteller | [χeviχ·optɛllər] |

| carreras (f pl) de coches | motorwedren | [motor·wedrən] |
| piloto (m) de carreras | renjaer | [renjaər] |

| ciclismo (m) | fiets | [fits] |
| ciclista (m) | fietser | [fitsər] |

salto (m) de longitud	verspring	[fer·spriŋ]
salto (m) con pértiga	polsstokspring	[polsstok·spriŋ]
saltador (m)	springer	[spriŋər]

133. Tipos de deportes. Miscelánea

fútbol (m) americano	sokker	[sokkər]
bádminton (m)	pluimbal	[plœimbal]
biatlón (m)	tweekamp	[tweəkamp]
billar (m)	biljart	[biljart]

bobsleigh (m)	bobslee	[bobsleə]
culturismo (m)	liggaamsbou	[liχχãmsbæʊ]
waterpolo (m)	waterpolo	[vatər·polo]
balonmano (m)	handbal	[handbal]
golf (m)	gholf	[golf]

remo (m)	roei	[rui]
buceo (m)	duik	[dœik]
esquí (m) de fondo	veldski	[fɛlt·ski]
tenis (m) de mesa	tafeltennis	[tafel·tɛnnis]

vela (f)	seil	[sæjl]
rally (m)	tydren jaag	[tajdren jãχ]
rugby (m)	rugby	[ragbi]
snowboarding (m)	sneeuplankry	[sniʊ·plankraj]
tiro (m) con arco	boogskiet	[boəχ·skit]

134. El gimnasio

| barra (f) de pesas | staafgewig | [stãf·χevəχ] |
| pesas (f pl) | handgewigte | [hand·χeviχtə] |

aparato (m) de ejercicios	oefenmasjien	[ufen·maʃin]
bicicleta (f) estática	oefenfiets	[ufen·fits]
cinta (f) de correr	trapmeul	[trapmøəl]

barra (f) fija	rekstok	[rekstok]
barras (f pl) paralelas	brug	[bruχ]
potro (m)	springperd	[spriŋ·pert]
colchoneta (f)	oefenmat	[ufen·mat]

comba (f)	springtou	[spriŋ·tæʊ]
aeróbica (f)	aërobiese oefeninge	[aɛrobisə ufeniŋə]
yoga (m)	joga	[joga]

135. El hóckey

hockey (m)	hokkie	[hokki]
jugador (m) de hockey	hokkiespeler	[hokki·spelər]
jugar al hockey	hokkie speel	[hokki speəl]
hielo (m)	ys	[ajs]

disco (m)	skyf	[skajf]
palo (m) de hockey	hokkiestok	[hokki·stok]
patines (m pl)	ysskaatse	[ajs·skātsə]

muro (m)	bord	[bort]
tiro (m)	skoot	[skoət]

portero (m)	doelwagter	[dul·waχtər]
gol (m)	doelpunt	[dulpunt]

periodo (m)	periode	[periodə]
segundo periodo (m)	tweede periode	[tweədə periodə]
banquillo (m) de reserva	plaasvervangersbank	[plās·ferfaŋərs·bank]

136. El fútbol

fútbol (m)	sokker	[sokkər]
futbolista (m)	sokkerspeler	[sokkər·spelər]
jugar al fútbol	sokker speel	[sokkər speəl]

liga (f) superior	seniorliga	[senior·liχa]
club (m) de fútbol	sokkerklub	[sokkər·klup]
entrenador (m)	breier	[bræjer]
propietario (m)	eienaar	[æjenãr]

equipo (m)	span	[span]
capitán (m) del equipo	spankaptein	[spanə·kaptæjn]
jugador (m)	speler	[spelər]
reserva (m)	plaasvervanger	[plās·ferfaŋər]

delantero (m)	voorspeler	[foər·spelər]
delantero (m) centro	middelvoorspeler	[middəlfoər·spelər]

goleador (m)	doelpuntmaker	[dulpunt·makər]
defensa (m)	verdediger	[fərdedixər]
medio (m)	middelveldspeler	[middəlfɛld·spelər]
match (m)	wedstryd	[vedstrajt]
encontrarse (vr)	ontmoet	[ontmut]
final (f)	finale	[finalə]
semifinal (f)	semi-finale	[semi-finalə]
campeonato (m)	kampioenskap	[kampiunskap]
tiempo (m)	helfte	[hɛlftə]
primer tiempo (m)	eerste helfte	[eərstə hɛlftə]
descanso (m)	rustyd	[rustajt]
puerta (f)	doel	[dul]
portero (m)	doelwagter	[dul·waxtər]
poste (m)	doelpale	[dul·palə]
larguero (m)	dwarslat	[dwars·lat]
red (f)	net	[net]
balón (m)	bal	[bal]
pase (m)	deurgee	[døərxeə]
tiro (m)	skop	[skop]
lanzar un tiro	skop	[skop]
tiro (m) de castigo	vryskop	[frajskop]
saque (m) de esquina	hoekskop	[hukskop]
ataque (m)	aanval	[ānfal]
contraataque (m)	teenaanval	[teən·ānfal]
combinación (f)	kombinasie	[kombinasi]
árbitro (m)	skeidsregter	[skæjds·rextər]
silbar (vi)	die fluitjie blaas	[di flœiki blās]
silbato (m)	fluitsienjaal	[flœit·sinjāl]
infracción (f)	oortreding	[oərtrediŋ]
expulsar del campo	van die veld stuur	[fan di fɛlt stɪr]
tarjeta (f) amarilla	geel kaart	[xeəl kārt]
tarjeta (f) roja	rooi kaart	[roj kārt]
descalificación (f)	diskwalifikasie	[diskvalifikasi]
descalificar (vt)	diskwalifiseer	[diskvalifiseər]
penalti (m)	strafskop	[strafskop]
barrera (f)	muur	[mɪr]
meter un gol	doel aanteken	[dul āntekən]
gol (m)	doelpunt	[dulpunt]
reemplazo (m)	plaasvervanging	[plās·ferfaŋiŋ]
reemplazar (vt)	vervang	[ferfaŋ]
reglas (f pl)	reëls	[reɛls]
táctica (f)	taktiek	[taktik]
estadio (m)	stadion	[stadion]
gradería (f)	tribune	[tribunə]
hincha (m)	ondersteuner	[ondərstøənər]
gritar (vi)	skreeu	[skriʋ]

| tablero (m) | telbord | [tɛlbort] |
| tanteo (m) | stand | [stant] |

derrota (f)	nederlaag	[nedərlāχ]
perder (vi)	verloor	[ferloər]
empate (m)	gelykspel	[χelajkspəl]
empatar (vi)	gelykop speel	[χelajkop speəl]

victoria (f)	oorwinning	[oərwinniŋ]
ganar (vi)	wen	[ven]
campeón (m)	kampioen	[kampiun]
mejor (adj)	beste	[bestə]
felicitar (vt)	gelukwens	[χelukwɛns]

comentarista (m)	kommentator	[kommentator]
comentar (vt)	verslag lewer	[ferslaχ levər]
transmisión (f)	uitsending	[œitsendiŋ]

137. El esquí

esquiar (vi)	ski	[ski]
estación (f) de esquí	berg ski-oord	[berχ ski-oərt]
telesquí (m)	skihysbak	[ski·hajsbak]

bastones (m pl)	skistokke	[ski·stokkə]
cuesta (f)	helling	[hɛlliŋ]
eslalon (m)	slalom	[slalom]

138. El tenis. El golf

golf (m)	gholf	[golf]
club (m) de golf	gholfklub	[golf·klup]
jugador (m) de golf	gholfspeler	[golf·spelər]

hoyo (m)	putjie	[puki]
palo (m)	gholfstok	[golf·stok]
carro (m) de golf	gholfkarretjie	[golf·karrəki]

tenis (m)	tennis	[tɛnnis]
cancha (f) de tenis	tennisbaan	[tɛnnis·bān]
saque (m)	afslaan	[afslān]
sacar (servir)	afslaan	[afslān]
raqueta (f)	raket	[raket]
red (f)	net	[net]
pelota (f)	bal	[bal]

139. El ajedrez

| ajedrez (m) | skaak | [skāk] |
| piezas (f pl) | skaakstukke | [skāk·stukkə] |

ajedrecista (m)	skaakspeler	[skāk·spelər]
tablero (m) de ajedrez	skaakbord	[skāk·bort]
pieza (f)	stuk	[stuk]

| blancas (f pl) | wit | [vit] |
| negras (f pl) | swart | [swart] |

peón (m)	pion	[pion]
alfil (m)	loper	[lopər]
caballo (m)	ruiter	[rœitər]
torre (f)	toring	[toriŋ]
reina (f)	dame	[damə]
rey (m)	koning	[koniŋ]

jugada (f)	skuif	[skœif]
jugar (mover una pieza)	skuif	[skœif]
sacrificar (vt)	opoffer	[opoffər]
enroque (m)	rokade	[rokadə]
jaque (m)	skaak	[skāk]
mate (m)	skaakmat	[skāk·mat]

torneo (m) de ajedrez	skaakwedstryd	[skāk·wedstrajt]
gran maestro (m)	Grootmeester	[xroət·meəstər]
combinación (f)	kombinasie	[kombinasi]
partida (f)	spel	[spel]
damas (f pl)	damspel	[dam·spəl]

140. El boxeo

boxeo (m)	boks	[boks]
combate (m) (~ de boxeo)	geveg	[χefeχ]
pelea (f) de boxeo	boksgeveg	[boks·χefəχ]
asalto (m)	rondte	[rondtə]

| cuadrilátero (m) | kryt | [krajt] |
| campana (f) | gong | [χoŋ] |

golpe (m)	hou	[hæʊ]
knockdown (m)	uitklophou	[œitklophæʊ]
nocaut (m)	uitklophou	[œitklophæʊ]
noquear (vt)	uitklophou plant	[œitklophæʊ plant]
guante (m) de boxeo	bokshandskoen	[boks·handskun]
árbitro (m)	skeidsregter	[skæjds·reχtər]

peso (m) ligero	liggegewig	[liχχə·χevəχ]
peso (m) medio	middelgewig	[middəl·χevəχ]
peso (m) pesado	swaargewig	[swār·χevəχ]

141. Los deportes. Miscelánea

| Juegos (m pl) Olímpicos | Olimpiese Spele | [olimpisə spelə] |
| vencedor (m) | oorwinnaar | [oərwinnār] |

vencer (vi)	wen	[ven]
ganar (vi)	wen	[ven]

líder (m)	leier	[læjer]
liderar (vt)	lei	[læj]

primer puesto (m)	eerste plek	[eerstə plek]
segundo puesto (m)	tweede plek	[tweədə plek]
tercer puesto (m)	derde plek	[derdə plek]

medalla (f)	medalje	[medaljə]
trofeo (m)	trofee	[trofeə]
copa (f) (trofeo)	beker	[bekər]
premio (m)	prys	[prajs]
premio (m) principal	hoofprys	[hoəf·prajs]
record (m)	rekord	[rekort]

final (m)	finale	[finalə]
de final (adj)	finale	[finalə]

campeón (m)	kampioen	[kampiun]
campeonato (m)	kampioenskap	[kampiunskap]

estadio (m)	stadion	[stadion]
gradería (f)	tribune	[tribunə]
hincha (m)	ondersteuner	[ondərstøənər]
adversario (m)	teëstander	[teɛstandər]

arrancadero (m)	wegspringplek	[veχspriŋ·plek]
línea (f) de meta	eindstreep	[æjnd·streəp]

derrota (f)	nederlaag	[nedərlāχ]
perder (vi)	verloor	[ferloər]

árbitro (m)	skeidsregter	[skæjds·reχtər]
jurado (m)	beoordelaars	[be·oərdelārs]
cuenta (f)	stand	[stant]
empate (m)	gelykspel	[χelajkspəl]
empatar (vi)	gelykop speel	[χelajkop speəl]
punto (m)	punt	[punt]
resultado (m)	puntestand	[puntəstant]

tiempo (m)	periode	[periodə]
descanso (m)	rustyd	[rustajt]

droga (f), doping (m)	opkikkers	[opkikkərs]
penalizar (vt)	straf	[straf]
descalificar (vt)	diskwalifiseer	[diskwalifiseər]

aparato (m)	apparaat	[apparāt]
jabalina (f)	spies	[spis]
peso (m) (lanzamiento de ~)	koeël	[kuɛl]
bola (f) (billar, etc.)	bal	[bal]

objetivo (m)	doelwit	[dulwit]
blanco (m)	teiken	[tæjkən]

tirar (vi)	**skiet**	[skit]
preciso (~ disparo)	**akkuraat**	[akkurāt]
entrenador (m)	**breier**	[bræjer]
entrenar (vt)	**afrig**	[afrəχ]
entrenarse (vr)	**oefen**	[ufen]
entrenamiento (m)	**oefen**	[ufen]
gimnasio (m)	**gimnastieksaal**	[χimnastik·sāl]
ejercicio (m)	**oefening**	[ufeniŋ]
calentamiento (m)	**opwarm**	[opwarm]

La educación

142. La escuela

escuela (f)	skool	[skoəl]
director (m) de escuela	prinsipaal	[prinsipāl]
alumno (m)	leerder	[leərdər]
alumna (f)	leerder	[leərdər]
escolar (m)	skoolseun	[skoəl·søən]
escolar (f)	skooldogter	[skoəl·doχtər]
enseñar (vt)	leer	[leər]
aprender (ingles, etc.)	leer	[leər]
aprender de memoria	van buite leer	[fan bœitə leər]
aprender (a leer, etc.)	leer	[leər]
estar en la escuela	op skool wees	[op skoəl veəs]
ir a la escuela	skooltoe gaan	[skoəltu χān]
alfabeto (m)	alfabet	[alfabet]
materia (f)	vak	[fak]
aula (f)	klaskamer	[klas·kamər]
lección (f)	les	[les]
recreo (m)	pouse	[pæosə]
campana (f)	skoolbel	[skoəl·bəl]
pupitre (m)	skoolbank	[skoəl·bank]
pizarra (f)	bord	[bort]
nota (f)	simbool	[simboəl]
buena nota (f)	goeie punt	[χuje punt]
mala nota (f)	slegte punt	[sleχtə punt]
falta (f)	fout	[fæʊt]
hacer faltas	foute maak	[fæʊtə māk]
corregir (un error)	korrigeer	[korriχeər]
chuleta (f)	afskryfbriefie	[afskrajf·brifi]
deberes (m pl) de casa	huiswerk	[hœis·werk]
ejercicio (m)	oefening	[ufeniŋ]
estar presente	aanwesig wees	[ānwesəχ veəs]
estar ausente	afwesig wees	[afwesəχ veəs]
faltar a las clases	stokkies draai	[stokkis drāj]
castigar (vt)	straf	[straf]
castigo (m)	straf	[straf]
conducta (f)	gedrag	[χedraχ]

125

libreta (f) de notas	rapport	[rapport]
lápiz (m)	potlood	[potloət]
goma (f) de borrar	uitveër	[œitfeɛr]
tiza (f)	kryt	[krajt]
cartuchera (f)	potloodsakkie	[potloət·sakki]

mochila (f)	boekesak	[bukə·sak]
bolígrafo (m)	pen	[pen]
cuaderno (m)	skryfboek	[skrajf·buk]

| manual (m) | handboek | [hand·buk] |
| compás (m) | passer | [passər] |

| trazar (vi, vt) | tegniese tekeninge maak | [teχnisə tekənikə māk] |
| dibujo (m) técnico | tegniese tekening | [teχnisə tekəniŋ] |

poema (m), poesía (f)	gedig	[χedəχ]
de memoria (adv)	van buite	[fan bœitə]
aprender de memoria	van buite leer	[fan bœitə leər]

vacaciones (f pl)	skoolvakansie	[skoəl·fakaŋsi]
estar de vacaciones	met vakansie wees	[met fakaŋsi veəs]
pasar las vacaciones	jou vakansie deurbring	[jæʊ fakaŋsi døərbriŋ]

| prueba (f) escrita | toets | [tuts] |
| composición (f) | opstel | [opstəl] |

dictado (m)	diktee	[dikteə]
examen (m)	eksamen	[ɛksamen]
experimento (m)	eksperiment	[ɛksperiment]

143. Los institutos. La Universidad

academia (f)	akademie	[akademi]
universidad (f)	universiteit	[unifersitæjt]
facultad (f)	fakulteit	[fakultæjt]

estudiante (m)	student	[student]
estudiante (f)	student	[student]
profesor (m)	lektor	[lektor]

| aula (f) | lesingsaal | [lesiŋ·sāl] |
| graduado (m) | gegradueerde | [χeχradueərdə] |

diploma (m)	sertifikaat	[sertifikāt]
tesis (f) de grado	proefskrif	[prufskrif]
estudio (m)	navorsing	[naforsiŋ]
laboratorio (m)	laboratorium	[laboratorium]

| clase (f) | lesing | [lesiŋ] |
| compañero (m) de curso | medestudent | [medə·student] |

| beca (f) | beurs | [bøərs] |
| grado (m) académico | akademiese graad | [akademisə χrāt] |

144. Las ciencias. Las disciplinas

matemáticas (f pl)	wiskunde	[vɪskundə]
álgebra (f)	algebra	[alχebra]
geometría (f)	meetkunde	[meetkundə]
astronomía (f)	astronomie	[astronomi]
biología (f)	biologie	[bioloχi]
geografía (f)	geografie	[χeoχrafi]
geología (f)	geologie	[χeoloχi]
historia (f)	geskiedenis	[χeskidenis]
medicina (f)	geneeskunde	[χenees·kundə]
pedagogía (f)	pedagogie	[pedaχoχi]
derecho (m)	regte	[reχtə]
física (f)	fisika	[fisika]
química (f)	chemie	[χemi]
filosofía (f)	filosofie	[filosofi]
psicología (f)	sielkunde	[silkundə]

145. Los sistemas de escritura. La ortografía

gramática (f)	grammatika	[χrammatika]
vocabulario (m)	woordeskat	[voərdeskat]
fonética (f)	fonetika	[fonetika]
sustantivo (m)	selfstandige naamwoord	[sɛlfstandiχə nāmwoərt]
adjetivo (m)	byvoeglike naamwoord	[baɪfuχlikə nāmvoərt]
verbo (m)	werkwoord	[verk·woərt]
adverbio (m)	bijwoord	[bij·woərt]
pronombre (m)	voornaamwoord	[foərnām·voərt]
interjección (f)	tussenwerpsel	[tussən·werpsəl]
preposición (f)	voorsetsel	[foərsetsəl]
raíz (f), radical (m)	stam	[stam]
desinencia (f)	agtervoegsel	[aχtər·fuχsəl]
prefijo (m)	voorvoegsel	[foər·fuχsəl]
sílaba (f)	lettergreep	[lɛttər·χreəp]
sufijo (m)	agtervoegsel, suffiks	[aχtər·fuχsəl], [suffiks]
acento (m)	klemteken	[klem·tekən]
apóstrofo (m)	afkappingsteken	[afkappiŋs·tekən]
punto (m)	punt	[punt]
coma (m)	komma	[komma]
punto y coma	kommapunt	[komma·punt]
dos puntos (m pl)	dubbelpunt	[dubbəl·punt]
puntos (m pl) suspensivos	beletselteken	[beletsəl·tekən]
signo (m) de interrogación	vraagteken	[frāχ·tekən]
signo (m) de admiración	uitroepteken	[œitrup·tekən]

comillas (f pl)	aanhalingstekens	[ãnhaliŋs·tekəŋs]
entre comillas	tussen aanhalingstekens	[tussən ãnhaliŋs·tekəŋs]
paréntesis (m)	hakies	[hakis]
entre paréntesis	tussen hakies	[tussən hakis]

guión (m)	koppelteken	[koppəl·tekən]
raya (f)	strepie	[strepi]
blanco (m)	spasie	[spasi]

| letra (f) | letter | [lɛttər] |
| letra (f) mayúscula | hoofletter | [hoəf·lɛttər] |

| vocal (f) | klinker | [klinkər] |
| consonante (m) | konsonant | [kɔŋsonant] |

oración (f)	sin	[sin]
sujeto (m)	onderwerp	[ondərwerp]
predicado (m)	predikaat	[predikãt]

| línea (f) | reël | [reɛl] |
| párrafo (m) | paragraaf | [paraχrãf] |

palabra (f)	woord	[voərt]
combinación (f) de palabras	woordgroep	[voərt·χrup]
expresión (f)	uitdrukking	[œitdrukkiŋ]
sinónimo (m)	sinoniem	[sinonim]
antónimo (m)	antoniem	[antonim]

regla (f)	reël	[reɛl]
excepción (f)	uitsondering	[œitsondəriŋ]
correcto (adj)	korrek	[korrek]

conjugación (f)	vervoeging	[ferfuχiŋ]
declinación (f)	verbuiging	[ferbœəχiŋ]
caso (m)	naamval	[nãmfal]
pregunta (f)	vraag	[frãχ]
subrayar (vt)	onderstreep	[ondərstreep]
línea (f) de puntos	stippellyn	[stippəl·lajn]

146. Los idiomas extranjeros

lengua (f)	taal	[tãl]
extranjero (adj)	vreemd	[freəmt]
lengua (f) extranjera	vreemde taal	[freəmdə tãl]
estudiar (vt)	studeer	[studeər]
aprender (ingles, etc.)	leer	[leər]

leer (vi, vt)	lees	[leəs]
hablar (vi, vt)	praat	[prãt]
comprender (vt)	verstaan	[ferstãn]
escribir (vt)	skryf	[skrajf]

| rápidamente (adv) | vinnig | [finnəχ] |
| lentamente (adv) | stadig | [stadəχ] |

con fluidez (adv)	vlot	[flot]
reglas (f pl)	reëls	[rɛɛls]
gramática (f)	grammatika	[ɣrammatika]
vocabulario (m)	woordeskat	[voərdeskat]
fonética (f)	fonetika	[fonetika]

manual (m)	handboek	[hand·buk]
diccionario (m)	woordeboek	[voərdə·buk]
manual (m) autodidáctico	selfstudie boek	[sɛlfstudi buk]
guía (f) de conversación	taalgids	[tāl·χids]

casete (m)	kasset	[kasset]
videocasete (f)	videoband	[video·bant]
disco compacto, CD (m)	CD	[se·de]
DVD (m)	DVD	[de·fe·de]

alfabeto (m)	alfabet	[alfabet]
deletrear (vt)	spel	[spel]
pronunciación (f)	uitspraak	[œitsprāk]
acento (m)	aksent	[aksent]

palabra (f)	woord	[voərt]
significado (m)	betekenis	[betekənis]

cursos (m pl)	kursus	[kursus]
inscribirse (vr)	inskryf	[inskrajf]
profesor (m) (~ de inglés)	onderwyser	[ondərwajsər]

traducción (f) (proceso)	vertaling	[fertaliŋ]
traducción (f) (texto)	vertaling	[fertaliŋ]
traductor (m)	vertaler	[fertalər]
intérprete (m)	tolk	[tolk]

políglota (m)	poliglot	[poliχlot]
memoria (f)	geheue	[χəhøə]

147. Los personajes de los cuentos de hadas

Papá Noel (m)	Kersvader	[kers·fadər]
Cenicienta (f)	Assepoester	[assepustər]
sirena (f)	meermin	[meərmin]
Neptuno (m)	Neptunus	[neptunus]

mago (m)	towenaar	[tovenār]
maga (f)	feetjie	[feəki]
mágico (adj)	magies	[maχis]
varita (f) mágica	towerstaf	[tovər·staf]

cuento (m) de hadas	sprokie	[sproki]
milagro (m)	wonderwerk	[vondərwerk]
enano (m)	dwerg	[dwerχ]
transformarse en ...	verander in ...	[ferandər in ...]
espíritu (m) (fantasma)	gees	[χeəs]
fantasma (m)	spook	[spoək]

monstruo (m)	monster	[mɔŋstər]
dragón (m)	draak	[drãk]
gigante (m)	reus	[røəs]

148. Los signos de zodiaco

Aries (m)	Ram	[ram]
Tauro (m)	Stier	[stir]
Géminis (m pl)	Tweelinge	[tweəliŋə]
Cáncer (m)	Kreef	[kreəf]
Leo (m)	Leeu	[liʊ]
Virgo (m)	Maagd	[mãχt]

Libra (f)	Weegskaal	[veəχskãl]
Escorpio (m)	Skerpioen	[skerpiun]
Sagitario (m)	Boogskutter	[boəχskuttər]
Capricornio (m)	Steenbok	[steənbok]
Acuario (m)	Waterman	[vatərman]
Piscis (m pl)	Visse	[fissə]

carácter (m)	karakter	[karaktər]
rasgos (m pl) de carácter	karaktertrekke	[karaktər·trɛkkə]
conducta (f)	gedrag	[χedraχ]
decir la buenaventura	waarsê	[vãrsɛ:]
adivinadora (f)	waarsêer	[vãrsɛər]
horóscopo (m)	horoskoop	[horoskoəp]

El arte

teatro (m)	teater	[teatər]
ópera (f)	opera	[opera]
opereta (f)	operette	[operɛttə]
ballet (m)	ballet	[ballet]
cartelera (f)	plakkaat	[plakkāt]
compañía (f) de teatro	teatergeselskap	[teatər·xesɛlskap]
gira (f) artística	toer	[tur]
hacer una gira artística	op toer wees	[op tur veəs]
ensayar (vi, vt)	repeteer	[repeteər]
ensayo (m)	repetisie	[repetisi]
repertorio (m)	repertoire	[repertuarə]
representación (f)	voorstelling	[foərstɛlliŋ]
espectáculo (m)	opvoering	[opfuriŋ]
pieza (f) de teatro	toneelstuk	[toneəl·stuk]
billet (m)	kaartjie	[kārki]
taquilla (f)	loket	[lokət]
vestíbulo (m)	voorportaal	[foər·portāl]
guardarropa (f)	bewaarkamer	[bevār·kamər]
ficha (f) de guardarropa	bewaarkamerkaartjie	[bevār·kamər·karkɪ]
gemelos (m pl)	verkyker	[ferkajkər]
acomodador (m)	plekaanwyser	[plek·ānwajsər]
patio (m) de butacas	stalles	[stalles]
balconcillo (m)	balkon	[balkon]
entresuelo (m)	eerste balkon	[eərstə balkon]
palco (m)	losie	[losi]
fila (f)	ry	[raj]
asiento (m)	sitplek	[sitplek]
público (m)	gehoor	[xehoər]
espectador (m)	toehoorders	[tuhoərders]
aplaudir (vi, vt)	klap	[klap]
aplausos (m pl)	applous	[applæus]
ovación (f)	toejuiging	[tujœəxiŋ]
escenario (m)	verhoog	[ferhoəx]
telón (m)	gordyn	[xordajn]
decoración (f)	dekor	[dekor]
bastidores (m pl)	agter die verhoog	[axtər di ferhoəx]
escena (f)	toneel	[toneəl]
acto (m)	bedryf	[bedrajf]
entreacto (m)	pouse	[pæusə]

150. El cine

actor (m)	akteur	[aktøər]
actriz (f)	aktrise	[aktrisə]
cine (m) (industria)	filmbedryf	[film·bedrajf]
película (f)	fliek	[flik]
episodio (m)	episode	[ɛpisodə]
película (f) policíaca	speurfliek	[spøər·flik]
película (f) de acción	aksiefliek	[aksi·flik]
película (f) de aventura	avontuurfliek	[afontɪr·flik]
película (f) de ciencia ficción	wetenskapfiksiefilm	[vetɛŋskapfiksi·film]
película (f) de horror	gruwelfliek	[χruvɛl·flik]
película (f) cómica	komedie	[komedi]
melodrama (m)	melodrama	[melodrama]
drama (m)	drama	[drama]
película (f) de ficción	rolprent	[rolprent]
documental (m)	dokumentêre rolprent	[dokumentɛrə rolprent]
dibujos (m pl) animados	tekenfilm	[tekən·film]
cine (m) mudo	stilprent	[stil·prent]
papel (m)	rol	[rol]
papel (m) principal	hoofrol	[hoəf·rol]
interpretar (vt)	speel	[speəl]
estrella (f) de cine	filmster	[film·stər]
conocido (adj)	bekend	[bekent]
famoso (adj)	beroemd	[berumt]
popular (adj)	gewild	[χevilt]
guión (m) de cine	draaiboek	[drãjbuk]
guionista (m)	draaiboekskrywer	[drãjbuk·skrajvər]
director (m) de cine	filmregisseur	[film·reχissøər]
productor (m)	produsent	[produsent]
asistente (m)	assistent	[assistent]
operador (m) de cámara	kameraman	[kameraman]
doble (m) de riesgo	waaghals	[vãχhals]
doble (m)	dubbel	[dubbəl]
audición (f)	filmtoets	[film·tuts]
rodaje (m)	skiet	[skit]
equipo (m) de rodaje	filmspan	[film·span]
plató (m) de rodaje	rolprentstel	[rolprent·stəl]
cámara (f)	kamera	[kamera]
cine (m) (iremos al ~)	bioskoop	[bioskoəp]
pantalla (f)	skerm	[skerm]
pista (f) sonora	klankbaan	[klank·bãn]
efectos (m pl) especiales	spesiale effekte	[spesialə ɛffektə]
subtítulos (m pl)	onderskrif	[ondərskrif]
créditos (m pl)	erkenning	[ɛrkɛnniŋ]
traducción (f)	vertaling	[fertaliŋ]

151. La pintura

arte (m)	kuns	[kuns]
bellas artes (f pl)	skone kunste	[skonə kunstə]
galería (f) de arte	kunsgalery	[kuns·ɣalərəj]
exposición (f) de arte	kunsuitstalling	[kuns·œitstalliŋ]

pintura (f) (tipo de arte)	skildery	[skilderaj]
gráfica (f)	grafiese kuns	[ɣrafisə kuns]
abstraccionismo (m)	abstrakte kuns	[abstraktə kuns]
impresionismo (m)	impressionisme	[imprɛssionismə]

pintura (f) (cuadro)	skildery	[skilderaj]
dibujo (m)	tekening	[tekəniŋ]
pancarta (f)	plakkaat	[plakkāt]

ilustración (f)	illustrasie	[illustrasi]
miniatura (f)	miniatuur	[miniatɪr]
copia (f)	kopie	[kopi]
reproducción (f)	reproduksie	[reproduksi]

mosaico (m)	mosaiek	[mosajek]
vitral (m)	gebrandskilderde venster	[ɣebrandskilderdə fɛŋstər]
fresco (m)	fresko	[fresko]
grabado (m)	gravure	[ɣrafurə]

busto (m)	borsbeeld	[borsbeəlt]
escultura (f)	beeldhouwerk	[beəldhæʊverk]
estatua (f)	standbeeld	[standbeəlt]
yeso (m)	gips	[ɣips]
en yeso (adj)	gips-	[ɣips-]

retrato (m)	portret	[portret]
autorretrato (m)	selfportret	[sɛlf·portret]
paisaje (m)	landskap	[landskap]
naturaleza (f) muerta	stillewe	[stillevə]
caricatura (f)	karikatuur	[karikatɪr]
boceto (m)	skets	[skets]

pintura (f) (material)	verf	[ferf]
acuarela (f)	waterverf	[vatər·ferf]
óleo (m)	olieverf	[oli·ferf]
lápiz (m)	potlood	[potloət]
tinta (f) china	Indiese ink	[indisə ink]
carboncillo (m)	houtskool	[hæʊts·koəl]

dibujar (vi, vt)	teken	[tekən]
pintar (vi, vt)	skilder	[skildər]

posar (vi)	poseer	[poseər]
modelo (m)	naakmodel	[nākmodəl]
modelo (f)	naakmodel	[nākmodəl]

pintor (m)	kunstenaar	[kunstenār]
obra (f) de arte	kunswerk	[kuns·werk]

obra (f) maestra	meesterstuk	[meəstər·stuk]
estudio (m) (de un artista)	studio	[studio]
lienzo (m)	doek	[duk]
caballete (m)	skildersesel	[skilders·esəl]
paleta (f)	palet	[palet]
marco (m)	raam	[rãm]
restauración (f)	restourasie	[restæʊrasi]
restaurar (vt)	restoureer	[restæʊreər]

152. La literatura y la poesía

literatura (f)	literatuur	[literatɪr]
autor (m) (escritor)	skrywer	[skrajvər]
seudónimo (m)	skuilnaam	[skœil·nãm]
libro (m)	boek	[buk]
tomo (m)	deel	[deəl]
tabla (f) de contenidos	inhoudsopgawe	[inhæʊds·opχavə]
página (f)	bladsy	[bladsaj]
héroe (m) principal	hoofkarakter	[hoəf·karaktər]
autógrafo (m)	outograaf	[æʊtoχrãf]
relato (m) corto	kortverhaal	[kort·ferhãl]
cuento (m)	novelle	[nofɛllə]
novela (f)	roman	[roman]
obra (f) literaria	werk	[verk]
fábula (f)	fabel	[fabəl]
novela (f) policíaca	speurroman	[spøər·roman]
verso (m)	gedig	[χedəχ]
poesía (f)	digkuns	[diχkuns]
poema (m)	epos	[ɛpos]
poeta (m)	digter	[diχtər]
bellas letras (f pl)	fiksie	[fiksi]
ciencia ficción (f)	wetenskapsfiksie	[vetɛŋskaps·fiksi]
aventuras (f pl)	avonture	[afonturə]
literatura (f) didáctica	opvoedkundige literatuur	[opfutkundiχə literatɪr]
literatura (f) infantil	kinderliteratuur	[kindər·literatɪr]

153. El circo

circo (m)	sirkus	[sirkus]
circo (m) ambulante	rondreisende sirkus	[rondræjsendə sirkus]
programa (m)	program	[proχram]
representación (f)	voorstelling	[foərstɛlliŋ]
número (m)	nommer	[nommər]
arena (f)	sirkusring	[sirkus·riŋ]
pantomima (f)	pantomime	[pantomimə]

payaso (m)	hanswors	[haŋswors]
acróbata (m)	akrobaat	[akrobāt]
acrobacia (f)	akrobatiek	[akrobatik]
gimnasta (m)	gimnas	[χimnas]
gimnasia (f) acrobática	gimnastiek	[χimnastik]
salto (m)	salto	[salto]

forzudo (m)	atleet	[atleət]
domador (m)	temmer	[tɛmmər]
caballista (m)	ruiter	[rœitər]
asistente (m)	assistent	[assistent]

truco (m)	waaghalsige toertjie	[vāχhalsiχə turki]
truco (m) de magia	goëltoertjie	[χoɛl·turki]
ilusionista (m)	goëlaar	[χoɛlār]

malabarista (m)	jongleur	[jonχløər]
malabarear (vt)	jongleer	[jonχleər]
amaestrador (m)	dresseerder	[drɛsseer·dər]
amaestramiento (m)	dressering	[drɛsseriŋ]
amaestrar (vt)	afrig	[afrəχ]

154. La música. La música popular

música (f)	musiek	[musik]
músico (m)	musikant	[musikant]
instrumento (m) musical	musiekinstrument	[musik·instrument]
tocar ...	speel ...	[speəl ...]

guitarra (f)	kitaar	[kitār]
violín (m)	viool	[fioəl]
violonchelo (m)	tjello	[ʧello]
contrabajo (m)	kontrabas	[kontrabas]
arpa (f)	harp	[harp]

piano (m)	piano	[piano]
piano (m) de cola	vleuelklavier	[fløɛl·klafir]
órgano (m)	orrel	[orrəl]

instrumentos (m pl) de viento	blaasinstrumente	[blās·instrumentə]
oboe (m)	hobo	[hobo]
saxofón (m)	saksofoon	[saksofoən]
clarinete (m)	klarinet	[klarinet]
flauta (f)	dwarsfluit	[dwars·flœit]
trompeta (f)	trompet	[trompet]

| acordeón (m) | trekklavier | [trɛkklafir] |
| tambor (m) | trommel | [trommǝl] |

dúo (m)	duet	[duet]
trío (m)	trio	[trio]
cuarteto (m)	kwartet	[kwartet]
coro (m)	koor	[koər]
orquesta (f)	orkes	[orkes]

música (f) pop	popmusiek	[pop·musik]
música (f) rock	rockmusiek	[rok·musik]
grupo (m) de rock	rockgroep	[rok·χrup]
jazz (m)	jazz	[jazz]
ídolo (m)	held	[hɛlt]
admirador (m)	bewonderaar	[bevondərār]
concierto (m)	konsert	[kɔŋsert]
sinfonía (f)	simfonie	[simfoni]
composición (f)	komposisie	[komposisi]
escribir (vt)	komponeer	[komponeər]
canto (m)	sang	[saŋ]
canción (f)	lied	[lit]
melodía (f)	wysie	[vajsi]
ritmo (m)	ritme	[ritmə]
blues (m)	blues	[blues]
notas (f pl)	bladmusiek	[blad·musik]
batuta (f)	dirigeerstok	[diriχeər·stok]
arco (m)	strykstok	[strajk·stok]
cuerda (f)	snaar	[snār]
estuche (m)	houer	[hæʊər]

El descanso. El entretenimiento. El viaje

155. Las vacaciones. El viaje

turismo (m)	**toerisme**	[turismə]
turista (m)	**toeris**	[turis]
viaje (m)	**reis**	[ræjs]
aventura (f)	**avontuur**	[afontɪr]
viaje (m) (p.ej. ~ en coche)	**reis**	[ræjs]
vacaciones (f pl)	**vakansie**	[fakaŋsi]
estar de vacaciones	**met vakansie wees**	[met fakaŋsi veəs]
descanso (m)	**rus**	[rus]
tren (m)	**trein**	[træjn]
en tren	**per trein**	[pər træjn]
avión (m)	**vliegtuig**	[fliχtœiχ]
en avión	**per vliegtuig**	[pər fliχtœiχ]
en coche	**per motor**	[pər motor]
en barco	**per skip**	[pər skip]
equipaje (m)	**bagasie**	[baχasi]
maleta (f)	**tas**	[tas]
carrito (m) de equipaje	**bagasiekarretjie**	[baχasi·karrəki]
pasaporte (m)	**paspoort**	[paspoərt]
visado (m)	**visum**	[fisum]
billete (m)	**kaartjie**	[kãrki]
billete (m) de avión	**lugkaartjie**	[luχ·kãrki]
guía (f) (libro)	**reisgids**	[ræjsχids]
mapa (m)	**kaart**	[kãrt]
área (f) (~ rural)	**gebied**	[χebit]
lugar (m)	**plek**	[plek]
exotismo (m)	**eksotiese dinge**	[ɛksotisə diŋə]
exótico (adj)	**eksoties**	[ɛksotis]
asombroso (adj)	**verbasend**	[ferbasent]
grupo (m)	**groep**	[χrup]
excursión (f)	**uitstappie**	[œitstappi]
guía (m) (persona)	**gids**	[χids]

156. El hotel

hotel (m)	**hotel**	[hotəl]
motel (m)	**motel**	[motəl]
de tres estrellas	**drie-ster**	[dri-stər]

137

| de cinco estrellas | vyf-ster | [fajf-stər] |
| hospedarse (vr) | oornag | [oərnaχ] |

habitación (f)	kamer	[kamər]
habitación (f) individual	enkelkamer	[ɛnkəl·kamər]
habitación (f) doble	dubbelkamer	[dubbəl·kamər]

| media pensión (f) | met aandete, bed en ontbyt | [met āndetə], [bet en ontbajt] |
| pensión (f) completa | volle losies | [follə losis] |

con baño	met bad	[met bat]
con ducha	met stortbad	[met stort·bat]
televisión (f) satélite	satelliet-TV	[satɛllit-te·fe]
climatizador (m)	lugversorger	[luχfersorχər]
toalla (f)	handdoek	[handduk]
llave (f)	sleutel	[sløətəl]

administrador (m)	bestuurder	[bestɪrdər]
camarera (f)	kamermeisie	[kamər·mæjsi]
maletero (m)	hoteljoggie	[hotəl·joχi]
portero (m)	portier	[portir]

restaurante (m)	restaurant	[restourant]
bar (m)	kroeg	[kruχ]
desayuno (m)	ontbyt	[ontbajt]
cena (f)	aandete	[āndetə]
buffet (m) libre	buffetete	[buffetetə]

| vestíbulo (m) | voorportaal | [foər·portāl] |
| ascensor (m) | hysbak | [hajsbak] |

| NO MOLESTAR | MOENIE STEUR NIE | [muni støər ni] |
| PROHIBIDO FUMAR | ROOK VERBODE | [roək ferbodə] |

157. Los libros. La lectura

libro (m)	boek	[buk]
autor (m)	outeur	[æʊtøər]
escritor (m)	skrywer	[skrajvər]
escribir (~ un libro)	skryf	[skrajf]

lector (m)	leser	[lesər]
leer (vi, vt)	lees	[leəs]
lectura (f)	lees	[leəs]

| en silencio | stil | [stil] |
| en voz alta | hardop | [hardop] |

editar (vt)	uitgee	[œitχeə]
edición (f) (~ de libros)	uitgee	[œitχeə]
editor (m)	uitgewer	[œitχevər]
editorial (f)	uitgewery	[œitχevəraj]
salir (libro)	verskyn	[ferskajn]
salida (f) (de un libro)	verskyn	[ferskajn]

tirada (f)	oplaag	[oplãχ]
librería (f)	boekhandel	[buk·handəl]
biblioteca (f)	biblioteek	[biblioteək]

cuento (m)	novelle	[nofɛllə]
relato (m) corto	kortverhaal	[kort·ferhãl]
novela (f)	roman	[roman]
novela (f) policíaca	speurroman	[spøər·roman]

memorias (f pl)	memoires	[memuares]
leyenda (f)	legende	[leχendə]
mito (m)	mite	[mitə]

versos (m pl)	poësie	[poɛsi]
autobiografía (f)	outobiografie	[æutobioχrafi]
obras (f pl) escogidas	bloemlesing	[blumlesiŋ]
ciencia ficción (f)	wetenskapsfiksie	[vetɛŋskaps·fiksi]
título (m)	titel	[titel]
introducción (f)	inleiding	[inlæjdiŋ]
portada (f)	titelblad	[titel·blat]

capítulo (m)	hoofstuk	[hoəfstuk]
extracto (m)	fragment	[fraχment]
episodio (m)	episode	[ɛpisodə]

sujeto (m)	plot	[plot]
contenido (m)	inhoud	[inhæut]
tabla (f) de contenidos	inhoudsopgawe	[inhæuds·opχavə]
héroe (m) principal	hoofkarakter	[hoəf·karaktər]

tomo (m)	deel	[deəl]
cubierta (f)	omslag	[omslaχ]
encuadernado (m)	band	[bant]
marcador (m) de libro	bladwyser	[blat·vajsər]

página (f)	bladsy	[bladsaj]
hojear (vt)	deurblaai	[døərblãi]
márgenes (m pl)	marges	[marχəs]
anotación (f)	annotasie	[annotasi]
nota (f) a pie de página	voetnota	[fut·nota]

texto (m)	teks	[teks]
fuente (f)	lettertipe	[lɛttər·tipə]
errata (f)	drukfout	[druk·fæut]

traducción (f)	vertaling	[fertaliŋ]
traducir (vt)	vertaal	[fertãl]
original (m)	oorspronklike	[oərspronklikə]

famoso (adj)	beroemd	[berumt]
desconocido (adj)	onbekend	[onbekent]
interesante (adj)	interessante	[interessantə]
best-seller (m)	blitsverkoper	[blits·ferkopər]
diccionario (m)	woordeboek	[voərdə·buk]
manual (m)	handboek	[hand·buk]
enciclopedia (f)	ensiklopedie	[ɛŋsiklopedi]

158. La caza. La pesca

caza (f)	jag	[jaχ]
cazar (vi, vt)	jag	[jaχ]
cazador (m)	jagter	[jaχtər]
tirar (vi)	skiet	[skit]
fusil (m)	geweer	[χeveər]
cartucho (m)	patroon	[patroən]
perdigón (m)	hael	[haəl]
cepo (m)	slagyster	[slaχ·ajstər]
trampa (f)	valstrik	[falstrik]
caer en el cepo	in die valstrik trap	[in di falstrik trap]
poner un cepo	n valstrik lê	[ə falstrik lɛ:]
cazador (m) furtivo	wildstroper	[vilt·stropər]
caza (f) menor	wild	[vilt]
perro (m) de caza	jaghond	[jaχ·hont]
safari (m)	safari	[safari]
animal (m) disecado	opgestopte dier	[opχestoptə dir]
pescador (m)	visterman	[fisterman]
pesca (f)	vis vang	[fis faŋ]
pescar (vi)	vis vang	[fis faŋ]
caña (f) de pescar	visstok	[fis·stok]
sedal (m)	vislyn	[fis·lajn]
anzuelo (m)	vishoek	[fis·huk]
flotador (m)	vlotter	[flottər]
cebo (m)	aas	[ās]
lanzar el anzuelo	lyngooi	[lajnχoj]
picar (vt)	byt	[bajt]
pesca (f) (lo pescado)	vang	[faŋ]
agujero (m) en el hielo	gat in die ys	[χat in di ajs]
red (f)	visnet	[fis·net]
barca (f)	boot	[boət]
tirar la red	die net gooi	[di net χoj]
sacar la red	die net intrek	[di net intrek]
caer en la red	in die net val	[in di net fal]
ballenero (m) (persona)	walvisvanger	[valfis·vaŋər]
ballenero (m) (barco)	walvisboot	[valfis·boət]
arpón (m)	harpoen	[harpun]

159. Los juegos. El billar

billar (m)	biljart	[biljart]
sala (f) de billar	biljartkamer	[biljart·kamər]
bola (f) de billar	bal	[bal]
taco (m)	biljartstok	[biljart·stok]
tronera (f)	sakkie	[sakki]

160. Los juegos. Las cartas

carta (f)	speelkaart	[speəl·kãrt]
cartas (f pl)	kaarte	[kãrtə]
baraja (f)	pak kaarte	[pak kãrtə]
triunfo (m)	troefkaart	[truf·kãrt]

cuadrados (m pl)	diamante	[diamantə]
picas (f pl)	skoppens	[skoppɛns]
corazones (m pl)	harte	[hartə]
tréboles (m pl)	klawers	[klavərs]

as (m)	aas	[ãs]
rey (m)	koning	[koniŋ]
dama (f)	dame	[damə]
sota (f)	boer	[bur]

dar, distribuir (repartidor)	uitdeel	[œitdeəl]
barajar (vt) (mezclar las cartas)	skommel	[skomməl]
jugada (f) (turno)	beurt	[bøərt]
punto (m)	punt	[punt]
fullero (m)	valsspeler	[fals·spelər]

161. El casino. La ruleta

casino (m)	kasino	[kasino]
ruleta (f)	roulette	[ræʊlɛt]
puesta (f)	inset	[inset]
apostar (vt)	wed	[vet]

rojo (m)	rooi	[roj]
negro (m)	swart	[swart]
apostar al rojo	wed op rooi	[vet op roj]
apostar al negro	wed op swart	[vet op swart]

| crupier (m, f) | kroepier | [krupir] |
| girar la ruleta | die wiel draai | [di vil drãi] |

| reglas (f pl) de juego | reëls | [reɛls] |
| ficha (f) | tjip | [tʃip] |

| ganar (vi, vt) | wen | [ven] |
| ganancia (f) | wins | [vins] |

| perder (vi) | verloor | [ferloər] |
| pérdida (f) | verlies | [ferlis] |

jugador (m)	speler	[spelər]
black jack (m)	blackjack	[blɛk dʒɛk]
juego (m) de dados	dobbelspel	[dobbəl·spel]
dados (m pl)	dobbelsteen	[dobbəl·steen]
tragaperras (f)	muntoutomaat	[munt·æʊtomãt]

162. El descanso. Los juegos. Miscelánea

pasear (vi)	wandel	[vandəl]
paseo (m) (caminata)	wandeling	[vandəliŋ]
paseo (m) (en coche)	motorrit	[motor·rit]
aventura (f)	avontuur	[afontɪr]
picnic (m)	piekniek	[piknik]

juego (m)	spel	[spel]
jugador (m)	speler	[spelər]
partido (m)	spel	[spel]

coleccionista (m)	versamelaar	[fersamelãr]
coleccionar (vt)	versamel	[fersaməl]
colección (f)	versameling	[fersameliŋ]

crucigrama (m)	blokkiesraaisel	[blokkis·rãisəl]
hipódromo (m)	perderesiesbaan	[perdə·resisbãn]
discoteca (f)	disko	[disko]

| sauna (f) | sauna | [sɔuna] |
| lotería (f) | lotery | [loteraj] |

marcha (f)	kampeeruitstappie	[kampeər·ajtstappi]
campo (m)	kamp	[kamp]
campista (m)	kampeerder	[kampeərdər]
tienda (f) de campaña	tent	[tɛnt]
brújula (f)	kompas	[kompas]

ver (la televisión)	kyk	[kajk]
telespectador (m)	kyker	[kajkər]
programa (m) de televisión	TV-program	[te·fe-proχram]

163. La fotografía

| cámara (f) fotográfica | kamera | [kamera] |
| fotografía (f) (una foto) | foto | [foto] |

fotógrafo (m)	fotograaf	[fotoχrãf]
estudio (m) fotográfico	fotostudio	[foto·studio]
álbum (m) de fotos	fotoalbum	[foto·album]

objetivo (m)	kameralens	[kamera·lɛŋs]
teleobjetivo (m)	telefotolens	[telefoto·lɛŋs]
filtro (m)	filter	[filtər]
lente (m)	lens	[lɛŋs]

óptica (f)	optiek	[optik]
diafragma (m)	diafragma	[diafraχma]
tiempo (m) de exposición	beligtingstyd	[beliχtiŋs·tajt]
visor (m)	soeker	[sukər]
cámara (f) digital	digitale kamera	[diχitalə kamera]
trípode (m)	driepoot	[dripoət]

flash (m)	flits	[flits]
fotografiar (vt)	fotografeer	[fotoχrafeər]
hacer fotos	fotografeer	[fotoχrafeər]
fotografiarse (vr)	jou portret laat maak	[jæʊ portret lãt mãk]

foco (m)	fokus	[fokus]
enfocar (vt)	fokus	[fokus]
nítido (adj)	skerp	[skerp]
nitidez (f)	skerpheid	[skerphæjt]

| contraste (m) | kontras | [kontras] |
| de alto contraste (adj) | kontrasryk | [kontrasrajk] |

foto (f)	kiekie	[kiki]
negativo (m)	negatief	[neχatif]
película (f) fotográfica	rolfilm	[rolfilm]
fotograma (m)	raampie	[rãmpi]
imprimir (vt)	druk	[druk]

164. La playa. La natación

playa (f)	strand	[strant]
arena (f)	sand	[sant]
desierto (playa ~a)	verlate	[ferlatə]

bronceado (m)	sonbruin kleur	[sonbrœin kløər]
broncearse (vr)	bruinbrand	[brœinbrant]
bronceado (adj)	bruingebrand	[brœiŋəbrant]
protector (m) solar	sonskermroom	[sɔŋ·skerm·roəm]

bikini (m)	bikini	[bikini]
traje (m) de baño	baaikostuum	[bãj·kostɪm]
bañador (m)	baaibroek	[bãj·bruk]

piscina (f)	swembad	[swem·bat]
nadar (vi)	swem	[swem]
ducha (f)	stort	[stort]
cambiarse (vr)	verklee	[ferkleə]
toalla (f)	handdoek	[handduk]

| barca (f) | boot | [boət] |
| lancha (f) motora | motorboot | [motor·boət] |

esquís (m pl) acuáticos	waterski	[vatər·ski]
bicicleta (f) acuática	waterfiets	[vatər·fits]
surf (m)	branderplankry	[brandərplank·raj]
surfista (m)	branderplankryer	[brandərplank·rajer]

equipo (m) de buceo	duiklong	[dœiklɔŋ]
aletas (f pl)	paddavoet	[padda·fut]
máscara (f) de buceo	duikmasker	[dœik·maskər]
buceador (m)	duiker	[dœikər]
bucear (vi)	duik	[dœik]
bajo el agua (adv)	onder water	[ondər vatər]

sombrilla (f)	**strandsambreel**	[strand·sambreəl]
tumbona (f)	**strandstoel**	[strand·stul]
gafas (f pl) de sol	**sonbril**	[son·bril]
colchoneta (f) inflable	**opblaasmatras**	[opblãs·matras]
jugar (divertirse)	**speel**	[speəl]
bañarse (vr)	**gaan swem**	[χãn swem]
pelota (f) de playa	**strandbal**	[strand·bal]
inflar (vt)	**opblaas**	[opblãs]
inflable (colchoneta ~)	**opblaas-**	[opblãs-]
ola (f)	**golf**	[χolf]
boya (f)	**boei**	[bui]
ahogarse (vr)	**verdrink**	[ferdrink]
salvar (vt)	**red**	[ret]
chaleco (m) salvavidas	**reddingsbaadjie**	[rɛddiŋs·bãdʒi]
observar (vt)	**dophou**	[dophæʊ]
socorrista (m)	**lewensredder**	[levɛŋs·rɛddər]

EL EQUIPO TÉCNICO. EL TRANSPORTE

El equipo técnico

165. El computador

ordenador (m)	rekenaar	[rekənãr]
ordenador (m) portátil	skootrekenaar	[skoət·rekənãr]
encender (vt)	aanskakel	[ãŋskakəl]
apagar (vt)	afskakel	[afskakəl]
teclado (m)	toetsbord	[tuts·bort]
tecla (f)	toets	[tuts]
ratón (m)	muis	[mœis]
alfombrilla (f) para ratón	muismatjie	[mœis·maki]
botón (m)	knop	[knop]
cursor (m)	loper	[lopər]
monitor (m)	monitor	[monitor]
pantalla (f)	skerm	[skerm]
disco (m) duro	harde skyf	[hardə skajf]
volumen (m) de disco duro	harde skyf se vermoë	[hardə skajf sə fermoɛ]
memoria (f)	geheue	[χəhøə]
memoria (f) operativa	RAM-geheue	[ram-χehøəə]
archivo, fichero (m)	lêer	[lɛər]
carpeta (f)	gids	[χids]
abrir (vt)	oopmaak	[oəpmãk]
cerrar (vt)	sluit	[slœit]
guardar (un archivo)	bewaar	[bevãr]
borrar (vt)	uitvee	[œitfeə]
copiar (vt)	kopieer	[kopir]
ordenar (vt) (~ de A a Z, etc.)	sorteer	[sorteər]
transferir (vt)	oorplaas	[oərplãs]
programa (m)	program	[proχram]
software (m)	sagteware	[saχtevarə]
programador (m)	programmeur	[proχrammøər]
programar (vt)	programmeer	[proχrammeər]
hacker (m)	kuberkraker	[kubər·krakər]
contraseña (f)	wagwoord	[vaχ·woərt]
virus (m)	virus	[firus]
detectar (vt)	opspoor	[opspoər]
octeto, byte (m)	greep	[χreəp]

megaocteto (m)	megagreep	[meχaχreəp]
datos (m pl)	data	[data]
base (f) de datos	databasis	[data·basis]

cable (m)	kabel	[kabəl]
desconectar (vt)	ontkoppel	[ontkoppəl]
conectar (vt)	konnekteer	[konnekteər]

166. El internet. El correo electrónico

internet (m), red (f)	internet	[internet]
navegador (m)	webblaaier	[veb·blãjer]
buscador (m)	soekenjin	[suk·ɛnʤin]
proveedor (m)	verskaffer	[ferskaffər]

webmaster (m)	webmeester	[veb·meəstər]
sitio (m) web	webwerf	[veb·werf]
página (f) web	webblad	[veb·blat]

| dirección (f) | adres | [adres] |
| libro (m) de direcciones | adresboek | [adres·buk] |

buzón (m)	posbus	[pos·bus]
correo (m)	pos	[pos]
lleno (adj)	vol	[fol]

mensaje (m)	boodskap	[boədskap]
correo (m) entrante	inkomende boodskappe	[inkomendə boədskappə]
correo (m) saliente	uitgaande boodskappe	[œitχãndə boədskappə]

expedidor (m)	sender	[sendər]
enviar (vt)	verstuur	[ferstɪr]
envío (m)	versending	[fersendiŋ]

| destinatario (m) | ontvanger | [ontfaŋər] |
| recibir (vt) | ontvang | [ontfaŋ] |

| correspondencia (f) | korrespondensie | [korrespondɛŋsi] |
| escribirse con ... | korrespondeer | [korrespondeər] |

archivo, fichero (m)	lêer	[lɛər]
descargar (vt)	aflaai	[aflãi]
crear (vt)	skep	[skep]
borrar (vt)	uitvee	[œitfeə]
borrado (adj)	uitgevee	[œitχefeə]

conexión (f) (ADSL, etc.)	konneksie	[konneksi]
velocidad (f)	spoed	[sput]
módem (m)	modem	[modem]
acceso (m)	toegang	[tuχaŋ]
puerto (m)	portaal	[portãl]

| conexión (f) (establecer la ~) | aansluiting | [ãŋslœitiŋ] |
| conectarse a ... | aansluit by ... | [ãŋslœit baj ...] |

| seleccionar (vt) | kies | [kis] |
| buscar (vt) | soek | [suk] |

167. La electricidad

electricidad (f)	elektrisiteit	[ɛlektrisitæjt]
eléctrico (adj)	elektries	[ɛlektris]
central (f) eléctrica	kragstasie	[kraχ·stasi]
energía (f)	krag	[kraχ]
energía (f) eléctrica	elektriese krag	[ɛlektrisə kraχ]

bombilla (f)	gloeilamp	[χlui·lamp]
linterna (f)	flits	[flits]
farola (f)	straatlig	[strātləχ]

luz (f)	lig	[liχ]
encender (vt)	aanskakel	[āŋskakəl]
apagar (vt)	afskakel	[afskakəl]
apagar la luz	die lig afskakel	[di liχ afskakəl]

quemarse (vr)	doodbrand	[doədbrant]
circuito (m) corto	kortsluiting	[kort·slœitiŋ]
ruptura (f)	gebreekte kabel	[χebreəktə kabəl]
contacto (m)	kontak	[kontak]

interruptor (m)	ligskakelaar	[liχ·skakelār]
enchufe (m)	muurprop	[mɪrprop]
clavija (f)	prop	[prop]
alargador (m)	verlengkabel	[ferleŋ·kabəl]

fusible (m)	sekering	[sekəriŋ]
cable, hilo (m)	kabel	[kabəl]
instalación (f) eléctrica	bedrading	[bedradiŋ]

amperio (m)	ampère	[ampɛ:r]
amperaje (m)	stroomsterkte	[stroəm·sterktə]
voltio (m)	volt	[folt]
voltaje (m)	spanning	[spanniŋ]

| aparato (m) eléctrico | elektriese toestel | [ɛlektrisə tustəl] |
| indicador (m) | aanduier | [āndœiər] |

electricista (m)	elektrisiën	[ɛlektrisiɛn]
soldar (vt)	soldeer	[soldeər]
soldador (m)	soldeerbout	[soldeər·bæʊt]
corriente (f)	elektriese stroom	[ɛlektrisə stroəm]

168. Las herramientas

instrumento (m)	werktuig	[verktœiχ]
instrumentos (m pl)	gereedskap	[χereədskap]
maquinaria (f)	toerusting	[turustiŋ]

martillo (m)	hamer	[hamər]
destornillador (m)	skroewedraaier	[skruvə·drãjer]
hacha (f)	byl	[bajl]

sierra (f)	saag	[sãχ]
serrar (vt)	saag	[sãχ]
cepillo (m)	skaaf	[skãf]
cepillar (vt)	skaaf	[skãf]
soldador (m)	soldeerbout	[soldeər·bæʊt]
soldar (vt)	soldeer	[soldeər]

lima (f)	vyl	[fajl]
tenazas (f pl)	knyptang	[knajptaŋ]
alicates (m pl)	tang	[taŋ]
escoplo (m)	beitel	[bæjtəl]

broca (f)	boor	[boər]
taladro (m)	elektriese boor	[ɛlektrisə boər]
taladrar (vi, vt)	boor	[boər]

cuchillo (m)	mes	[mes]
navaja (f)	sakmes	[sakmes]
filo (m)	lem	[lem]

agudo (adj)	skerp	[skerp]
embotado (adj)	stomp	[stomp]
embotarse (vr)	stomp raak	[stomp rãk]
afilar (vt)	slyp	[slajp]

perno (m)	bout	[bæʊt]
tuerca (f)	moer	[mur]
filete (m)	draad	[drãt]
tornillo (m)	houtskroef	[hæʊt·skruf]

clavo (m)	spyker	[spajkər]
cabeza (f) del clavo	kop	[kop]

regla (f)	meetlat	[meətlat]
cinta (f) métrica	meetband	[meət·bant]
nivel (m) de burbuja	waterpas	[vatərpas]
lupa (f)	vergrootglas	[ferχroət·χlas]

aparato (m) de medida	meetinstrument	[meət·instrument]
medir (vt)	meet	[meət]
escala (f) (~ métrica)	skaal	[skãl]
lectura (f)	lesings	[lesiŋs]

compresor (m)	kompressor	[komprɛssor]
microscopio (m)	mikroskoop	[mikroskoəp]

bomba (f) (~ de agua)	pomp	[pomp]
robot (m)	robot	[robot]
láser (m)	laser	[lasər]

llave (f) de tuerca	moersleutel	[mur·sløətəl]
cinta (f) adhesiva	plakband	[plak·bant]

cola (f), pegamento (m)	gom	[χom]
papel (m) de lija	skuurpapier	[skɪr·papir]
resorte (m)	veer	[feər]
imán (m)	magneet	[maχneət]
guantes (m pl)	handskoene	[handskunə]

cuerda (f)	tou	[tæʊ]
cordón (m)	tou	[tæʊ]
hilo (m) (~ eléctrico)	draad	[drãt]
cable (m)	kabel	[kabəl]

almádana (f)	voorhamer	[foər·hamər]
barra (f)	breekyster	[breəkajstər]
escalera (f) portátil	leer	[leər]
escalera (f) de tijera	trapleer	[trapleər]

atornillar (vt)	vasskroef	[fasskruf]
destornillar (vt)	losskroef	[losskruf]
apretar (vt)	saampars	[sãmpars]
pegar (vt)	vasplak	[fasplak]
cortar (vt)	sny	[snaj]

fallo (m)	fout	[fæʊt]
reparación (f)	herstelwerk	[herstəl·werk]
reparar (vt)	herstel	[herstəl]
regular, ajustar (vt)	stel	[stəl]

verificar (vt)	nagaan	[naχãn]
control (m)	kontrole	[kontrolə]
lectura (f) (~ del contador)	lesings	[lesiŋs]

| fiable (máquina) | betroubaar | [betræʊbãr] |
| complicado (adj) | ingewikkelde | [inχəwikkɛldə] |

oxidarse (vr)	roes	[rus]
oxidado (adj)	verroes	[ferrus]
óxido (m)	roes	[rus]

El transporte

avión (m)	vliegtuig	[fliχtœiχ]
billete (m) de avión	lugkaartjie	[luχ·kãrki]
compañía (f) aérea	lugredery	[luχrederaj]
aeropuerto (m)	lughawe	[luχhavə]
supersónico (adj)	supersonies	[supersonis]
comandante (m)	kaptein	[kaptœjn]
tripulación (f)	bemanning	[bemanniŋ]
piloto (m)	piloot	[piloət]
azafata (f)	lugwaardin	[luχ·wãrdin]
navegador (m)	navigator	[nafiχator]
alas (f pl)	vlerke	[flerkə]
cola (f)	stert	[stert]
cabina (f)	stuurkajuit	[stɪr·kajœit]
motor (m)	enjin	[ɛndʒin]
tren (m) de aterrizaje	landingstel	[landiŋ·stəl]
turbina (f)	turbine	[turbinə]
hélice (f)	skroef	[skruf]
caja (f) negra	swart boks	[swart boks]
timón (m)	stuurstang	[stɪr·staŋ]
combustible (m)	brandstof	[brantstof]
instructivo (m) de seguridad	veiligheidskaart	[fæjliχæjts·kãrt]
respirador (m) de oxígeno	suurstofmasker	[sɪrstof·maskər]
uniforme (m)	uniform	[uniform]
chaleco (m) salvavidas	reddingsbaadjie	[rɛddiŋs·bãdʒi]
paracaídas (m)	valskerm	[fal·skerm]
despegue (m)	opstyging	[opstajχiŋ]
despegar (vi)	opstyg	[opstajχ]
pista (f) de despegue	landingsbaan	[landiŋs·bān]
visibilidad (f)	uitsig	[œitsəχ]
vuelo (m)	vlug	[fluχ]
altura (f)	hoogte	[hoəχtə]
pozo (m) de aire	lugsak	[luχsak]
asiento (m)	sitplek	[sitplek]
auriculares (m pl)	koptelefoon	[kop·telefoən]
mesita (f) plegable	voutafeltjie	[fæu·tafɛlki]
ventana (f)	vliegtuigvenster	[fliχtœiχ·fɛŋstər]
pasillo (m)	paadjie	[pādʒi]

170. El tren

tren (m)	trein	[træjn]
tren (m) de cercanías	voorstedelike trein	[foərstedelike træjn]
tren (m) rápido	sneltrein	[snɛl·træjn]
locomotora (f) diésel	diesellokomotief	[disəl·lokomotif]
tren (m) de vapor	stoomlokomotief	[stoəm·lokomotif]

coche (m)	passasierswa	[passasirs·wa]
coche (m) restaurante	eetwa	[eət·wa]

rieles (m pl)	spoorstawe	[spoər·stavə]
ferrocarril (m)	spoorweg	[spoər·weχ]
traviesa (f)	dwarslêer	[dwarslɛər]

plataforma (f)	perron	[perron]
vía (f)	spoor	[spoər]
semáforo (m)	semafoor	[semafoər]
estación (f)	stasie	[stasi]

maquinista (m)	treindrywer	[træjn·drajvər]
maletero (m)	portier	[portir]
mozo (m) del vagón	kondukteur	[konduktøər]
pasajero (m)	passasier	[passasir]
revisor (m)	kondukteur	[konduktøər]

corredor (m)	gang	[χaŋ]
freno (m) de urgencia	noodrem	[noədrem]

compartimiento (m)	kompartiment	[kompartiment]
litera (f)	bed	[bet]
litera (f) de arriba	boonste bed	[hoənstə bet]
litera (f) de abajo	onderste bed	[ondərstə bet]
ropa (f) de cama	beddegoed	[beddə·χut]

billete (m)	kaartjie	[kãrki]
horario (m)	diensrooster	[diŋs·roəstər]
pantalla (f) de información	informasiebord	[informasi·bort]

partir (vi)	vertrek	[fertrek]
partida (f) (del tren)	vertrek	[fertrek]
llegar (tren)	aankom	[ãnkom]
llegada (f)	aankoms	[ãnkoms]

llegar en tren	aankom per trein	[ãnkom pər træjn]
tomar el tren	in die trein klim	[in di træjn klim]
bajar del tren	uit die trein klim	[œit di træjn klim]

descarrilamiento (m)	treinbotsing	[træjn·botsiŋ]
descarrilarse (vr)	ontspoor	[ontspoər]

tren (m) de vapor	stoomlokomotief	[stoəm·lokomotif]
fogonero (m)	stoker	[stokər]
hogar (m)	stookplek	[stoəkplek]
carbón (m)	steenkool	[steən·koəl]

171. El barco

| barco, buque (m) | skip | [skip] |
| navío (m) | vaartuig | [fãrtœiχ] |

buque (m) de vapor	stoomboot	[stoəm·boət]
motonave (f)	rivierboot	[rifir·boət]
trasatlántico (m)	toerskip	[tur·skip]
crucero (m)	kruiser	[krœisər]

yate (m)	jag	[jaχ]
remolcador (m)	sleepboot	[sleəp·boət]
barcaza (f)	vragskuit	[fraχ·skœit]
ferry (m)	veerboot	[feər·boət]

| velero (m) | seilskip | [sæjl·skip] |
| bergantín (m) | skoenerbrik | [skunər·brik] |

| rompehielos (m) | ysbreker | [ajs·brekər] |
| submarino (m) | duikboot | [dœik·boət] |

bote (m) de remo	roeiboot	[ruiboət]
bote (m)	bootjie	[boəki]
bote (m) salvavidas	reddingsboot	[rɛddiŋs·boət]
lancha (f) motora	motorboot	[motor·boət]

capitán (m)	kaptein	[kaptæjn]
marinero (m)	seeman	[seəman]
marino (m)	matroos	[matroəs]
tripulación (f)	bemanning	[bemanniŋ]

contramaestre (m)	bootsman	[boətsman]
grumete (m)	skeepsjonge	[skeəps·joŋə]
cocinero (m) de abordo	kok	[kok]
médico (m) del buque	skeepsdokter	[skeəps·doktər]

cubierta (f)	dek	[dek]
mástil (m)	mas	[mas]
vela (f)	seil	[sæjl]

bodega (f)	skeepsruim	[skeəps·rœim]
proa (f)	boeg	[buχ]
popa (f)	agterstewe	[aχtərstevə]
remo (m)	roeispaan	[ruis·pān]
hélice (f)	skroef	[skruf]

camarote (m)	kajuit	[kajœit]
sala (f) de oficiales	offisierskajuit	[offisirs·kajœit]
sala (f) de máquinas	enjinkamer	[ɛndʒin·kamər]
puente (m) de mando	brug	[bruχ]
sala (f) de radio	radiokamer	[radio·kamər]
onda (f)	golf	[χolf]
cuaderno (m) de bitácora	logboek	[loχbuk]
anteojo (m)	verkyker	[ferkajkər]
campana (f)	bel	[bəl]

bandera (f)	vlag	[flaχ]
cabo (m) (maroma)	kabel	[kabəl]
nudo (m)	knoop	[knoəp]

| pasamano (m) | dekleuning | [dek·løəniŋ] |
| pasarela (f) | gangplank | [χaŋ·plank] |

ancla (f)	anker	[ankər]
levar ancla	anker lig	[ankər ləχ]
echar ancla	anker uitgooi	[ankər œitχoj]
cadena (f) del ancla	ankerketting	[ankər·kɛttiŋ]

puerto (m)	hawe	[havə]
embarcadero (m)	kaai	[kãi]
amarrar (vt)	vasmeer	[fasmeər]
desamarrar (vt)	vertrek	[fertrek]

viaje (m)	reis	[ræjs]
crucero (m) (viaje)	cruise	[kruːs]
derrota (f) (rumbo)	koers	[kurs]
itinerario (m)	roete	[rutə]

canal (m) navegable	vaarwater	[fãr·vatər]
bajío (m)	sandbank	[sand·bank]
encallar (vi)	strand	[strant]

tempestad (f)	storm	[storm]
señal (f)	sienjaal	[sinjãl]
hundirse (vr)	sink	[sink]
¡Hombre al agua!	Man oorboord!	[man oərboərd!]
SOS	SOS	[sos]
aro (m) salvavidas	reddingsboei	[rɛddiŋs·bui]

172. El aeropuerto

aeropuerto (m)	lughawe	[luχhavə]
avión (m)	vliegtuig	[fliχtœiχ]
compañía (f) aérea	lugredery	[luχrederaj]
controlador (m) aéreo	lugverkeersleier	[luχ·ferkeərs·læjer]

despegue (m)	vertrek	[fertrek]
llegada (f)	aankoms	[ãnkoms]
llegar (en avión)	aankom	[ãnkom]

| hora (f) de salida | vertrektyd | [fertrək·tajt] |
| hora (f) de llegada | aankomstyd | [ãnkoms·tajt] |

| retrasarse (vr) | vertraag wees | [fertrãχ veəs] |
| retraso (m) de vuelo | vlugvertraging | [fluχ·fertraχiŋ] |

pantalla (f) de información	informasiebord	[informasi·bort]
información (f)	informasie	[informasi]
anunciar (vt)	aankondig	[ãnkondəχ]
vuelo (m)	vlug	[fluχ]

| aduana (f) | doeane | [duanə] |
| aduanero (m) | doeanebeampte | [duanə·beamptə] |

declaración (f) de aduana	doeaneverklaring	[duanə·ferklariŋ]
rellenar (vt)	invul	[inful]
control (m) de pasaportes	paspoortkontrole	[paspoərt·kontrolə]

equipaje (m)	bagasie	[baχasi]
equipaje (m) de mano	handbagasie	[hand·baχasi]
carrito (m) de equipaje	bagasiekarretjie	[baχasi·karrəki]

aterrizaje (m)	landing	[landiŋ]
pista (f) de aterrizaje	landingsbaan	[landiŋs·bān]
aterrizar (vi)	land	[lant]
escaleras (f pl) (de avión)	vliegtuigtrap	[fliχtœiχ·trap]

facturación (f) (check-in)	na die vertrektoonbank	[na di fertrək·toənbank]
mostrador (m) de facturación	vertrektoonbank	[fertrək·toənbank]
hacer el check-in	na die vertrektoonbank gaan	[na di fertrək·toənbank χān]
tarjeta (f) de embarque	instapkaart	[instap·kārt]
puerta (f) de embarque	vertrekuitgang	[fertrek·œitχaŋ]

tránsito (m)	transito	[traŋsito]
esperar (aguardar)	wag	[vaχ]
zona (f) de preembarque	vertreksaal	[fertrək·sāl]
despedir (vt)	afsien	[afsin]
despedirse (vr)	afskeid neem	[afskæjt neəm]

173. La bicicleta. La motocicleta

bicicleta (f)	fiets	[fits]
scooter (m)	bromponie	[bromponi]
motocicleta (f)	motorfiets	[motorfits]

ir en bicicleta	per fiets ry	[pər fits raj]
manillar (m)	stuurstang	[stɪr·staŋ]
pedal (m)	pedaal	[pedāl]
frenos (m pl)	remme	[remmə]
sillín (m)	fietssaal	[fits·sāl]

bomba (f)	pomp	[pomp]
portaequipajes (m)	bagasierak	[baχasi·rak]
faro (m)	fietslamp	[fits·lamp]
casco (m)	helmet	[hɛlmət]

rueda (f)	wiel	[vil]
guardabarros (m)	modderskerm	[moddər·skerm]
llanta (f)	velling	[fɛlliŋ]
rayo (m)	speek	[speək]

Los coches

coche (m)	motor	[motor]
coche (m) deportivo	sportmotor	[sport·motor]
limusina (f)	limousine	[limæʊsinə]
todoterreno (m)	veldvoertuig	[fɛlt·furtœiχ]
cabriolé (m)	met afslaandak	[met afslāndak]
microbús (m)	bussie	[bussi]
ambulancia (f)	ambulans	[ambulaŋs]
quitanieves (m)	sneeuploeg	[sniʊ·pluχ]
camión (m)	vragmotor	[fraχ·motor]
camión (m) cisterna	tenkwa	[tɛnk·wa]
camioneta (f)	bestelwa	[bestəl·wa]
cabeza (f) tractora	padtrekker	[pad·trɛkkər]
remolque (m)	aanhangwa	[ānhaŋ·wa]
confortable (adj)	gemaklik	[χemaklik]
de ocasión (adj)	gebruik	[χebrœik]

capó (m)	enjinkap	[ɛnʤin·kap]
guardabarros (m)	modderskerm	[moddər·skerm]
techo (m)	dak	[dak]
parabrisas (m)	voorruit	[foər·rœit]
espejo (m) retrovisor	truspieël	[tru·spiɛl]
limpiador (m)	voorruitsproer	[foər·rœitsprur]
limpiaparabrisas (m)	ruitveërs	[rœit·feɛrs]
ventana (f) lateral	syvenster	[saj·fɛŋstər]
elevalunas (m)	vensterhyser	[fɛŋstər·hajsər]
antena (f)	lugdraad	[luχdrāt]
techo (m) solar	sondak	[sondak]
parachoques (m)	buffer	[buffər]
maletero (m)	bagasiebak	[baχasi·bak]
baca (f) (portaequipajes)	dakreling	[dak·reliŋ]
puerta (f)	deur	[døər]
tirador (m) de puerta	handvatsel	[hand·fatsəl]
cerradura (f)	deurslot	[døər·slot]
matrícula (f)	nommerplaat	[nommər·plāt]
silenciador (m)	knaldemper	[knal·dempər]

| tanque (m) de gasolina | petroltenk | [petrol·tɛnk] |
| tubo (m) de escape | uitlaatpyp | [œitlāt·pajp] |

acelerador (m)	gaspedaal	[χas·pedāl]
pedal (m)	pedaal	[pedāl]
pedal (m) de acelerador	gaspedaal	[χas·pedāl]

freno (m)	rem	[rem]
pedal (m) de freno	rempedaal	[rem·pedāl]
frenar (vi)	remtrap	[remtrap]
freno (m) de mano	parkeerrem	[parkeər·rem]

embrague (m)	koppelaar	[koppelār]
pedal (m) de embrague	koppelaarpedaal	[koppelār·pedāl]
disco (m) de embrague	koppelaarskyf	[koppelār·skajf]
amortiguador (m)	skokbreker	[skok·brekər]

rueda (f)	wiel	[vil]
rueda (f) de repuesto	spaarwiel	[spār·wil]
neumático (m)	band	[bant]
tapacubo (m)	wieldop	[wil·dop]

ruedas (f pl) motrices	dryfwiele	[drajf·wilə]
de tracción delantera	voorwielaandrywing	[foərwil·āndrajviŋ]
de tracción trasera	agterwielaandrywing	[aχtərwil·āndrajviŋ]
de tracción integral	vierwielaandrywing	[firwil·āndrajviŋ]

caja (f) de cambios	ratkas	[ratkas]
automático (adj)	outomaties	[æʋtomatis]
mecánico (adj)	meganies	[meχanis]
palanca (f) de cambios	ratwisselaar	[ratwisselār]

| faro (m) delantero | koplig | [koplǝχ] |
| faros (m pl) | kopligte | [kopliχtǝ] |

luz (f) de cruce	dempstraal	[demp·strāl]
luz (f) de carretera	hoofstraal	[hoef·strāl]
luz (f) de freno	remlig	[remlǝχ]

luz (f) de posición	parkeerlig	[parkeər·lǝχ]
luces (f pl) de emergencia	gevaarligte	[χefār·liχtǝ]
luces (f pl) antiniebla	mislampe	[mis·lampǝ]
intermitente (m)	draaiwyser	[drāj·vajsǝr]
luz (f) de marcha atrás	trulig	[trulǝχ]

176. El coche. El compartimiento de pasajeros

habitáculo (m)	interieur	[interiøǝr]
de cuero (adj)	leer-	[leǝr-]
de felpa (adj)	fluweel-	[fluveǝl-]
tapizado (m)	bekleding	[bekledǝŋ]

| instrumento (m) | instrument | [instrument] |
| salpicadero (m) | voorpaneel | [foǝr·paneǝl] |

| velocímetro (m) | spoedmeter | [spud·metər] |
| aguja (f) | wyster | [vajstər] |

cuentakilómetros (m)	afstandmeter	[afstant·metər]
indicador (m)	sensor	[sɛŋsor]
nivel (m)	vlak	[flak]
testigo (m) (~ luminoso)	waarskulig	[vārskuləχ]

volante (m)	stuurwiel	[stɪr·wil]
bocina (f)	toeter	[tutər]
botón (m)	knop	[knop]
interruptor (m)	skakelaar	[skakəlār]

asiento (m)	sitplek	[sitplek]
respaldo (m)	rugsteun	[ruχ·støən]
reposacabezas (m)	kopstut	[kopstut]
cinturón (m) de seguridad	veiligheidsgordel	[fæjliχæjts·χordəl]
abrocharse el cinturón	die gordel vasmaak	[di χordəl fasmāk]
reglaje (m)	verstelling	[ferstɛlliŋ]

| bolsa (f) de aire (airbag) | lugsak | [luχsak] |
| climatizador (m) | lugversorger | [luχfersorχər] |

radio (m)	radio	[radio]
reproductor (m) de CD	CD-speler	[se·de spelər]
encender (vt)	aanskakel	[āŋskakəl]
antena (f)	lugdraad	[luχdrāt]
guantera (f)	paneelkassie	[paneəl·kassi]
cenicero (m)	asbak	[asbak]

177. El coche. El motor

motor (m)	motor, enjin	[motor], [ɛndʒin]
diésel (adj)	diesel	[disəl]
a gasolina (adj)	petrol	[petrol]

volumen (m) del motor	enjininhoud	[ɛndʒin·inhæʊt]
potencia (f)	krag	[kraχ]
caballo (m) de fuerza	perdekrag	[perdə·kraχ]
pistón (m)	suier	[sœier]
cilindro (m)	silinder	[silindər]
válvula (f)	klep	[klep]

inyector (m)	inspuiting	[inspœitiŋ]
generador (m)	generator	[χenerator]
carburador (m)	vergasser	[ferχassər]
aceite (m) de motor	motorolie	[motor·oli]

radiador (m)	verkoeler	[ferkulər]
liquido (m) refrigerante	koelmiddel	[kul·middəl]
ventilador (m)	waaier	[vājer]

| estárter (m) | aansitter | [āŋsittər] |
| encendido (m) | ontsteking | [ontstekiŋ] |

| bujía (f) | vonkprop | [fonk·prop] |
| fusible (m) | sekering | [sekəriŋ] |

batería (f)	battery	[battəraj]
terminal (m)	pool	[poəl]
terminal (m) positivo	positiewe pool	[positive poəl]
terminal (m) negativo	negatiewe pool	[neχative poəl]

filtro (m) de aire	lugfilter	[luχ·filtər]
filtro (m) de aceite	oliefilter	[oli·filtər]
filtro (m) de combustible	brandstoffilter	[brantstof·filtər]

178. El coche. Accidente de tráfico. La reparación

accidente (m)	motorbotsing	[motor·botsiŋ]
accidente (m) de tráfico	verkeersongeluk	[ferkeərs·onχəluk]
chocar contra …	bots	[bots]
tener un accidente	verongeluk	[feronχəluk]
daño (m)	skade	[skadə]
intacto (adj)	onbeskadig	[onbeskadəχ]

pana (f)	onklaar raak	[onklãr rãk]
averiarse (vr)	onklaar raak	[onklãr rãk]
remolque (m) (cuerda)	sleeptou	[sleəp·tæʊ]

pinchazo (m)	papwiel	[pap·wil]
desinflarse (vr)	pap wees	[pap veəs]
inflar (vt)	oppomp	[oppomp]
presión (f)	druk	[druk]
verificar (vt)	nagaan	[naχãn]

reparación (f)	herstel	[herstəl]
taller (m)	garage	[χaraʒə]
parte (f) de repuesto	onderdeel	[ondərdeəl]
parte (f)	onderdeel	[ondərdeəl]

perno (m)	bout	[bæʊt]
tornillo (m)	skroef	[skruf]
tuerca (f)	moer	[mur]
arandela (f)	waster	[vastər]
rodamiento (m)	koeëllaer	[kuɛllaər]

tubo (m)	pyp	[pajp]
junta (f)	pakstuk	[pakstuk]
cable, hilo (m)	kabel	[kabəl]

gato (m)	domkrag	[domkraχ]
llave (f) de tuerca	moersleutel	[mur·sløətəl]
martillo (m)	hamer	[hamər]
bomba (f)	pomp	[pomp]
destornillador (m)	skroewedraaier	[skruvə·drãjer]

| extintor (m) | brandblusser | [brant·blussər] |
| triángulo (m) de avería | gevaardriehoek | [χefãr·drihuk] |

pararse, calarse (vr)	stol	[stol]
parada (f) (del motor)	stol	[stol]
estar averiado	stukkend wees	[stukkent veəs]

recalentarse (vr)	oorverhit	[oərferhit]
estar atascado	verstop raak	[ferstop rāk]
congelarse (vr)	vries	[fris]
reventar (vi)	bars	[bars]

presión (f)	druk	[druk]
nivel (m)	vlak	[flak]
flojo (correa ~a)	slap	[slap]

abolladura (f)	duik	[dœik]
ruido (m) (en el motor)	klopgeluid	[klop·χəlœit]
grieta (f)	kraak	[krāk]
rozadura (f)	skraap	[skrāp]

179. El coche. El camino

camino (m)	pad	[pat]
autovía (f)	deurpad	[døərpat]
carretera (f)	deurpad	[døərpat]
dirección (f)	rigting	[riχtiŋ]
distancia (f)	afstand	[afstant]

puente (m)	brug	[bruχ]
aparcamiento (m)	parkeerterrein	[parkeər·terræjn]
plaza (f)	plein	[plæjn]
intercambiador (m)	padknoop	[pad·knoəp]
túnel (m)	tonnel	[tonnəl]

gasolinera (f)	petrolstasie	[petrol·stasi]
aparcamiento (m)	parkeerterrein	[parkeər·terræjn]
surtidor (m)	petrolpomp	[petrol·pomp]
taller (m)	garage	[χaraʒə]
cargar gasolina	volmaak	[folmāk]
combustible (m)	brandstof	[brantstof]
bidón (m) de gasolina	petrolblik	[petrol·blik]

asfalto (m)	teer	[teər]
señalización (f) vial	padmerktekens	[pad·merktekɛns]
bordillo (m)	randsteen	[rand·steən]
barrera (f) de seguridad	skutreling	[skut·reliŋ]
cuneta (f)	donga	[donχa]
borde (m) de la carretera	skouer	[skæuər]
farola (f)	lamppaal	[lamp·pāl]

conducir (vi, vt)	bestuur	[bestɪr]
girar (~ a la izquierda)	draai	[drāi]
girar en U	U-draai maak	[u-drāj māk]
marcha (f) atrás	tru-	[tru-]
tocar la bocina	toeter	[tutər]
bocinazo (m)	toeter	[tutər]

atascarse (vr)	vassteek	[fassteek]
patinar (vi)	die wiele laat tol	[di vilə lāt tol]
parar (el motor)	afskakel	[afskakəl]

velocidad (f)	spoed	[sput]
exceder la velocidad	die spoedgrens oortree	[di sputχrɛŋs oərtreə]
semáforo (m)	robot	[robot]
permiso (m) de conducir	bestuurslisensie	[bestɪrs·lisɛŋsi]

paso (m) a nivel	treinoorgang	[træjn·oərχaŋ]
cruce (m)	kruispunt	[krœis·punt]
paso (m) de peatones	sebraoorgang	[sebra·oərχaŋ]
zona (f) de peatones	voetgangerstraat	[futχaŋər·strāt]

180. Las señales de tráfico

reglas (f pl) de tránsito	padreëls	[pad·reɛls]
señal (m) de tráfico	padteken	[pad·tekən]
adelantamiento (m)	verbysteek	[ferbajsteek]
curva (f)	draai	[drāi]
vuelta (f) en U	U-draai	[u-drāi]
rotonda (f)	verkeerssirkel	[ferkeərs·sirkəl]

Prohibido el paso	Geen toegang	[χeən tuχaŋ]
Circulación prohibida	Geen voertuie toegelaat nie	[χeən furtœiə tuχelāt ni]
Prohibido adelantar	Verbysteek verbode	[ferbajsteek ferbodə]
Prohibido aparcar	Parkeerverbod	[parkeər·ferbot]
Prohibido parar	Nie stilhou nie	[ni stilhæʊ ni]

curva (f) peligrosa	gevaarlike draai	[χefārlikə drāi]
bajada con fuerte pendiente	steil afdraande	[stæjl afdrāndə]
sentido (m) único	eenrigtingverkeer	[eənriχtiŋ·ferkeər]
paso (m) de peatones	Voetoorgang voor	[futoərχaŋ foər]
pavimento (m) deslizante	Glibberige pad voor	[χlibbəriχə pat foər]
ceda el paso	TOEGEE	[tuχeə]

LA GENTE. ACONTECIMIENTOS DE LA VIDA

181. Los días festivos. Los eventos

fiesta (f)	partytjie	[partajki]
fiesta (f) nacional	nasionale dag	[naʃionalə daχ]
día (m) de fiesta	openbare vakansiedag	[openbarə fakaŋsi·daχ]
celebrar (vt)	herdenk	[herdenk]
evento (m)	gebeurtenis	[χebøərtenis]
medida (f)	gebeurtenis	[χebøərtenis]
banquete (m)	banket	[banket]
recepción (f)	onthaal	[onthāl]
festín (m)	feesmaal	[feəs·māl]
aniversario (m)	verjaardag	[ferjār·daχ]
jubileo (m)	jubileum	[jubiløəm]
Año (m) Nuevo	Nuwejaar	[nuvejār]
¡Feliz Año Nuevo!	Voorspoedige Nuwejaar	[foərspudiχə nuvejār]
Papá Noel (m)	Kersvader	[kers·fadər]
Navidad (f)	Kersfees	[kersfeəs]
¡Feliz Navidad!	Geseënde Kersfees	[χeseɛndə kersfeɛs]
árbol (m) de Navidad	Kersboom	[kers·boəm]
fuegos (m pl) artificiales	vuurwerk	[fɪrwerk]
boda (f)	bruilof	[brœilof]
novio (m)	bruidegom	[brœidəχom]
novia (f)	bruid	[brœit]
invitar (vt)	uitnooi	[œitnoj]
tarjeta (f) de invitación	uitnodiging	[œitnodəχiŋ]
invitado (m)	gas	[χas]
visitar (vt) (a los amigos)	besoek	[besuk]
recibir a los invitados	die gaste ontmoet	[di χastə ontmut]
regalo (m)	present	[present]
regalar (vt)	gee	[χeə]
recibir regalos	presente ontvang	[presentə ontfaŋ]
ramo (m) de flores	boeket	[buket]
felicitación (f)	gelukwense	[χelukwɛŋsə]
felicitar (vt)	gelukwens	[χelukwɛŋs]
tarjeta (f) de felicitación	geleentheidskaartjie	[χeleenthæjts·kārki]
brindis (m)	heildronk	[hæjldronk]
ofrecer (~ una copa)	aanbied	[ānbit]
champaña (f)	sjampanje	[ʃampanje]

divertirse (vr)	**jouself geniet**	[jæusɛlf χenit]
diversión (f)	**pret**	[pret]
alegría (f) (emoción)	**vreugde**	[frøəχdə]

baile (m)	**dans**	[daŋs]
bailar (vi, vt)	**dans**	[daŋs]

vals (m)	**wals**	[vals]
tango (m)	**tango**	[tanχo]

182. Los funerales. El entierro

cementerio (m)	**begraafplaas**	[beχrãf·plãs]
tumba (f)	**graf**	[χraf]
cruz (f)	**kruis**	[krœis]
lápida (f)	**grafsteen**	[χrafsteən]
verja (f)	**heining**	[hæjniŋ]
capilla (f)	**kapel**	[kapəl]

muerte (f)	**dood**	[doət]
morir (vi)	**doodgaan**	[doədχãn]
difunto (m)	**oorledene**	[oərledenə]
luto (m)	**rou**	[ræu]

enterrar (vt)	**begrawe**	[beχravə]
funeraria (f)	**begrafnisonderneming**	[beχrafnis·ondərnemiŋ]
entierro (m)	**begrafnis**	[beχrafnis]

corona (f) funeraria	**krans**	[kraŋs]
ataúd (m)	**doodskis**	[doədskis]
coche (m) fúnebre	**lykswa**	[lajks·wa]
mortaja (f)	**lykkleed**	[lajk·kleət]

cortejo (m) fúnebre	**begrafnisstoet**	[beχrafnis·stut]
urna (f) funeraria	**urn**	[urn]
crematorio (m)	**krematorium**	[krematorium]

necrología (f)	**doodsberig**	[doəds·berəχ]
llorar (vi)	**huil**	[hœil]
sollozar (vi)	**snik**	[snik]

183. La guerra. Los soldados

sección (f)	**peleton**	[peleton]
compañía (f)	**kompanie**	[kompani]
regimiento (m)	**regiment**	[reχiment]
ejército (m)	**leër**	[leɛr]
división (f)	**divisie**	[difisi]

destacamento (m)	**afdeling**	[afdeliŋ]
hueste (f)	**leërskare**	[leɛrskarə]
soldado (m)	**soldaat**	[soldãt]

oficial (m)	offisier	[offisir]
soldado (m) raso	soldaat	[soldāt]
sargento (m)	sersant	[sersant]
teniente (m)	luitenant	[lœitənant]
capitán (m)	kaptein	[kaptæjn]
mayor (m)	majoor	[majoər]
coronel (m)	kolonel	[kolonəl]
general (m)	generaal	[χenerāl]

marino (m)	matroos	[matroəs]
capitán (m)	kaptein	[kaptæjn]
contramaestre (m)	bootsman	[boətsman]

artillero (m)	artilleris	[artilleris]
paracaidista (m)	valskermsoldaat	[falskerm·soldāt]
piloto (m)	piloot	[piloət]
navegador (m)	navigator	[nafiχator]
mecánico (m)	werktuigkundige	[verktœiχ·kundiχə]

zapador (m)	sappeur	[sappøər]
paracaidista (m)	valskermspringer	[falskerm·spriŋər]
explorador (m)	verkenner	[ferkɛnnər]
francotirador (m)	skerpskut	[skerp·skut]

patrulla (f)	patrollie	[patrolli]
patrullar (vi, vt)	patrolleer	[patrolleər]
centinela (m)	wag	[vaχ]

guerrero (m)	vegter	[feχtər]
patriota (m)	patriot	[patriot]
héroe (m)	held	[hɛlt]
heroína (f)	heldin	[hɛldin]

| traidor (m) | verraaier | [ferrājer] |
| traicionar (vt) | verraai | [ferrāi] |

| desertor (m) | droster | [drostər] |
| desertar (vi) | dros | [dros] |

mercenario (m)	huursoldaat	[hɪr·soldāt]
recluta (m)	rekruteer	[rekruteər]
voluntario (m)	vrywilliger	[frajvilliχər]

muerto (m)	dooie	[doje]
herido (m)	gewonde	[χevondə]
prisionero (m)	krygsgevangene	[krajχs·χefaŋənə]

184. La guerra. El ámbito militar. Unidad 1

guerra (f)	oorlog	[oərloχ]
estar en guerra	oorlog voer	[oərloχ fur]
guerra (f) civil	burgeroorlog	[burgər·oərloχ]
pérfidamente (adv)	valslik	[falslik]
declaración (f) de guerra	oorlogsverklaring	[oərloχs·ferklariŋ]

declarar (~ la guerra)	oorlog verklaar	[oərloχ ferklãr]
agresión (f)	aggressie	[aχrɛssi]
atacar (~ a un país)	aanval	[ãnfal]

invadir (vt)	binneval	[binnəfal]
invasor (m)	binnevaller	[binnəfallər]
conquistador (m)	veroweraar	[feroverãr]

defensa (f)	verdediging	[ferdedəχiŋ]
defender (vt)	verdedig	[ferdedəχ]
defenderse (vr)	jouself verdedig	[jæusɛlf ferdedəχ]

enemigo (m)	vyand	[fajant]
adversario (m)	teëstander	[teɛstandər]
enemigo (adj)	vyandig	[fajandəχ]

estrategia (f)	strategie	[strateχi]
táctica (f)	taktiek	[taktik]

orden (f)	bevel	[befəl]
comando (m)	bevel	[befəl]
ordenar (vt)	beveel	[befeəl]
misión (f)	opdrag	[opdraχ]
secreto (adj)	geheim	[χəhæjm]

batalla (f)	veldslag	[fɛltslaχ]
combate (m)	geveg	[χefeχ]

ataque (m)	aanval	[ãnfal]
asalto (m)	bestorming	[bestormiŋ]
tomar por asalto	bestorm	[bestorm]
asedio (m), sitio (m)	beleg	[beleχ]

ofensiva (f)	aanval	[ãnfal]
tomar la ofensiva	tot die offensief oorgaan	[tot di offɛŋsif oərχãn]

retirada (f)	terugtrekking	[teruχ·trɛkkiŋ]
retirarse (vr)	terugtrek	[teruχtrek]

envolvimiento (m)	omsingeling	[omsinχəliŋ]
cercar (vt)	omsingel	[omsiŋəl]

bombardeo (m)	bombardement	[bombardement]
bombear (vt)	bombardeer	[bombardeər]
explosión (f)	ontploffing	[ontploffiŋ]

tiro (m), disparo (m)	skoot	[skoət]
tiro (m) (de artillería)	skiet	[skit]

apuntar a ...	mik op	[mik op]
encarar (apuntar)	rig	[riχ]
alcanzar (el objetivo)	tref	[tref]

hundir (vt)	sink	[sink]
brecha (f) (~ en el casco)	gat	[χat]
hundirse (vr)	sink	[sink]

frente (m)	front	[front]
evacuación (f)	evakuasie	[ɛfakuasi]
evacuar (vt)	evakueer	[ɛfakueər]

trinchera (f)	loopgraaf	[loəpχrāf]
alambre (m) de púas	doringdraad	[doriŋ·drāt]
barrera (f) (~ antitanque)	versperring	[fersperriŋ]
torre (f) de vigilancia	wagtoring	[vaχ·toriŋ]

hospital (m)	militêre hospitaal	[militærə hospitāl]
herir (vt)	wond	[vont]
herida (f)	wond	[vont]
herido (m)	gewonde	[χevondə]
recibir una herida	gewond	[χevont]
grave (herida)	ernstig	[ɛrnstəχ]

185. La guerra. El ámbito militar. Unidad 2

cautiverio (m)	gevangenskap	[χefaŋənskap]
capturar (vt)	gevange neem	[χefaŋə neəm]
estar en cautiverio	in gevangenskap wees	[in χefaŋənskap veəs]
caer prisionero	in gevangenskap geneem word	[in χefaŋənskap χeneəm vort]

campo (m) de concentración	konsentrasiekamp	[kɔŋsentrasi·kamp]
prisionero (m)	krygsgevangene	[krajχs·χefaŋənə]
escapar (de cautiverio)	ontsnap	[ontsnap]

traicionar (vt)	verraai	[ferrāi]
traidor (m)	verraaier	[ferrājer]
traición (f)	verraad	[ferrāt]

| fusilar (vt) | eksekuteer | [ɛksekuteər] |
| fusilamiento (m) | eksekusie | [ɛksekusi] |

equipo (m) (uniforme, etc.)	toerusting	[turustiŋ]
hombrera (f)	skouerstrook	[skæuer·stroək]
máscara (f) antigás	gasmasker	[χas·maskər]

radio transmisor (m)	veldradio	[fɛlt·radio]
cifra (f) (código)	geheime kode	[χəhæjmə kodə]
conspiración (f)	geheimhouding	[χəhæjm·hæudiŋ]
contraseña (f)	wagwoord	[vaχ·woərt]

mina (f) terrestre	landmyn	[land·majn]
minar (poner minas)	bemyn	[bemajn]
campo (m) minado	mynveld	[majn·fɛlt]

alarma (f) aérea	lugalarm	[luχ·alarm]
alarma (f)	alarm	[alarm]
señal (f)	sienjaal	[sinjāl]
cohete (m) de señales	fakkel	[fakkel]
estado (m) mayor	hoofkwartier	[hoəf·kwartir]
reconocimiento (m)	verkenningstog	[ferkɛnniŋs·toχ]

situación (f)	toestand	[tustant]
informe (m)	verslag	[ferslaχ]
emboscada (f)	hinderlaag	[hindər·lāχ]
refuerzo (m)	versterking	[ferstərkiŋ]

blanco (m)	doel	[dul]
terreno (m) de prueba	proefterrein	[pruf·terræjn]
maniobras (f pl)	militêre oefening	[militærə ufeniŋ]

pánico (m)	paniek	[panik]
devastación (f)	verwoesting	[ferwustiŋ]
destrucciones (f pl)	verwoesting	[ferwustiŋ]
destruir (vt)	verwoes	[ferwus]

sobrevivir (vi, vt)	oorleef	[oərleəf]
desarmar (vt)	ontwapen	[ontvapen]
manejar (un arma)	hanteer	[hanteər]

| ¡Firmes! | Aandag! | [āndaχ!] |
| ¡Descanso! | Op die plek rus! | [op di plek rus!] |

hazaña (f)	heldedaad	[hɛldə·dāt]
juramento (m)	eed	[eət]
jurar (vt)	sweer	[sweər]

condecoración (f)	dekorasie	[dekorasiə]
condecorar (vt)	toeken	[tuken]
medalla (f)	medalje	[medalje]
orden (m) (~ de Merito)	orde	[ordə]

victoria (f)	oorwinning	[oərwinniŋ]
derrota (f)	nederlaag	[nedərlāχ]
armisticio (m)	wapenstilstand	[vapɛn·stilstant]

bandera (f)	vaandel	[fāndəl]
gloria (f)	roem	[rum]
desfile (m) militar	parade	[paradə]
marchar (desfilar)	marseer	[marseər]

186. Las armas

arma (f)	wapens	[vapɛns]
arma (f) de fuego	vuurwapens	[fɪr·vapɛns]
arma (f) blanca	messe	[mɛssə]

arma (f) química	chemiese wapens	[χemisə vapɛns]
nuclear (adj)	kern-	[kern-]
arma (f) nuclear	kernwapens	[kern·vapɛns]

| bomba (f) | bom | [bom] |
| bomba (f) atómica | atoombom | [atoəm·bom] |

| pistola (f) | pistool | [pistoəl] |
| fusil (m) | geweer | [χeveər] |

metralleta (f)	aanvalsgeweer	[ānvals·χeveər]
ametralladora (f)	masjiengeweer	[maʃin·χeveər]
boca (f)	loop	[loəp]
cañón (m) (del arma)	loop	[loəp]
calibre (m)	kaliber	[kalibər]
gatillo (m)	sneller	[snɛllər]
alza (f)	visier	[fisir]
cargador (m)	magasyn	[maχasajn]
culata (f)	kolf	[kolf]
granada (f) de mano	handgranaat	[hand·χranāt]
explosivo (m)	springstof	[spriŋstof]
bala (f)	koeël	[kuɛl]
cartucho (m)	patroon	[patroən]
carga (f)	lading	[ladiŋ]
pertrechos (m pl)	ammunisie	[ammunisi]
bombardero (m)	bomwerper	[bom·werpər]
avión (m) de caza	straalvegter	[strāl·feχtər]
helicóptero (m)	helikopter	[helikoptər]
antiaéreo (m)	lugafweer	[luχafweər]
tanque (m)	tenk	[tɛnk]
cañón (m) (de un tanque)	tenkkanon	[tɛnk·kanon]
artillería (f)	artillerie	[artilleri]
cañón (m) (arma)	kanon	[kanon]
dirigir (un misil, etc.)	aanlê	[ānlɛ:]
mortero (m)	mortier	[mortir]
bomba (f) de mortero	mortierbom	[mortir·bom]
obús (m)	projektiel	[projektil]
trozo (m) de obús	skrapnel	[skrapnəl]
submarino (m)	duikboot	[dœik·boət]
torpedo (m)	torpedo	[torpedo]
misil (m)	vuurpyl	[fɪr·pajl]
cargar (pistola)	laai	[lāi]
tirar (vi)	skiet	[skit]
apuntar a …	rig op	[riχ op]
bayoneta (f)	bajonet	[bajonet]
espada (f) (duelo a ~)	rapier	[rapir]
sable (m)	sabel	[sabəl]
lanza (f)	spies	[spis]
arco (m)	boog	[boəχ]
flecha (f)	pyl	[pajl]
mosquete (m)	musket	[musket]
ballesta (f)	kruisboog	[krœis·boəχ]

187. Los pueblos antiguos

primitivo (adj)	primitief	[primitif]
prehistórico (adj)	prehistories	[prehistoris]
antiguo (adj)	antiek	[antik]
Edad (f) de Piedra	Steentydperk	[steən·tajtperk]
Edad (f) de Bronce	Bronstydperk	[brɔŋs·tajtperk]
Edad (f) de Hielo	Ystydperk	[ajs·tajtperk]
tribu (f)	stam	[stam]
caníbal (m)	mensvreter	[mɛŋs·fretər]
cazador (m)	jagter	[jaχtər]
cazar (vi, vt)	jag	[jaχ]
mamut (m)	mammoet	[mammut]
caverna (f)	grot	[χrot]
fuego (m)	vuur	[fɪr]
hoguera (f)	kampvuur	[kampfɪr]
pintura (f) rupestre	rotstekening	[rots·tekəniŋ]
herramienta (f), útil (m)	werktuig	[verktœiχ]
lanza (f)	spies	[spis]
hacha (f) de piedra	klipbyl	[klip·bajl]
estar en guerra	oorlog voer	[oərloχ fur]
domesticar (vt)	tem	[tem]
ídolo (m)	afgod	[afχot]
adorar (vt)	aanbid	[ānbit]
superstición (f)	bygeloof	[bajχəloəf]
rito (m)	ritueel	[ritueəl]
evolución (f)	evolusie	[ɛfolusi]
desarrollo (m)	ontwikkeling	[ontwikkeliŋ]
desaparición (f)	verdwyning	[ferdwajniŋ]
adaptarse (vr)	jou aanpas	[jæʊ ānpas]
arqueología (f)	argeologie	[arχeoloχi]
arqueólogo (m)	argeoloog	[arχeoloəχ]
arqueológico (adj)	argeologies	[arχeoloχis]
sitio (m) de excavación	opgrawingsplek	[opχraviŋs·plek]
excavaciones (f pl)	opgrawingsplekke	[opχraviŋs·plɛkkə]
hallazgo (m)	vonds	[fonds]
fragmento (m)	fragment	[fraχment]

188. La Edad Media

pueblo (m)	volk	[folk]
pueblos (m pl)	bevolking	[befolkiŋ]
tribu (f)	stam	[stam]
tribus (f pl)	stamme	[stammə]
bárbaros (m pl)	barbare	[barbarə]

galos (m pl)	Galliërs	[χalliɛrs]
godos (m pl)	Gote	[χote]
eslavos (m pl)	Slawe	[slavə]
vikingos (m pl)	Vikings	[vikiŋs]

| romanos (m pl) | Romeine | [romæjnə] |
| romano (adj) | Romeins | [romæjns] |

bizantinos (m pl)	Bisantyne	[bisantajnə]
Bizancio (m)	Bisantium	[bisantium]
bizantino (adj)	Bisantyns	[bisantajns]

emperador (m)	keiser	[kæjsər]
jefe (m)	leier	[læjer]
poderoso (adj)	magtig	[maχtəχ]
rey (m)	koning	[koniŋ]
gobernador (m)	heerser	[heərsər]

caballero (m)	ridder	[riddər]
señor (m) feudal	feodale heerser	[feodalə heərsər]
feudal (adj)	feodaal	[feodāl]
vasallo (m)	vasal	[fasal]

duque (m)	hertog	[hertoχ]
conde (m)	graaf	[χrāf]
barón (m)	baron	[baron]
obispo (m)	biskop	[biskop]

armadura (f)	harnas	[harnas]
escudo (m)	skild	[skilt]
espada (f) (danza de ~s)	swaard	[swārt]
visera (f)	visier	[fisir]
cota (f) de malla	maliehemp	[mali·hɛmp]

| cruzada (f) | Kruistog | [krœis·toχ] |
| cruzado (m) | kruisvaarder | [krœis·fārdər] |

territorio (m)	gebied	[χebit]
atacar (~ a un país)	aanval	[ānfal]
conquistar (vt)	verower	[ferovər]
ocupar (invadir)	beset	[beset]

asedio (m), sitio (m)	beleg	[beleχ]
sitiado (adj)	beleërde	[beleɛrdə]
asediar, sitiar (vt)	beleër	[beleɛr]

inquisición (f)	inkwisisie	[inkvisisi]
inquisidor (m)	inkwisiteur	[inkvisitøer]
tortura (f)	marteling	[martəliŋ]
cruel (adj)	wreed	[vreət]
hereje (m)	ketter	[kɛttər]
herejía (f)	kettery	[kɛtteraj]

navegación (f) marítima	seevaart	[see·fārt]
pirata (m)	piraat, seerower	[pirāt], [see·rovər]
piratería (f)	piratery, seerowery	[pirateraj], [see·roveraj]

abordaje (m)	enter	[ɛntər]
botín (m)	buit	[bœit]
tesoros (m pl)	skatte	[skattə]

descubrimiento (m)	ontdekking	[ontdɛkkiŋ]
descubrir (tierras nuevas)	ontdek	[ontdek]
expedición (f)	ekspedisie	[ɛkspedisi]

mosquetero (m)	musketier	[musketir]
cardenal (m)	kardinaal	[kardinãl]
heráldica (f)	heraldiek	[heraldik]
heráldico (adj)	heraldies	[heraldis]

189. El líder. El jefe. Las autoridades

rey (m)	koning	[koniŋ]
reina (f)	koningin	[koniŋin]
real (adj)	koninklik	[koninklik]
reino (m)	koninkryk	[koninkrajk]

| príncipe (m) | prins | [prins] |
| princesa (f) | prinses | [prinsəs] |

presidente (m)	president	[president]
vicepresidente (m)	vise-president	[fise-president]
senador (m)	senator	[senator]

monarca (m)	monarg	[monarχ]
gobernador (m)	heerser	[heərsər]
dictador (m)	diktator	[diktator]
tirano (m)	tiran	[tiran]
magnate (m)	magnaat	[maχnãt]

director (m)	direkteur	[direktøər]
jefe (m)	baas	[bãs]
gerente (m)	bestuurder	[bestɪrdər]
amo (m)	baas	[bãs]
dueño (m)	eienaar	[æjenãr]

jefe (m), líder (m)	leier	[læjer]
jefe (m) (~ de delegación)	hoof	[hoəf]
autoridades (f pl)	outoriteite	[æʊtoritæjtə]
superiores (m pl)	hoofde	[hoəfdə]

gobernador (m)	goewerneur	[χuvernøor]
cónsul (m)	konsul	[kɔŋsul]
diplomático (m)	diplomaat	[diplomãt]
alcalde (m)	burgermeester	[burgər·meəstər]
sheriff (m)	sheriff	[sheriff]

emperador (m)	keiser	[kæjsər]
zar (m)	tsaar	[tsãr]
faraón (m)	farao	[farao]
jan (m), kan (m)	kan	[kan]

190. La calle. El camino. Las direcciones

| camino (m) | pad | [pat] |
| vía (f) | pad | [pat] |

carretera (f)	deurpad	[døərpat]
autovía (f)	deurpad	[døərpat]
camino (m) nacional	nasionale pad	[naʃionalə pat]

| camino (m) principal | hoofweg | [hoəf·weχ] |
| camino (m) de tierra | grondpad | [χront·pat] |

| sendero (m) | paadjie | [pãdʒi] |
| senda (f) | paadjie | [pãdʒi] |

¿Dónde?	Waar?	[vãr?]
¿A dónde?	Waarheen?	[vãrheən?]
¿De dónde?	Waarvandaan?	[vãrfandãn?]

| dirección (f) | rigting | [riχtiŋ] |
| mostrar (~ el camino) | wys | [vajs] |

a la izquierda (girar ~)	na links	[na links]
a la derecha (girar)	na regs	[na reχs]
todo recto (adv)	reguit	[reχœit]
atrás (adv)	terug	[teruχ]

curva (f)	draai	[drãi]
girar (~ a la izquierda)	draai	[drãi]
girar en U	U-draai maak	[u-drãj mãk]

| divisarse (vr) | sigbaar wees | [siχbãr veəs] |
| aparecer (vi) | verskyn | [ferskajn] |

alto (m)	stop	[stop]
descansar (vi)	pouseer	[pæuseər]
reposo (m)	ruspouse	[ruspæusə]

perderse (vr)	verdwaal	[ferdwãl]
llevar a ... (el camino)	lei na ...	[læj na ...]
llegar a ...	uitkom by	[œitkom baj]
tramo (m) (~ del camino)	stuk pad	[stuk pat]

asfalto (m)	teer	[teər]
bordillo (m)	randsteen	[rand·steən]
cuneta (f)	donga	[donχa]
pozo (m) de alcantarillado	mangat	[manχat]
arcén (m)	skouer	[skæuər]
bache (m)	slaggat	[slaχχat]

| ir (a pie) | gaan | [χãn] |
| adelantar (vt) | verbysteek | [ferbajsteək] |

| paso (m) | tree | [treə] |
| a pie | te voet | [tə fut] |

bloquear (vt)	blokkeer	[blokkeər]
barrera (f) (~ automática)	hefboom	[hefboəm]
callejón (m) sin salida	doodloopstraat	[doədloəp·strãt]

191. Violar la ley. Los criminales. Unidad 1

bandido (m)	bandiet	[bandit]
crimen (m)	misdaad	[misdãt]
criminal (m)	misdadiger	[misdadiχər]

ladrón (m)	dief	[dif]
robar (vt)	steel	[steəl]
robo (m) (actividad)	steel	[steəl]
robo (m) (hurto)	diefstal	[difstal]

secuestrar (vt)	ontvoer	[ontfur]
secuestro (m)	ontvoering	[ontfuriŋ]
secuestrador (m)	ontvoerder	[ontfurdər]

| rescate (m) | losgeld | [losχɛlt] |
| exigir un rescate | losgeld eis | [losχɛlt æjs] |

robar (vt)	besteel	[besteəl]
robo (m)	oorval	[oərfal]
atracador (m)	boef	[buf]

extorsionar (vt)	afpers	[afpers]
extorsionista (m)	afperser	[afpersər]
extorsión (f)	afpersing	[afpersiŋ]

matar, asesinar (vt)	vermoor	[fermoər]
asesinato (m)	moord	[moərt]
asesino (m)	moordenaar	[moərdenãr]

tiro (m), disparo (m)	skoot	[skoət]
matar (a tiros)	doodskiet	[doədskit]
tirar (vi)	skiet	[skit]
tiroteo (m)	skietery	[skiteraj]

incidente (m)	insident	[insident]
pelea (f)	geveg	[χefeχ]
¡Socorro!	Help!	[hɛlp!]
víctima (f)	slagoffer	[slaχoffər]

perjudicar (vt)	beskadig	[beskadəχ]
daño (m)	skade	[skadə]
cadáver (m)	lyk	[lajk]
grave (un delito ~)	ernstig	[ɛrnstəχ]

atacar (vt)	aanval	[ãnfal]
pegar (golpear)	slaan	[slãn]
apporear (vt)	platslaan	[platslãn]
quitar (robar)	vat	[fat]
acuchillar (vt)	doodsteek	[doədsteək]

mutilar (vt)	vermink	[fermink]
herir (vt)	wond	[vont]

chantaje (m)	afpersing	[afpersiŋ]
hacer chantaje	afpers	[afpers]
chantajista (m)	afperser	[afpersər]

extorsión (f)	beskermingswendelary	[beskermiŋ·swendəlaraj]
extorsionador (m)	afperser	[afpersər]
gángster (m)	boef	[buf]
mafia (f)	mafia	[mafia]

carterista (m)	sakkeroller	[sakkerollər]
ladrón (m) de viviendas	inbreker	[inbrekər]
contrabandismo (m)	smokkel	[smokkəl]
contrabandista (m)	smokkelaar	[smokkəlār]

falsificación (f)	vervalsing	[ferfalsiŋ]
falsificar (vt)	verval	[ferfal]
falso (falsificado)	vals	[fals]

192. Violar la ley. Los criminales. Unidad 2

violación (f)	verkragting	[ferkraχtiŋ]
violar (vt)	verkrag	[ferkraχ]
violador (m)	verkragter	[ferkraχtər]
maniaco (m)	maniak	[maniak]

prostituta (f)	prostituut	[prostitɪt]
prostitución (f)	prostitusie	[prostitusi]
chulo (m), proxeneta (m)	pooier	[pojər]

drogadicto (m)	dwelmslaaf	[dwɛlm·slāf]
narcotraficante (m)	dwelmhandelaar	[dwɛlm·handəlār]

hacer explotar	opblaas	[opblās]
explosión (f)	ontploffing	[ontploffiŋ]
incendiar (vt)	aan die brand steek	[ān di brant steek]
incendiario (m)	brandstigter	[brant·stiχtər]

terrorismo (m)	terrorisme	[terrorismə]
terrorista (m)	terroris	[terroris]
rehén (m)	gyselaar	[χajsəlār]

estafar (vt)	bedrieg	[bedrəχ]
estafa (f)	bedrog	[bedroχ]
estafador (m)	bedrieër	[bedriɛr]

sobornar (vt)	omkoop	[omkoəp]
soborno (m) (delito)	omkopery	[omkoperaj]
soborno (m) (dinero, etc.)	omkoopgeld	[omkoəp·χɛlt]

veneno (m)	gif	[χif]
envenenar (vt)	vergiftig	[ferχiftəχ]

envenenarse (vr)	jouself vergiftig	[jæʊsɛlf ferχiftəχ]
suicidio (m)	selfmoord	[sɛlfmoərt]
suicida (m, f)	selfmoordenaar	[sɛlfmoərdenãr]

amenazar (vt)	dreig	[dræjχ]
amenaza (f)	dreigement	[dræjχement]
atentado (m)	aanslag	[ãŋslaχ]

| robar (un coche) | steel | [steəl] |
| secuestrar (un avión) | kaap | [kãp] |

| venganza (f) | wraak | [vrãk] |
| vengar (vt) | wreek | [vreək] |

torturar (vt)	martel	[martəl]
tortura (f)	marteling	[martəliŋ]
atormentar (vt)	folter	[foltər]

pirata (m)	piraat, seerower	[pirãt], [seə·rovər]
gamberro (m)	skollie	[skolli]
armado (adj)	gewapen	[χevapen]
violencia (f)	geweld	[χevɛlt]
ilegal (adj)	onwettig	[onwɛttəχ]

| espionaje (m) | spioenasie | [spiunasi] |
| espiar (vi, vt) | spioeneer | [spiuneər] |

193. La policía. La ley. Unidad 1

| justicia (f) | justisie | [jəstisi] |
| tribunal (m) | geregshof | [χereχshof] |

juez (m)	regter	[reχtər]
jurados (m pl)	jurielede	[jurilede]
tribunal (m) de jurados	jurieregspraak	[juri·reχsprãk]
juzgar (vt)	bereg	[bereχ]

abogado (m)	advokaat	[adfokãt]
acusado (m)	beklaagde	[beklãχdə]
banquillo (m) de los acusados	beklaagdebank	[beklãχdə·bank]

| inculpación (f) | aanklag | [ãnklaχ] |
| inculpado (m) | beskuldigde | [beskuldiχdə] |

| sentencia (f) | vonnis | [fonnis] |
| sentenciar (vt) | veroordeel | [feroərdeəl] |

culpable (m)	skuldig	[skuldəχ]
castigar (vt)	straf	[straf]
castigo (m)	straf	[straf]

| multa (f) | boete | [butə] |
| cadena (f) perpetua | lewenslange gevangenisstraf | [levɛŋslaŋə χefaŋenis·straf] |

pena (f) de muerte	doodstraf	[doədstraf]
silla (f) eléctrica	elektriese stoel	[ɛlektrisə stul]
horca (f)	galg	[χalχ]

ejecutar (vt)	eksekuteer	[ɛksekuteər]
ejecución (f)	eksekusie	[ɛksekusi]

prisión (f)	tronk	[tronk]
celda (f)	sel	[səl]

escolta (f)	eskort	[ɛskort]
guardia (m) de prisiones	tronkbewaarder	[tronk·bevārdər]
prisionero (m)	gevangene	[χefaŋənə]

esposas (f pl)	handboeie	[hant·buje]
esposar (vt)	in die boeie slaan	[in di buje slān]

escape (m)	ontsnapping	[ontsnappiŋ]
escaparse (vr)	ontsnap	[ontsnap]
desaparecer (vi)	verdwyn	[ferdwajn]
liberar (vt)	vrylaat	[frajlāt]
amnistía (f)	amnestie	[amnesti]

policía (f) (~ nacional)	polisie	[polisi]
policía (m)	polisieman	[polisi·man]
comisaría (f) de policía	polisiestasie	[polisi·stasi]
porra (f)	knuppel	[knuppəl]
megáfono (m)	megafoon	[meχafoən]

coche (m) patrulla	patrolliemotor	[patrolli·motor]
sirena (f)	sirene	[sirenə]
poner la sirena	die sirene aanskakel	[di sirenə āŋskakəl]
sonido (m) de sirena	sirenegeloei	[sirenə·χelυi]

escena (f) del delito	misdaadtoneel	[misdād·toneəl]
testigo (m)	getuie	[χetœiə]
libertad (f)	vryheid	[frajhæjt]
cómplice (m)	medepligtige	[medə·pliχtiχə]
escapar de ...	ontvlug	[ontfluχ]
rastro (m)	spoor	[spoər]

194. La policía. La ley. Unidad 2

búsqueda (f)	soektog	[suktoχ]
buscar (~ el criminal)	soek ...	[suk ...]
sospecha (f)	verdenking	[ferdɛnkiŋ]
sospechoso (adj)	verdag	[ferdaχ]
parar (~ en la calle)	teëhou	[teɛhæυ]
retener (vt)	aanhou	[ānhæυ]

causa (f) (~ penal)	hofsaak	[hofsāk]
investigación (f)	ondersoek	[ondərsuk]
detective (m)	speurder	[spøərdər]
investigador (m)	speurder	[spøərdər]

versión (f)	hipotese	[hipotesə]
motivo (m)	motief	[motif]
interrogatorio (m)	ondervraging	[ondərfraχiŋ]
interrogar (vt)	ondervra	[ondərfra]
interrogar (al testigo)	verhoor	[ferhoər]
control (m) (de vehículos, etc.)	kontroleer	[kontroleər]
redada (f)	klopjag	[klopjaχ]
registro (m) (~ de la casa)	huissoeking	[hœis·sukiŋ]
persecución (f)	agtervolging	[aχtərfolχiŋ]
perseguir (vt)	agtervolg	[aχtərfolχ]
rastrear (~ al criminal)	opspoor	[opspoər]
arresto (m)	inhegtenisneming	[inheχtenis·nemiŋ]
arrestar (vt)	arresteer	[arresteər]
capturar (vt)	vang	[faŋ]
captura (f)	opsporing	[opsporiŋ]
documento (m)	dokument	[dokument]
prueba (f)	bewys	[bevajs]
probar (vt)	bewys	[bevajs]
huella (f) (pisada)	voetspoor	[futspoər]
huellas (f pl) digitales	vingerafdrukke	[fiŋər·afdrukkə]
elemento (m) de prueba	bewysstuk	[bevajs·stuk]
coartada (f)	alibi	[alibi]
inocente (no culpable)	onskuldig	[ɔŋskuldəχ]
injusticia (f)	onreg	[onreχ]
injusto (adj)	onregverdig	[onreχferdəχ]
criminal (adj)	krimineel	[krimineəl]
confiscar (vt)	in beslag neem	[in beslaχ neəm]
narcótico (m)	dwelm	[dwɛlm]
arma (f)	wapen	[vapen]
desarmar (vt)	ontwapen	[ontvapen]
ordenar (vt)	beveel	[befeəl]
desaparecer (vi)	verdwyn	[ferdwajn]
ley (f)	wet	[vet]
legal (adj)	wettig	[vɛttəχ]
ilegal (adj)	onwettig	[onwɛttəχ]
responsabilidad (f)	verantwoordelikheid	[ferant·voərdelikhæjt]
responsable (adj)	verantwoordelik	[ferant·voərdelik]

LA NATURALEZA

La tierra. Unidad 1

cosmos (m)	kosmos	[kosmos]
espacial, cósmico (adj)	kosmies	[kosmis]
espacio (m) cósmico	buitenste ruimte	[bœitɛŋstə rajmtə]
mundo (m)	wêreld	[værɛlt]
universo (m)	heelal	[heəlal]
galaxia (f)	sterrestelsel	[sterrə·stɛlsəl]
estrella (f)	ster	[ster]
constelación (f)	sterrebeeld	[sterrə·beəlt]
planeta (m)	planeet	[planeət]
satélite (m)	satelliet	[satɛllit]
meteorito (m)	meteoriet	[meteorit]
cometa (m)	komeet	[komeət]
asteroide (m)	asteroïed	[asteroïət]
órbita (f)	baan	[bān]
girar (vi)	draai	[drāi]
atmósfera (f)	atmosfeer	[atmɔsfeər]
Sol (m)	die Son	[di son]
sistema (m) solar	sonnestelsel	[sonnə·stɛlsəl]
eclipse (m) de Sol	sonsverduistering	[sɔŋs·ferdœisteriŋ]
Tierra (f)	die Aarde	[di ārdə]
Luna (f)	die Maan	[di mān]
Marte (m)	Mars	[mars]
Venus (f)	Venus	[fenus]
Júpiter (m)	Jupiter	[jupitər]
Saturno (m)	Saturnus	[saturnus]
Mercurio (m)	Mercurius	[merkurius]
Urano (m)	Uranus	[uranus]
Neptuno (m)	Neptunus	[neptunus]
Plutón (m)	Pluto	[pluto]
la Vía Láctea	Melkweg	[melk·wex]
la Osa Mayor	Groot Beer	[xroet beər]
la Estrella Polar	Poolster	[poəl·stər]
marciano (m)	marsbewoner	[mars·bevonər]
extraterrestre (m)	buiteaardse wese	[bœite·ārdsə vesə]

planetícola (m)	ruimtewese	[rœimtə·vesə]
platillo (m) volante	vlieënde skottel	[fliɛndə skottəl]
nave (f) espacial	ruimteskip	[rœimtə·skip]
estación (f) orbital	ruimtestasie	[rœimtə·stasi]
despegue (m)	vertrek	[fertrek]
motor (m)	enjin	[ɛndʒin]
tobera (f)	uitlaatpyp	[œitlãt·pajp]
combustible (m)	brandstof	[brantstof]
carlinga (f)	stuurkajuit	[stɪr·kajœit]
antena (f)	lugdraad	[luχdrãt]
ventana (f)	patryspoort	[patrajs·poərt]
batería (f) solar	sonpaneel	[son·paneəl]
escafandra (f)	ruimtepak	[rœimtə·pak]
ingravidez (f)	gewigloosheid	[χeviχloəshæjt]
oxígeno (m)	suurstof	[sɪrstof]
atraque (m)	koppeling	[koppeliŋ]
realizar el atraque	koppel	[koppəl]
observatorio (m)	observatorium	[observatorium]
telescopio (m)	teleskoop	[teleskoəp]
observar (vt)	waarneem	[vãrneəm]
explorar (~ el universo)	eksploreer	[ɛksploreər]

196. La tierra

Tierra (f)	die Aarde	[di ãrdə]
globo (m) terrestre	die aardbol	[di ãrdbol]
planeta (m)	planeet	[planeət]
atmósfera (f)	atmosfeer	[atmosfeər]
geografía (f)	geografie	[χeoχrafi]
naturaleza (f)	natuur	[natɪr]
globo (m) terráqueo	aardbol	[ãrd·bol]
mapa (m)	kaart	[kãrt]
atlas (m)	atlas	[atlas]
Europa (f)	Europa	[øəropa]
Asia (f)	Asië	[asiɛ]
África (f)	Afrika	[afrika]
Australia (f)	Australië	[ɔustraliɛ]
América (f)	Amerika	[amerika]
América (f) del Norte	Noord-Amerika	[noərd-amerika]
América (f) del Sur	Suid-Amerika	[sœid-amerika]
Antártida (f)	Suidpool	[sœid·poəl]
Ártico (m)	Noordpool	[noərd·poəl]

197. Los puntos cardinales

norte (m)	noorde	[noərdə]
al norte	na die noorde	[na di noərdə]
en el norte	in die noorde	[in di noərdə]
del norte (adj)	noordelik	[noərdəlik]

sur (m)	suide	[sœidə]
al sur	na die suide	[na di sœidə]
en el sur	in die suide	[in di sœidə]
del sur (adj)	suidelik	[sœidəlik]

oeste (m)	weste	[vestə]
al oeste	na die weste	[na di vestə]
en el oeste	in die weste	[in di vestə]
del oeste (adj)	westelik	[vestelik]

este (m)	ooste	[oəstə]
al este	na die ooste	[na di oəstə]
en el este	in die ooste	[in di oəstə]
del este (adj)	oostelik	[oəstəlik]

198. El mar. El océano

mar (m)	see	[seə]
océano (m)	oseaan	[oseãn]
golfo (m)	golf	[χolf]
estrecho (m)	straat	[strãt]

| tierra (f) firme | land | [lant] |
| continente (m) | kontinent | [kontinent] |

isla (f)	eiland	[æjlant]
península (f)	skiereiland	[skir·æjlant]
archipiélago (m)	argipel	[arχipəl]

bahía (f)	baai	[bãi]
ensenada, bahía (f)	hawe	[havə]
laguna (f)	strandmeer	[strand·meər]
cabo (m)	kaap	[kãp]

atolón (m)	atol	[atol]
arrecife (m)	rif	[rif]
coral (m)	koraal	[korãl]
arrecife (m) de coral	koraalrif	[korãl·rif]

profundo (adj)	diep	[dip]
profundidad (f)	diepte	[diptə]
abismo (m)	afgrond	[afχront]
fosa (f) oceánica	trog	[troχ]

| corriente (f) | stroming | [strominɡ] |
| bañar (rodear) | omring | [omriŋ] |

| orilla (f) | oewer | [uvər] |
| costa (f) | kus | [kus] |

flujo (m)	hoogwater	[hoəχ·vatər]
reflujo (m)	laagwater	[lãχ·vatər]
banco (m) de arena	sandbank	[sand·bank]
fondo (m)	bodem	[bodem]

ola (f)	golf	[χolf]
cresta (f) de la ola	kruin	[krœin]
espuma (f)	skuim	[skœim]

tempestad (f)	storm	[storm]
huracán (m)	orkaan	[orkãn]
tsunami (m)	tsunami	[tsunami]
bonanza (f)	windstilte	[vindstiltə]
calmo, tranquilo	kalm	[kalm]

| polo (m) | pool | [poəl] |
| polar (adj) | polêr | [polær] |

latitud (f)	breedtegraad	[breədtə·χrãt]
longitud (f)	lengtegraad	[leŋtə·χrãt]
paralelo (m)	parallel	[paralləl]
ecuador (m)	ewenaar	[ɛvenãr]

cielo (m)	hemel	[heməl]
horizonte (m)	horison	[horison]
aire (m)	lug	[luχ]

faro (m)	vuurtoring	[fɪrtoriŋ]
bucear (vi)	duik	[dœik]
hundirse (vr)	sink	[sink]
tesoros (m pl)	skatte	[skattə]

199. Los nombres de los mares y los océanos

océano (m) Atlántico	Atlantiese oseaan	[atlantisə oseãn]
océano (m) Índico	Indiese Oseaan	[indisə oseãn]
océano (m) Pacífico	Stille Oseaan	[stillə oseãn]
océano (m) Glacial Ártico	Noordelike Yssee	[noərdelikə ajs·seə]

mar (m) Negro	Swart See	[swart seə]
mar (m) Rojo	Rooi See	[roj seə]
mar (m) Amarillo	Geel See	[χeəl seə]
mar (m) Blanco	Witsee	[vit·seə]

mar (m) Caspio	Kaspiese See	[kaspisə seə]
mar (m) Muerto	Dooie See	[doje seə]
mar (m) Mediterráneo	Middellandse See	[middəlandsə seə]

mar (m) Egeo	Egeïese See	[ɛχejesə seə]
mar (m) Adriático	Adriatiese See	[adriatisə seə]
mar (m) Arábigo	Arabiese See	[arabisə seə]

mar (m) del Japón	**Japanse See**	[japaŋsə seə]
mar (m) de Bering	**Beringsee**	[beriŋ·seə]
mar (m) de la China Meridional	**Suid-Sjinese See**	[sœid-ʃinesə seə]
mar (m) del Coral	**Koraalsee**	[korāl·seə]
mar (m) de Tasmania	**Tasmansee**	[tasmaŋ·seə]
mar (m) Caribe	**Karibiese See**	[karibisə seə]
mar (m) de Barents	**Barentssee**	[barents·seə]
mar (m) de Kara	**Karasee**	[kara·seə]
mar (m) del Norte	**Noordsee**	[noərd·seə]
mar (m) Báltico	**Baltiese See**	[baltisə seə]
mar (m) de Noruega	**Noorse See**	[noərsə seə]

200. Las montañas

montaña (f)	**berg**	[berχ]
cadena (f) de montañas	**bergreeks**	[berχ·reəks]
cresta (f) de montañas	**bergrug**	[berχ·ruχ]
cima (f)	**top**	[top]
pico (m)	**piek**	[pik]
pie (m)	**voet**	[fut]
cuesta (f)	**helling**	[hɛlliŋ]
volcán (m)	**vulkaan**	[fulkān]
volcán (m) activo	**aktiewe vulkaan**	[aktivə fulkān]
volcán (m) apagado	**rustende vulkaan**	[rustendə fulkān]
erupción (f)	**uitbarsting**	[œitbarstiŋ]
cráter (m)	**krater**	[kratər]
magma (m)	**magma**	[maχma]
lava (f)	**lawa**	[lava]
fundido (lava ~a)	**gloeiende**	[χlujendə]
cañón (m)	**diepkloof**	[dip·kloəf]
desfiladero (m)	**kloof**	[kloəf]
grieta (f)	**skeur**	[skøər]
precipicio (m)	**afgrond**	[afχront]
puerto (m) (paso)	**bergpas**	[berχ·pas]
meseta (f)	**plato**	[plato]
roca (f)	**krans**	[kraŋs]
colina (f)	**kop**	[kop]
glaciar (m)	**gletser**	[χletsər]
cascada (f)	**waterval**	[vatər·fal]
geiser (m)	**geiser**	[χæjsər]
lago (m)	**meer**	[meər]
llanura (f)	**vlakte**	[flaktə]
paisaje (m)	**landskap**	[landskap]

eco (m)	eggo	[ɛχχo]
alpinista (m)	alpinis	[alpinis]
escalador (m)	bergklimmer	[berχ·klimmər]
conquistar (vt)	baasraak	[bāsrāk]
ascensión (f)	beklimming	[beklimmiŋ]

201. Los nombres de las montañas

Alpes (m pl)	die Alpe	[di alpə]
Montblanc (m)	Mont Blanc	[mon blan]
Pirineos (m pl)	die Pireneë	[di pirenɛ]
Cárpatos (m pl)	die Karpate	[di karpatə]
Urales (m pl)	die Oeralgebergte	[di ural·χəberχtə]
Cáucaso (m)	die Koukasus Gebergte	[di kæʊkasus χəberχtə]
Elbrus (m)	Elbroes	[ɛlbrus]
Altai (m)	die Altai-gebergte	[di altaj-χəberχtə]
Tian-Shan (m)	die Tian Shan	[di tian ʃan]
Pamir (m)	die Pamir	[di pamir]
Himalayos (m pl)	die Himalajas	[di himalajas]
Everest (m)	Everest	[ɛverest]
Andes (m pl)	die Andes	[di andes]
Kilimanjaro (m)	Kilimanjaro	[kilimandʒaro]

202. Los ríos

río (m)	rivier	[rifir]
manantial (m)	bron	[bron]
lecho (m) (curso de agua)	rivierbed	[rifir·bet]
cuenca (f) fluvial	stroomgebied	[stroəm·χebit]
desembocar en ...	uitmond in ...	[œitmont in ...]
afluente (m)	syrivier	[saj·rifir]
ribera (f)	oewer	[uvər]
corriente (f)	stroming	[stromiŋ]
río abajo (adv)	stroomafwaarts	[stroəm·afvārts]
río arriba (adv)	stroomopwaarts	[stroəm·opvārts]
inundación (f)	oorstroming	[oərstromiŋ]
riada (f)	oorstroming	[oərstromiŋ]
desbordarse (vr)	oor sy walle loop	[oər saj vallə loəp]
inundar (vt)	oorstroom	[oərstroəm]
bajo (m) arenoso	sandbank	[sand·bank]
rápido (m)	stroomversnellings	[stroəm·fersnɛlliŋs]
presa (f)	damwal	[dam·wal]
canal (m)	kanaal	[kanāl]
lago (m) artificiale	opgaardam	[opχār·dam]

esclusa (f)	**sluis**	[slœis]
cuerpo (m) de agua	**dam**	[dam]
pantano (m)	**moeras**	[muras]
ciénaga (f)	**vlei**	[flæj]
remolino (m)	**draaikolk**	[drāj·kolk]
arroyo (m)	**spruit**	[sprœit]
potable (adj)	**drink-**	[drink-]
dulce (agua ~)	**vars**	[fars]
hielo (m)	**ys**	[ajs]
helarse (el lago, etc.)	**bevries**	[befris]

203. Los nombres de los ríos

Sena (m)	**Seine**	[sæjn]
Loira (m)	**Loire**	[lua:r]
Támesis (m)	**Teems**	[tems]
Rin (m)	**Ryn**	[rajn]
Danubio (m)	**Donau**	[donɔu]
Volga (m)	**Wolga**	[volga]
Don (m)	**Don**	[don]
Lena (m)	**Lena**	[lena]
Río (m) Amarillo	**Geel Rivier**	[χeəl rifir]
Río (m) Azul	**Blou Rivier**	[blæʋ rifir]
Mekong (m)	**Mekong**	[mekoŋ]
Ganges (m)	**Ganges**	[χaŋəs]
Nilo (m)	**Nyl**	[najl]
Congo (m)	**Kongorivier**	[kongo·rifir]
Okavango (m)	**Okavango**	[okavango]
Zambeze (m)	**Zambezi**	[sambesi]
Limpopo (m)	**Limpopo**	[limpopo]
Misisipi (m)	**Mississippi**	[mississippi]

204. El bosque

bosque (m)	**bos**	[bos]
de bosque (adj)	**bos-**	[bos-]
espesura (f)	**woud**	[væʋt]
bosquecillo (m)	**boord**	[boərt]
claro (m)	**oopte**	[oəptə]
maleza (f)	**struikgewas**	[strœik·χevas]
matorral (m)	**struikveld**	[strœik·fɛlt]
senda (f)	**paadjie**	[pādʒi]
barranco (m)	**donga**	[donχa]

árbol (m)	boom	[boəm]
hoja (f)	blaar	[blãr]
follaje (m)	blare	[blarə]

caída (f) de hojas	val van die blare	[fal fan di blarə]
caer (las hojas)	val	[fal]
cima (f)	boomtop	[boəm·top]

rama (f)	tak	[tak]
rama (f) (gruesa)	tak	[tak]
brote (m)	knop	[knop]
aguja (f)	naald	[nãlt]
piña (f)	dennebol	[dɛnnə·bol]

| agujero (m) | holte | [holtə] |
| nido (m) | nes | [nes] |

tronco (m)	stam	[stam]
raíz (f)	wortel	[vortəl]
corteza (f)	bas	[bas]
musgo (m)	mos	[mos]

extirpar (vt)	ontwortel	[ontwortəl]
talar (vt)	omkap	[omkap]
deforestar (vt)	ontbos	[ontbos]
tocón (m)	boomstomp	[boəm·stomp]

hoguera (f)	kampvuur	[kampfɪr]
incendio (m) forestal	bosbrand	[bos·brant]
apagar (~ el incendio)	blus	[blus]

guarda (m) forestal	boswagter	[bos·waχtər]
protección (f)	beskerming	[beskermiŋ]
proteger (vt)	beskerm	[beskerm]
cazador (m) furtivo	wildstroper	[vilt·stropər]
cepo (m)	slagyster	[slaχ·ajstər]

| recoger (setas, bayas) | pluk | [pluk] |
| perderse (vr) | verdwaal | [ferdwãl] |

205. Los recursos naturales

recursos (m pl) naturales	natuurlike bronne	[natɪrlikə bronnə]
recursos (m pl) subterráneos	minerale	[mineralə]
depósitos (m pl)	lae	[laə]
yacimiento (m)	veld	[fɛlt]

extraer (vt)	myn	[majn]
extracción (f)	myn	[majn]
mena (f)	erts	[ɛrts]
mina (f)	myn	[majn]
pozo (m) de mina	mynskag	[majn·skaχ]
minero (m)	mynwerker	[majn·werkər]
gas (m)	gas	[χas]

gasoducto (m)	**gaspyp**	[χas·pajp]
petróleo (m)	**olie**	[oli]
oleoducto (m)	**olipypleiding**	[oli·pajp·læjdiŋ]
pozo (m) de petróleo	**oliebron**	[oli·bron]
torre (f) de sondeo	**boortoring**	[boər·toriŋ]
petrolero (m)	**tenkskip**	[tɛnk·skip]
arena (f)	**sand**	[sant]
caliza (f)	**kalksteen**	[kalksteən]
grava (f)	**gruis**	[χrœis]
turba (f)	**veengrond**	[feənχront]
arcilla (f)	**klei**	[klæj]
carbón (m)	**steenkool**	[steən·koəl]
hierro (m)	**yster**	[ajstər]
oro (m)	**goud**	[χæʊt]
plata (f)	**silwer**	[silwər]
níquel (m)	**nikkel**	[nikkəl]
cobre (m)	**koper**	[kopər]
zinc (m)	**sink**	[sink]
manganeso (m)	**mangaan**	[manχān]
mercurio (m)	**kwik**	[kwik]
plomo (m)	**lood**	[loət]
mineral (m)	**mineraal**	[minerāl]
cristal (m)	**kristal**	[kristal]
mármol (m)	**marmer**	[marmər]
uranio (m)	**uraan**	[urān]

La tierra. Unidad 2

206. El tiempo

tiempo (m)	weer	[veər]
previsión (f) del tiempo	weersvoorspelling	[veers·foərspɛlliŋ]
temperatura (f)	temperatuur	[temperatɪr]
termómetro (m)	termometer	[termometər]
barómetro (m)	barometer	[barometər]
húmedo (adj)	klam	[klam]
humedad (f)	vogtigheid	[foχtiχæjt]
bochorno (m)	hitte	[hittə]
tórrido (adj)	heet	[heət]
hace mucho calor	dis vrekwarm	[dis frekvarm]
hace calor (templado)	dit is warm	[dit is varm]
templado (adj)	louwarm	[læʊvarm]
hace frío	dis koud	[dis kæʊt]
frío (adj)	koud	[kæʊt]
sol (m)	son	[son]
brillar (vi)	skyn	[skajn]
soleado (un día ~)	sonnig	[sonnəχ]
elevarse (el sol)	opkom	[opkom]
ponerse (vr)	ondergaan	[ondərχān]
nube (f)	wolk	[volk]
nuboso (adj)	bewolk	[bevolk]
nubarrón (m)	reënwolk	[reɛn·wolk]
nublado (adj)	somber	[sombər]
lluvia (f)	reën	[reɛn]
está lloviendo	dit reën	[dit reɛn]
lluvioso (adj)	reënerig	[reɛnerəχ]
lloviznar (vi)	motreën	[motreɛn]
aguacero (m)	stortbui	[stortbœi]
chaparrón (m)	reënvlaag	[reɛn·flāχ]
fuerte (la lluvia ~)	swaar	[swãr]
charco (m)	poeletjie	[puləki]
mojarse (vr)	nat word	[nat vort]
niebla (f)	mis	[mis]
nebuloso (adj)	mistig	[mistəχ]
nieve (f)	sneeu	[sniʊ]
está nevando	dit sneeu	[dit sniʊ]

207. Los eventos climáticos severos. Los desastres naturales

tormenta (f)	donderstorm	[dondər·storm]
relámpago (m)	weerlig	[veərləχ]
relampaguear (vi)	flits	[flits]
trueno (m)	donder	[dondər]
tronar (vi)	donder	[dondər]
está tronando	dit donder	[dit dondər]
granizo (m)	hael	[haəl]
está granizando	dit hael	[dit haəl]
inundar (vt)	oorstroom	[oərstroəm]
inundación (f)	oorstroming	[oərstromiŋ]
terremoto (m)	aardbewing	[ārd·beviŋ]
sacudida (f)	aardskok	[ārd·skok]
epicentro (m)	episentrum	[ɛpisentrum]
erupción (f)	uitbarsting	[œitbarstiŋ]
lava (f)	lawa	[lava]
torbellino (m), tornado (m)	tornado	[tornado]
tifón (m)	tifoon	[tifoən]
huracán (m)	orkaan	[orkān]
tempestad (f)	storm	[storm]
tsunami (m)	tsunami	[tsunami]
ciclón (m)	sikloon	[sikloən]
mal tiempo (m)	slegte woor	[sleχtə veər]
incendio (m)	brand	[brant]
catástrofe (f)	ramp	[ramp]
meteorito (m)	meteoriet	[meteorit]
avalancha (f)	lawine	[lavinə]
alud (m) de nieve	sneeulawine	[sniʋ·lavinə]
ventisca (f)	sneeustorm	[sniʋ·storm]
nevasca (f)	sneeustorm	[sniʋ·storm]

208. Los ruidos. Los sonidos

silencio (m)	stilte	[stiltə]
sonido (m)	geluid	[χelœit]
ruido (m)	geraas	[χerās]
hacer ruido	geraas maak	[χerās māk]
ruidoso (adj)	lawaaierig	[lavajerəχ]
alto (adv)	hard	[hart]
fuerte (~ voz)	hard	[hart]
constante (ruido, etc.)	aanhoudend	[ānhæʋdent]
grito (m)	skreeu	[skriʋ]

gritar (vi)	**skreeu**	[skriʊ]
susurro (m)	**gefluister**	[χeflœistər]
susurrar (vi, vt)	**fluister**	[flœistər]

ladrido (m)	**geblaf**	[χeblaf]
ladrar (vi)	**blaf**	[blaf]

gemido (m)	**gekreun**	[χekrøən]
gemir (vi)	**kreun**	[krøən]
tos (f)	**hoes**	[hus]
toser (vi)	**hoes**	[hus]

silbido (m)	**gefluit**	[χeflœit]
silbar (vi)	**fluit**	[flœit]
toque (m) en la puerta	**klop**	[klop]
golpear (la puerta)	**klop**	[klop]

crepitar (vi)	**kraak**	[krãk]
crepitación (f)	**gekraak**	[χekrãk]

sirena (f)	**sirene**	[sirenə]
pito (m) (de la fábrica)	**fluit**	[flœit]
pitar (un tren, etc.)	**fluit**	[flœit]
bocinazo (m)	**toeter**	[tutər]
tocar la bocina	**toeter**	[tutər]

209. El invierno

invierno (m)	**winter**	[vintər]
de invierno (adj)	**winter-**	[vintər-]
en invierno	**in die winter**	[in di vintər]

nieve (f)	**sneeu**	[sniʊ]
está nevando	**dit sneeu**	[dit sniʊ]
nevada (f)	**sneeuval**	[sniʊ·fal]
montón (m) de nieve	**sneeuhoop**	[sniʊ·hoəp]

copo (m) de nieve	**sneeuvlokkie**	[sniʊ·flokki]
bola (f) de nieve	**sneeubal**	[sniʊ·bal]
monigote (m) de nieve	**sneeuman**	[sniʊ·man]
carámbano (m)	**yskeël**	[ajskeɛl]

diciembre (m)	**Desember**	[desembər]
enero (m)	**Januarie**	[januari]
febrero (m)	**Februarie**	[februari]

helada (f)	**ryp**	[rajp]
helado (~a noche)	**vries-**	[fris-]

bajo cero (adv)	**onder nul**	[ondər nul]
primeras heladas (f pl)	**eerste ryp**	[eerstə rajp]
escarcha (f)	**ruigryp**	[rœiχ·rajp]
frío (m)	**koue**	[kæʊə]
hace frío	**dis koud**	[dis kæʊt]

abrigo (m) de piel	**pelsjas**	[pelʃas]
manoplas (f pl)	**duimhandskoene**	[dœim·handskunə]
enfermarse (vr)	**siek word**	[sik vort]
resfriado (m)	**verkoue**	[ferkæʊə]
hielo (m)	**ys**	[ajs]
hielo (m) negro	**gevriesde reën**	[χefrisdə reɛn]
helarse (el lago, etc.)	**bevries**	[befris]
bloque (m) de hielo	**ysskotse**	[ajs·skotsə]
esquiador (m)	**skiër**	[skiɛr]
esquiar (vi)	**ski**	[ski]
patinar (vi)	**ysskaats**	[ajs·skãts]

La fauna

carnívoro (m)	roofdier	[roəf·dir]
tigre (m)	tier	[tir]
león (m)	leeu	[liʊ]
lobo (m)	wolf	[volf]
zorro (m)	vos	[fos]
jaguar (m)	jaguar	[jaχuar]
leopardo (m)	luiperd	[lœipert]
guepardo (m)	jagluiperd	[jaχ·lœipert]
pantera (f)	swart luiperd	[swart lœipert]
puma (f)	poema	[puma]
leopardo (m) de las nieves	sneeuluiperd	[sniʊ·lœipert]
lince (m)	los	[los]
coyote (m)	prêriewolf	[præri·volf]
chacal (m)	jakkals	[jakkals]
hiena (f)	hiëna	[hiɛna]

animal (m)	dier	[dir]
bestia (f)	beest	[beəst]
ardilla (f)	eekhoring	[eəkhorɪŋ]
erizo (m)	krimpvarkie	[krimpfarki]
liebre (f)	hasie	[hasi]
conejo (m)	konyn	[konajn]
tejón (m)	das	[das]
mapache (m)	wasbeer	[vasbeər]
hámster (m)	hamster	[hamstər]
marmota (f)	marmot	[marmot]
topo (m)	mol	[mol]
ratón (m)	muis	[mœis]
rata (f)	rot	[rot]
murciélago (m)	vlermuis	[fler·mœis]
armiño (m)	hermelyn	[hermələjn]
cebellina (f)	sabel, sabeldier	[sabəl], [sabəl·dir]
marta (f)	marter	[martər]
comadreja (f)	wesel	[vesəl]
visón (m)	nerts	[nerts]

| castor (m) | bewer | [bevər] |
| nutria (f) | otter | [ottər] |

caballo (m)	perd	[pert]
alce (m)	eland	[ɛlant]
ciervo (m)	hert	[hert]
camello (m)	kameel	[kameəl]

bisonte (m)	bison	[bison]
uro (m)	wisent	[visent]
búfalo (m)	buffel	[buffəl]

cebra (f)	sebra, kwagga	[sebra], [kwaχχa]
antílope (m)	wildsbok	[vilds·bok]
corzo (m)	reebok	[reəbok]
gamo (m)	damhert	[damhert]
gamuza (f)	gems	[χems]
jabalí (m)	wildevark	[vildə·fark]

ballena (f)	walvis	[valfis]
foca (f)	seehond	[seə·hont]
morsa (f)	walrus	[valrus]
oso (m) marino	seebeer	[seə·beər]
delfín (m)	dolfyn	[dolfajn]

oso (m)	beer	[beər]
oso (m) blanco	ysbeer	[ajs·beər]
panda (f)	panda	[panda]

mono (m)	aap	[āp]
chimpancé (m)	sjimpansee	[ʃimpaŋseə]
orangután (m)	orangoetang	[oranχutaŋ]
gorila (m)	gorilla	[χorilla]
macaco (m)	makaak	[makāk]
gibón (m)	gibbon	[χibbon]

elefante (m)	olifant	[olifant]
rinoceronte (m)	renoster	[renostər]
jirafa (f)	kameelperd	[kameəl·pert]
hipopótamo (m)	seekoei	[seə·kui]

| canguro (m) | kangaroe | [kanχaru] |
| koala (f) | koala | [koala] |

mangosta (f)	muishond	[mœis·hont]
chinchilla (f)	chinchilla, tjintjilla	[tʃin·tʃila]
mofeta (f)	stinkmuishond	[stinkmœis·hont]
espín (m)	ystervark	[ajstər·fark]

212. Los animales domésticos

gata (f)	kat	[kat]
gato (m)	kater	[katər]
perro (m)	hond	[hont]

caballo (m)	perd	[pert]
garañón (m)	hings	[hiŋs]
yegua (f)	merrie	[merri]
vaca (f)	koei	[kui]
toro (m)	bul	[bul]
buey (m)	os	[os]
oveja (f)	skaap	[skãp]
carnero (m)	ram	[ram]
cabra (f)	bok	[bok]
cabrón (m)	bokram	[bok·ram]
asno (m)	donkie, esel	[donki], [eisəl]
mulo (m)	muil	[mœil]
cerdo (m)	vark	[fark]
cerdito (m)	varkie	[farki]
conejo (m)	konyn	[konajn]
gallina (f)	hoender, hen	[hundər], [hen]
gallo (m)	haan	[hãn]
pato (m)	eend	[eent]
ánade (m)	mannetjieseend	[mannəkis·eent]
ganso (m)	gans	[χaŋs]
pavo (m)	kalkoenmannetjie	[kalkun·mannəki]
pava (f)	kalkoen	[kalkun]
animales (m pl) domésticos	huisdiere	[hœis·dirə]
domesticado (adj)	mak	[mak]
domesticar (vt)	mak maak	[mak mãk]
criar (vt)	teel	[teəl]
granja (f)	plaas	[plãs]
aves (f pl) de corral	pluimvee	[plœimfeə]
ganado (m)	beeste	[beəstə]
rebaño (m)	kudde	[kuddə]
caballeriza (f)	stal	[stal]
porqueriza (f)	varkstal	[fark·stal]
vaquería (f)	koeistal	[kui·stal]
conejal (m)	konynehok	[konajnə·hok]
gallinero (m)	hoenderhok	[hundər·hok]

213. Los perros. Las razas de perros

perro (m)	hond	[hont]
perro (m) pastor	herdershond	[herdərs·hont]
pastor (m) alemán	Duitse herdershond	[dœitsə herdərs·hont]
caniche (m)	poedel	[pudəl]
teckel (m)	worshond	[vors·hont]
bulldog (m)	bulhond	[bul·hont]

bóxer (m)	bokser	[boksər]
mastín (m) inglés	mastiff	[mastif]
rottweiler (m)	Rottweiler	[rottwæjlər]
doberman (m)	Dobermann	[dobermann]

basset hound (m)	basset	[basset]
bobtail (m)	bobtail	[bobtajl]
dálmata (m)	Dalmatiese hond	[dalmatisə hont]
cocker spaniel (m)	sniphond	[snip·hont]

terranova (m)	Newfoundlander	[njufæuntlandər]
san bernardo (m)	Sint Bernard	[sint bernart]

husky (m)	poolhond, husky	[pulhont], [huski]
chow chow (m)	chowchow	[tʃau·tʃau]
pomerania (m)	spitshond	[spits·hont]
pug (m), carlino (m)	mopshond	[mops·hont]

214. Los sonidos de los animales

ladrido (m)	geblaf	[χeblaf]
ladrar (vi)	blaf	[blaf]
maullar (vi)	miaau	[miãu̯]
ronronear (vi)	spin	[spin]

mugir (vi)	loei	[lui]
bramar (toro)	bulk	[bulk]
rugir (vi)	grom	[χrom]

aullido (m)	gehuil	[χehœil]
aullar (vi)	huil	[hœil]
gañir (vi)	tjank	[tʃank]

balar (vi)	blêr	[blæːr]
gruñir (cerdo)	snork	[snork]
chillar (vi)	gil	[χil]

croar (vi)	kwaak	[kwãk]
zumbar (vi)	zoem	[zum]
chirriar (vi)	kriek	[krik]

215. Los animales jóvenes

cría (f)	kleintjie	[klæjnki]
gatito (m)	katjie	[kaki]
ratoncillo (m)	muisie	[mœisi]
cachorro (m)	hondjie	[hondʒi]

lebrato (m)	hasie	[hasi]
gazapo (m)	konyntjie	[konajnki]
lobato (m)	wolfie	[volfi]
cachorro (m) de zorro	vossie	[fossi]

osito (m)	beertjie	[beərki]
cachorro (m) de león	leeutjie	[liʊki]
cachorro (m) de tigre	tiertjie	[tirki]
elefante bebé (m)	olifantjie	[olifanki]

cerdito (m)	varkie	[farki]
ternero (m)	kalfie	[kalfi]
cabrito (m)	bokkie	[bokki]
cordero (m)	lam	[lam]
cervato (m)	bokkie	[bokki]
cría (f) de camello	kameeltjie	[kameəlki]

| serpiente (f) joven | slangetjie | [slaŋəki] |
| rana (f) juvenil | paddatjie | [pad·daki] |

polluelo (m)	voëltjie	[foɛlki]
pollito (m)	kuiken	[kœiken]
patito (m)	eendjie	[eəndʒi]

216. Los pájaros

pájaro (m)	voël	[foɛl]
paloma (f)	duif	[dœif]
gorrión (m)	mossie	[mossi]
carbonero (m)	mees	[meəs]
urraca (f)	ekster	[ɛkstər]

cuervo (m)	raaf	[rãf]
corneja (f)	kraai	[krãi]
chova (f)	kerkkraai	[kerk·krãi]
grajo (m)	roek	[ruk]

pato (m)	eend	[eent]
ganso (m)	gans	[χaŋs]
faisán (m)	fisant	[fisant]

águila (f)	arend	[arɛnt]
azor (m)	sperwer	[sperwər]
halcón (m)	valk	[falk]
buitre (m)	aasvoël	[ãsfoɛl]
cóndor (m)	kondor	[kondor]

cisne (m)	swaan	[swãn]
grulla (f)	kraanvoël	[krãn·foɛl]
cigüeña (f)	ooievaar	[ojefãr]

loro (m), papagayo (m)	papegaai	[papəχãi]
colibrí (m)	kolibrie	[kolibri]
pavo (m) real	pou	[pæʊ]

avestruz (m)	volstruis	[folstrœis]
garza (f)	reier	[ræjer]
flamenco (m)	flamink	[flamink]
pelícano (m)	pelikaan	[pelikãn]

| ruiseñor (m) | nagtegaal | [naxteχāl] |
| golondrina (f) | swael | [swaəl] |

tordo (m)	lyster	[lajstər]
zorzal (m)	sanglyster	[saŋlajstər]
mirlo (m)	merel	[merəl]

vencejo (m)	windswael	[vindswaəl]
alondra (f)	lewerik	[leverik]
codorniz (f)	kwartel	[kwartəl]

pájaro carpintero (m)	speg	[speχ]
cuco (m)	koekoek	[kukuk]
lechuza (f)	uil	[œil]
búho (m)	ooruil	[oərœil]
urogallo (m)	auerhoen	[ɔuer·hun]
gallo lira (m)	korhoen	[korhun]
perdiz (f)	patrys	[patrajs]

estornino (m)	spreeu	[spriʋ]
canario (m)	kanarie	[kanari]
ortega (f)	bonasa hoen	[bonasa hun]
pinzón (m)	gryskoppie	[χrajskoppi]
camachuelo (m)	bloedvink	[bludfink]

gaviota (f)	seemeeu	[seəmiʋ]
albatros (m)	albatros	[albatros]
pingüino (m)	pikkewyn	[pikkəvajn]

217. Los pájaros. El canto y los sonidos

cantar (vi)	fluit	[flœit]
gritar, llamar (vi)	roep	[rup]
cantar (el gallo)	kraai	[krāi]
quiquiriquí (m)	koekelekoe	[kukeleku]

cloquear (vi)	kekkel	[kɛkkəl]
graznar (vi)	kras	[kras]
graznar, parpar (vi)	kwaak	[kwāk]
piar (vi)	piep	[pip]
gorjear (vi)	tjilp	[ʧilp]

218. Los peces. Los animales marinos

brema (f)	brasem	[brasem]
carpa (f)	karp	[karp]
perca (f)	baars	[bārs]
siluro (m)	katvis, seebaber	[katfis], [see·babər]
lucio (m)	snoek	[snuk]

| salmón (m) | salm | [salm] |
| esturión (m) | steur | [støər] |

arenque (m)	haring	[hariŋ]
salmón (m) del Atlántico	atlantiese salm	[atlantisə salm]
caballa (f)	makriel	[makril]
lenguado (m)	platvis	[platfis]

lucioperca (f)	varswatersnoek	[farswatər·snuk]
bacalao (m)	kabeljou	[kabeljæʊ]
atún (m)	tuna	[tuna]
trucha (f)	forel	[forəl]

anguila (f)	paling	[paliŋ]
raya (f) eléctrica	drilvis	[drilfis]
morena (f)	bontpaling	[bontpaliŋ]
piraña (f)	piranha	[piranha]

tiburón (m)	haai	[hãi]
delfín (m)	dolfyn	[dolfajn]
ballena (f)	walvis	[valfis]

centolla (f)	krap	[krap]
medusa (f)	jellievis	[jelli·fis]
pulpo (m)	seekat	[seə·kat]

estrella (f) de mar	seester	[seə·stər]
erizo (m) de mar	see-egel, seekastaiing	[seə·exel], [seə·kastajin]
caballito (m) de mar	seeperdjie	[seə·perdʒi]

ostra (f)	oester	[ustər]
camarón (m)	garnaal	[xarnãl]
bogavante (m)	kreef	[kreəf]
langosta (f)	seekreef	[seə·kreəf]

219. Los anfibios. Los reptiles

| serpiente (f) | slang | [slaŋ] |
| venenoso (adj) | giftig | [xiftəx] |

víbora (f)	adder	[addər]
cobra (f)	kobra	[kobra]
pitón (m)	luislang	[lœislaŋ]
boa (f)	boa, konstriktorslang	[boa], [koŋstriktor·slaŋ]

culebra (f)	ringslang	[riŋ·slaŋ]
serpiente (m) de cascabel	ratelslang	[ratəl·slaŋ]
anaconda (f)	anakonda	[anakonda]

lagarto (m)	akkedis	[akkedis]
iguana (f)	leguaan	[lexuãn]
varano (m)	likkewaan	[likkevãn]
salamandra (f)	salamander	[salamandər]
camaleón (m)	verkleurmannetjie	[ferklœər·manneki]
escorpión (m)	skerpioen	[skerpiun]
tortuga (f)	skilpad	[skilpat]
rana (f)	padda	[padda]

| sapo (m) | brulpadda | [brul·padda] |
| cocodrilo (m) | krokodil | [krokodil] |

220. Los insectos

insecto (m)	insek	[insek]
mariposa (f)	skoenlapper	[skunlappər]
hormiga (f)	mier	[mir]
mosca (f)	vlieg	[fliχ]
mosquito (m) (picadura de ~)	muskiet	[muskit]
escarabajo (m)	kewer	[kevər]

avispa (f)	perdeby	[perdə·baj]
abeja (f)	by	[baj]
abejorro (m)	hommelby	[hommәl·baj]
moscardón (m)	perdevlieg	[perdə·fliχ]

| araña (f) | spinnekop | [spinnə·kop] |
| telaraña (f) | spinnerak | [spinnə·rak] |

libélula (f)	naaldekoker	[nãldə·kokər]
saltamontes (m)	sprinkaan	[sprinkãn]
mariposa (f) nocturna	mot	[mot]

cucaracha (f)	kakkerlak	[kakkerlak]
garrapata (f)	bosluis	[boslœis]
pulga (f)	vlooi	[floj]
mosca (f) negra	muggie	[muχχi]

langosta (f)	treksprinkhaan	[trek·sprinkhãn]
caracol (m)	slak	[sɫak]
grillo (m)	kriek	[krik]
luciérnaga (f)	vuurvliegie	[fɪrfliχi]
mariquita (f)	lieweheersbesie	[liveheərs·besi]
sanjuanero (m)	lentekewer	[lentekevər]

sanguijuela (f)	bloedsuier	[blud·sœiər]
oruga (f)	ruspe	[ruspə]
lombriz (m) de tierra	erdwurm	[ɛrd·vurm]
larva (f)	larwe	[larvə]

221. Los animales. Las partes del cuerpo

pico (m)	snawel	[snavәl]
alas (f pl)	vlerke	[flerkə]
pata (f)	poot	[poət]
plumaje (m)	vere	[ferə]
pluma (f)	veer	[feər]
penacho (m)	kuif	[kœif]

| branquias (f pl) | kiewe | [kivə] |
| huevas (f pl) | viseiers | [fisæjers] |

larva (f)	larwe	[larvə]
aleta (f)	vin	[fin]
escamas (f pl)	skubbe	[skubbə]

colmillo (m)	slagtand	[slaχtant]
garra (f), pata (f)	poot	[poət]
hocico (m)	muil	[mœil]
boca (f)	bek	[bek]

| cola (f) | stert | [stert] |
| bigotes (m pl) | snor | [snor] |

| casco (m) (pezuña) | hoef | [huf] |
| cuerno (m) | horing | [horiŋ] |

caparazón (m)	rugdop	[ruχdop]
concha (f) (de moluscos)	skulp	[skulp]
cáscara (f) (de huevo)	eierdop	[æjer·dop]

| pelo (m) (de perro) | pels | [pɛls] |
| piel (f) (de vaca, etc.) | vel | [fəl] |

222. Los animales. Acciones. Conducta.

| volar (vi) | vlieg | [fliχ] |
| dar vueltas | sirkel | [sirkəl] |

| echar a volar | wegvlieg | [veχfliχ] |
| batir las alas | klapwiek | [klapwik] |

picotear (vt)	pik	[pik]
empollar (vt)	broei	[brui]
salir del cascarón	uitbroei	[œjtbræj]

reptar (serpiente)	seil	[sæjl]
picar (vt)	steek	[steək]
morder (animal)	byt	[bajt]

olfatear (vt)	snuffel	[snuffəl]
ladrar (vi)	blaf	[blaf]
sisear (culebra)	sis	[sis]

| asustar (vt) | bang maak | [baŋ māk] |
| atacar (vt) | aanval | [ānfal] |

roer (vt)	knaag	[knāχ]
arañar (vt)	krap	[krap]
esconderse (vr)	wegkruip	[veχkrœip]

| jugar (gatitos, etc.) | speel | [speəl] |
| cazar (vi, vt) | jag | [jaχ] |

| hibernar (vi) | oorwinter | [oərwintər] |
| extinguirse (vr) | uitsterf | [œitsterf] |

223. Los animales. El hábitat

hábitat (m)	habitat	[habitat]
migración (f)	migrasie	[miχrasi]
montaña (f)	berg	[berχ]
arrecife (m)	rif	[rif]
roca (f)	rots	[rots]
bosque (m)	woud	[væʊt]
jungla (f)	oerwoud	[urwæʊt]
sabana (f)	veld	[fɛlt]
tundra (f)	toendra	[tundra]
estepa (f)	steppe	[stɛppə]
desierto (m)	woestyn	[vustajn]
oasis (m)	oase	[oasə]
mar (m)	see	[seə]
lago (m)	meer	[meər]
océano (m)	oseaan	[oseãn]
pantano (m)	moeras	[muras]
de agua dulce (adj)	varswater	[fars·vatər]
estanque (m)	dam	[dam]
río (m)	rivier	[rifir]
cubil (m)	hol	[hol]
nido (m)	nes	[nes]
agujero (m)	holte	[holtə]
madriguera (f)	gat	[χat]
hormiguero (m)	miershoop	[mirs·hoəp]

224. El cuidado de los animales

zoológico (m)	dieretuin	[dirə·tœin]
reserva (f) natural	natuurreservaat	[natɪr·reserfãt]
criadero (m)	teelplaas	[teelplãs]
jaula (f) al aire libre	opelughok	[opeluχ·hok]
jaula (f)	kooi	[koj]
perrera (f)	hondehok	[hondə·hok]
palomar (m)	duiwehok	[dœivə·hok]
acuario (m)	vistenk	[fis·tɛnk]
delfinario (m)	dolfynpark	[dolfajn·park]
criar (~ animales)	teel	[teəl]
crías (f pl)	werpsel	[verpsəl]
domesticar (vt)	mak maak	[mak mãk]
adiestrar (~ animales)	afrig	[afrəχ]
pienso (m), comida (f)	voer	[fur]
dar de comer	voer	[fur]

tienda (f) de animales	troeteldierwinkel	[truteldir·vinkəl]
bozal (m) de perro	muilkorf	[mœil·korf]
collar (m)	halsband	[hals·bant]
nombre (m) (de perro, etc.)	naam	[nām]
pedigrí (m)	stamboom	[stam·boəm]

225. Los animales. Miscelánea

manada (f) (de lobos)	trop	[trop]
bandada (f) (de pájaros)	swerm	[swerm]
banco (m) de peces	skool	[skoəl]
caballada (f)	trop	[trop]

| macho (m) | mannetjie | [mannəki] |
| hembra (f) | wyfie | [vajfi] |

hambriento (adj)	honger	[hoŋər]
salvaje (adj)	wild	[vilt]
peligroso (adj)	gevaarlik	[χefārlik]

226. Los caballos

| caballo (m) | perd | [pert] |
| raza (f) | ras | [ras] |

| potro (m) | vulling | [fulliŋ] |
| yegua (f) | merrie | [merri] |

mustang (m)	mustang	[mustaŋ]
poni (m)	ponie	[poni]
caballo (m) de tiro	trekperd	[trek·pert]

| crin (f) | maanhaar | [mānhãr] |
| cola (f) | stert | [stert] |

casco (m) (pezuña)	hoef	[huf]
herradura (f)	hoefyster	[huf·ajstər]
herrar (vt)	beslaan	[beslān]
herrero (m)	grofsmid	[χrofsmit]

silla (f)	saal	[sāl]
estribo (m)	stiebeuel	[stibøəəl]
bridón (m)	toom	[toəm]
riendas (f pl)	leisels	[læjsɛls]
fusta (f)	peits	[pæjts]

jinete (m)	ruiter	[rœitər]
ensillar (vt)	opsaal	[opsāl]
montar al caballo	bestyg	[bestajχ]

| galope (m) | galop | [χalop] |
| ir al galope | galoppeer | [χaloppeər] |

trote (m)	**draf**	[draf]
ir al trote, trotar (vi)	**draf**	[draf]
caballo (m) de carreras	**resiesperd**	[resispert]
carreras (f pl)	**perdewedren**	[perdə·vedrən]
caballeriza (f)	**stal**	[stal]
dar de comer	**voer**	[fur]
heno (m)	**hooi**	[hoj]
dar de beber	**water gee**	[vatər χeə]
limpiar (el caballo)	**was**	[vas]
carro (m)	**perdekar**	[perdə·kar]
pastar (vi)	**wei**	[væj]
relinchar (vi)	**runnik**	[runnik]
cocear (vi)	**skop**	[skop]

La flora

árbol (m)	boom	[boəm]
foliáceo (adj)	bladwisselend	[bladwisselent]
conífero (adj)	kegeldraend	[keχɛldraent]
de hoja perenne	immergroen	[immərχrun]
manzano (m)	appelboom	[appɛl·boəm]
peral (m)	peerboom	[peər·boəm]
cerezo (m)	soetkersieboom	[sutkersi·boəm]
guindo (m)	suurkersieboom	[sɪrkersi·boəm]
ciruelo (m)	pruimeboom	[prœimə·boəm]
abedul (m)	berk	[berk]
roble (m)	eik	[æjk]
tilo (m)	lindeboom	[lində·boəm]
pobo (m)	trilpopulier	[trilpopulir]
arce (m)	esdoring	[ɛsdoriŋ]
pícea (f)	spar	[spar]
pino (m)	denneboom	[dɛnnə·boəm]
alerce (m)	lorkeboom	[lorkə·boəm]
abeto (m)	den	[den]
cedro (m)	seder	[sedər]
álamo (m)	populier	[populir]
serbal (m)	lysterbessie	[lajstərbɛssi]
sauce (m)	wilger	[vilχər]
aliso (m)	els	[ɛls]
haya (f)	beuk	[bøək]
olmo (m)	olm	[olm]
fresno (m)	esboom	[ɛs·boəm]
castaño (m)	kastaiing	[kastajiŋ]
magnolia (f)	magnolia	[maχnolia]
palmera (f)	palm	[palm]
ciprés (m)	sipres	[sipres]
mangle (m)	wortelboom	[vortəl·boəm]
baobab (m)	kremetart	[kremetart]
eucalipto (m)	bloekom	[blukom]
secoya (f)	mammoetboom	[mammut·boəm]

mata (f)	struik	[strœik]
arbusto (m)	bossie	[bossi]

| vid (f) | wingerdstok | [viŋərd·stok] |
| viñedo (m) | wingerd | [viŋərt] |

frambueso (m)	framboosstruik	[framboəs·strœik]
grosellero (m) negro	swartbessiestruik	[swartbɛssi·strœik]
grosellero (m) rojo	rooi aalbessiestruik	[roj ālbɛssi·strœik]
grosellero (m) espinoso	appelliefiestruik	[appɛllifi·strœik]

acacia (f)	akasia	[akasia]
berberís (m)	suurbessie	[sɪr·bɛssi]
jazmín (m)	jasmyn	[jasmajn]

enebro (m)	jenewer	[jenevər]
rosal (m)	roosstruik	[roəs·strœik]
escaramujo (m)	hondsroos	[honds·roəs]

229. Los hongos

seta (f)	paddastoel	[paddastul]
seta (f) comestible	eetbare paddastoel	[eətbarə paddastul]
seta (f) venenosa	giftige paddastoel	[χiftiχə paddastul]
sombrerete (m)	hoed	[hut]
estipe (m)	steel	[steəl]

seta calabaza (f)	Eetbare boleet	[eətbarə boleət]
boleto (m) castaño	rooihoed	[rojhut]
boleto (m) áspero	berkboleet	[berk·boleət]
rebozuelo (m)	dooierswam	[dojer·swam]
rúsula (f)	russula	[russula]

colmenilla (f)	morielje	[morilje]
matamoscas (m)	vlieëswam	[fliɛ·swam]
oronja (f) verde	duiwelsbrood	[dœivɛls·broət]

230. Las frutas. Las bayas

| fruto (m) | vrug | [fruχ] |
| frutos (m pl) | vrugte | [fruχtə] |

manzana (f)	appel	[appəl]
pera (f)	peer	[peər]
ciruela (f)	pruim	[prœim]

fresa (f)	aarbei	[ārbæj]
guinda (f)	suurkersie	[sɪr·kersi]
cereza (f)	soetkersie	[sut·kersi]
uva (f)	druif	[drœif]

frambuesa (f)	framboos	[framboəs]
grosella (f) negra	swartbessie	[swartbɛssi]
grosella (f) roja	rooi aalbessie	[roj ālbɛssi]
grosella (f) espinosa	appelliefie	[appɛllifi]

arándano (m) agrio	bosbessie	[bosbɛssi]
naranja (f)	lemoen	[lemun]
mandarina (f)	nartjie	[narki]
piña (f)	pynappel	[pajnappəl]
banana (f)	piesang	[pisaŋ]
dátil (m)	dadel	[dadəl]
limón (m)	suurlemoen	[sɪr·lemun]
albaricoque (m)	appelkoos	[appɛlkoəs]
melocotón (m)	perske	[perskə]
kiwi (m)	kiwi, kiwivrug	[kivi], [kivi·fruχ]
toronja (f)	pomelo	[pomelo]
baya (f)	bessie	[bɛssi]
bayas (f pl)	bessies	[bɛssis]
arándano (m) rojo	pryselbessie	[prajsɛlbɛssi]
fresa (f) silvestre	wilde aarbei	[vildə ārbæj]
arándano (m)	bloubessie	[blæʊbɛssi]

231. Las flores. Las plantas

flor (f)	blom	[blom]
ramo (m) de flores	boeket	[buket]
rosa (f)	roos	[roəs]
tulipán (m)	tulp	[tulp]
clavel (m)	angelier	[anχəlir]
gladiolo (m)	swaardlelie	[swārd·leli]
aciano (m)	koringblom	[koriŋblom]
campanilla (f)	grasklokkie	[χras·klokki]
diente (m) de león	perdeblom	[perdə·blom]
manzanilla (f)	kamille	[kamillə]
áloe (m)	aalwyn	[ālwajn]
cacto (m)	kaktus	[kaktus]
ficus (m)	rubberplant	[rubbər·plant]
azucena (f)	lelie	[leli]
geranio (m)	malva	[malfa]
jacinto (m)	hiasint	[hiasint]
mimosa (f)	mimosa	[mimosa]
narciso (m)	narsing	[narsiŋ]
capuchina (f)	kappertjie	[kapperki]
orquídea (f)	orgidee	[orχideə]
peonía (f)	pinksterroos	[pinkstər·roəs]
violeta (f)	viooltjie	[fioəlki]
trinitaria (f)	gesiggie	[χesiχi]
nomeolvides (f)	vergeet-my-nietjie	[ferχeət-maj-niki]
margarita (f)	madeliefie	[madelifi]
amapola (f)	papawer	[papavər]

| cáñamo (m) | hennep | [hɛnnəp] |
| menta (f) | kruisement | [krœisəment] |

| muguete (m) | dallelie | [dalleli] |
| campanilla (f) de las nieves | sneeuklokkie | [sniʊ·klokki] |

ortiga (f)	brandnetel	[brant·netəl]
acedera (f)	veldsuring	[fɛltsuriŋ]
nenúfar (m)	waterlelie	[vatər·leli]
helecho (m)	varing	[fariŋ]
liquen (m)	korsmos	[korsmos]

invernadero (m) tropical	broeikas	[bruikas]
césped (m)	grasperk	[χras·perk]
macizo (m) de flores	blombed	[blom·bet]

planta (f)	plant	[plant]
hierba (f)	gras	[χras]
hoja (f) de hierba	grasspriet	[χras·sprit]

hoja (f)	blaar	[blãr]
pétalo (m)	kroonblaar	[kroən·blãr]
tallo (m)	stingel	[stiŋəl]
tubérculo (m)	knol	[knol]

| retoño (m) | saailing | [sãjliŋ] |
| espina (f) | doring | [doriŋ] |

florecer (vi)	bloei	[blui]
marchitarse (vr)	verlep	[ferlep]
olor (m)	reuk	[røək]
cortar (vt)	sny	[snaj]
coger (una flor)	pluk	[pluk]

232. Los cereales, los granos

grano (m)	graan	[χrãn]
cereales (m pl) (plantas)	graangewasse	[χrãn·χəwassə]
espiga (f)	aar	[ãr]

trigo (m)	koring	[koriŋ]
centeno (m)	rog	[roχ]
avena (f)	hawer	[havər]
mijo (m)	gierst	[χirst]
cebada (f)	gars	[χars]
maíz (m)	mielie	[mili]
arroz (m)	rys	[rajs]
alforfón (m)	bokwiet	[bokwit]

guisante (m)	ertjie	[ɛrki]
fréjol (m)	nierboon	[nir·boən]
soya (f)	soja	[soja]
lenteja (f)	lensie	[lɛŋsi]
habas (f pl)	boontjies	[boənkis]

233. Los vegetales. Las verduras

legumbres (f pl)	groente	[χruntə]
verduras (f pl)	groente	[χruntə]

tomate (m)	tamatie	[tamati]
pepino (m)	komkommer	[komkommər]
zanahoria (f)	wortel	[vortəl]
patata (f)	aartappel	[ārtappəl]
cebolla (f)	ui	[œi]
ajo (m)	knoffel	[knoffəl]

col (f)	kool	[koəl]
coliflor (f)	blomkool	[blom·koəl]
col (f) de Bruselas	Brusselspruite	[brussɛl·sprœitə]
brócoli (m)	broccoli	[brokoli]

remolacha (f)	beet	[beət]
berenjena (f)	eiervrug	[æjerfruχ]
calabacín (m)	vingerskorsie	[fiŋər·skorsi]
calabaza (f)	pampoen	[pampun]
nabo (m)	raap	[rãp]

perejil (m)	pietersielie	[pitərsili]
eneldo (m)	dille	[dillə]
lechuga (f)	blaarslaai	[blārslāi]
apio (m)	seldery	[selderaj]
espárrago (m)	aspersie	[aspersi]
espinaca (f)	spinasie	[spinasi]

guisante (m)	ertjie	[ɛrki]
habas (f pl)	boontjies	[boənkis]
maíz (m)	mielie	[mili]
fréjol (m)	nierboon	[nir·boən]

pimentón (m)	peper	[pepər]
rábano (m)	radys	[radajs]
alcachofa (f)	artisjok	[artiʃok]

GEOGRAFÍA REGIONAL

Europa (f)	Europa	[øəropa]
Unión (f) Europea	Europese Unie	[øəropesə uni]
europeo (m)	Europeaan	[øəropeān]
europeo (adj)	Europees	[øəropeəs]
Austria (f)	Oostenryk	[oəstenrajk]
austriaco (m)	Oostenryker	[oəstenrajkər]
austriaca (f)	Oostenryker	[oəstenrajkər]
austriaco (adj)	Oostenryks	[oəstenrajks]
Gran Bretaña (f)	Groot-Brittanje	[χroət-brittanje]
Inglaterra (f)	Engeland	[ɛŋəlant]
inglés (m)	Engelsman	[ɛŋəlsman]
inglesa (f)	Engelse dame	[ɛŋəlsə damə]
inglés (adj)	Engels	[ɛŋəls]
Bélgica (f)	België	[belχiɛ]
belga (m)	Belg	[belχ]
belga (f)	Belg	[belχ]
belga (adj)	Belgies	[belχis]
Alemania (f)	Duitsland	[dœitslant]
alemán (m)	Duitser	[dœitsər]
alemana (f)	Duitser	[dœɪtŝər]
alemán (adj)	Duits	[dœits]
Países Bajos (m pl)	Nederland	[nedərlant]
Holanda (f)	Holland	[hollant]
holandés (m)	Nederlander	[nedərlandər]
holandesa (f)	Nederlander	[nedərlandər]
holandés (adj)	Nederlands	[nedərlands]
Grecia (f)	Griekeland	[χrikəlant]
griego (m)	Griek	[χrik]
griega (f)	Griek	[χrik]
griego (adj)	Grieks	[χriks]
Dinamarca (f)	Denemarke	[denemarkə]
danés (m)	Deen	[deən]
danesa (f)	Deen	[deən]
danés (adj)	Deens	[deɛŋs]
Irlanda (f)	Ierland	[irlant]
irlandés (m)	Ier	[ir]
irlandesa (f)	Ier	[ir]
irlandés (adj)	Iers	[irs]

Islandia (f)	Ysland	[ajslant]
islandés (m)	Yslander	[ajslandər]
islandesa (f)	Yslander	[ajslandər]
islandés (adj)	Yslandse	[ajslandsə]
España (f)	Spanje	[spanje]
español (m)	Spanjaard	[spanjãrt]
española (f)	Spaanjaard	[spãnjãrt]
español (adj)	Spaans	[spãŋs]
Italia (f)	Italië	[italiɛ]
italiano (m)	Italianer	[italianər]
italiana (f)	Italianer	[italianər]
italiano (adj)	Italiaans	[italiãŋs]
Chipre (m)	Ciprus	[siprus]
chipriota (m)	Ciprioot	[siprioət]
chipriota (f)	Ciprioot	[siprioət]
chipriota (adj)	Cipries	[sipris]
Malta (f)	Malta	[malta]
maltés (m)	Maltees	[malteəs]
maltesa (f)	Maltees	[malteəs]
maltés (adj)	Maltees	[malteəs]
Noruega (f)	Noorweë	[noərweɛ]
noruego (m)	Noor	[noər]
noruega (f)	Noor	[noər]
noruego (adj)	Noors	[noərs]
Portugal (m)	Portugal	[portuχal]
portugués (m)	Portugees	[portuχeəs]
portuguesa (f)	Portugees	[portuχeəs]
portugués (adj)	Portugees	[portuχeəs]
Finlandia (f)	Finland	[finlant]
finlandés (m)	Fin	[fin]
finlandesa (f)	Fin	[fin]
finlandés (adj)	Fins	[fins]
Francia (f)	Frankryk	[frankrajk]
francés (m)	Fransman	[fraŋsman]
francesa (f)	Franse dame	[fraŋsə damə]
francés (adj)	Frans	[fraŋs]
Suecia (f)	Swede	[swedə]
sueco (m)	Sweed	[sweet]
sueca (f)	Sweed	[sweet]
sueco (adj)	Sweeds	[sweeds]
Suiza (f)	Switserland	[switsərlant]
suizo (m)	Switser	[switsər]
suiza (f)	Switser	[switsər]
suizo (adj)	Switser	[switsər]
Escocia (f)	Skotland	[skotlant]
escocés (m)	Skot	[skot]

| escocesa (f) | Skot | [skot] |
| escocés (adj) | Skots | [skots] |

Vaticano (m)	Vatikaan	[fatikãn]
Liechtenstein (m)	Lichtenstein	[liχtɛŋstejn]
Luxemburgo (m)	Luksemburg	[luksemburχ]
Mónaco (m)	Monako	[monako]

235. Europa central y oriental

Albania (f)	Albanië	[albaniɛ]
albanés (m)	Albaniër	[albaniɛr]
albanesa (f)	Albaniër	[albaniɛr]
albanés (adj)	Albanies	[albanis]

Bulgaria (f)	Bulgarye	[bulχaraje]
búlgaro (m)	Bulgaar	[bulχãr]
búlgara (f)	Bulgaar	[bulχãr]
búlgaro (adj)	Bulgaars	[bulχãrs]

Hungría (f)	Hongarye	[honχaraje]
húngaro (m)	Hongaar	[honχãr]
húngara (f)	Hongaar	[honχãr]
húngaro (adj)	Hongaars	[honχãrs]

Letonia (f)	Letland	[letlant]
letón (m)	Let	[let]
letona (f)	Let	[let]
letón (adj)	Lets	[lets]

Lituania (f)	Litoue	[litæʊə]
lituano (m)	Litouer	[litæʊər]
lituana (f)	Litouer	[litæʊər]
lituano (adj)	Litous	[litæʊs]

Polonia (f)	Pole	[polə]
polaco (m)	Pool	[poəl]
polaca (f)	Pool	[poəl]
polaco (adj)	Pools	[poəls]

Rumania (f)	Roemenië	[rumeniɛ]
rumano (m)	Roemeen	[rumeən]
rumana (f)	Roemeen	[rumeən]
rumano (adj)	Roemeens	[rumeəŋs]

Serbia (f)	Serwië	[serwiɛ]
serbio (m)	Serwiër	[serwiɛr]
serbia (f)	Serwiër	[serwiɛr]
serbio (adj)	Servies	[serfis]

Eslovaquia (f)	Slowakye	[slovakaje]
eslovaco (m)	Slowaak	[slovãk]
eslovaca (f)	Slowaak	[slovãk]
eslovaco (adj)	Slowaaks	[slovãks]

Croacia (f)	Kroasië	[kroasiɛ]
croata (m)	Kroaat	[kroãt]
croata (f)	Kroaat	[kroãt]
croata (adj)	Kroaties	[kroatis]

Chequia (f)	Tjeggië	[tʃeχiɛ]
checo (m)	Tjeg	[tʃeχ]
checa (f)	Tjeg	[tʃeχ]
checo (adj)	Tjegies	[tʃeχis]

Estonia (f)	Estland	[ɛstlant]
estonio (m)	Estlander	[ɛstlandər]
estonia (f)	Estlander	[ɛstlandər]
estonio (adj)	Estlands	[ɛstlands]

Bosnia y Herzegovina	Bosnië & Herzegowina	[bosniɛ en hersegovina]
Macedonia	Masedonië	[masedoniɛ]
Eslovenia	Slovenië	[slofeniɛ]
Montenegro (m)	Montenegro	[montənegro]

236. Los países de la antes Unión Soviética

Azerbaiyán (m)	Azerbeidjan	[azerbæjdjan]
azerbaiyano (m)	Azerbeidjanner	[azerbæjdjannər]
azerbaiyana (f)	Azerbeidjanner	[azerbæjdjannər]
azerbaiyano (adj)	Azerbeidjans	[azerbæjdjaŋs]

Armenia (f)	Armenië	[armeniɛ]
armenio (m)	Armeniër	[armeniɛr]
armenia (f)	Armeniër	[armeniɛr]
armenio (adj)	Armeens	[armeɛŋs]

Bielorrusia (f)	Belarus	[belarus]
bielorruso (m)	Belarus	[belarus]
bielorrusa (f)	Belarus	[belarus]
bielorruso (adj)	Belarussies	[belarussis]

Georgia (f)	Georgië	[χeorχiɛ]
georgiano (m)	Georgiër	[χeorχiɛr]
georgiana (f)	Georgiër	[χeorχiɛr]
georgiano (adj)	Georgies	[χeorχis]

Kazajstán (m)	Kazakstan	[kasakstan]
kazajo (m)	Kasak	[kasak]
kazaja (f)	Kasak	[kasak]
kazajo (adj)	Kasaks	[kasaks]

Kirguizistán (m)	Kirgisië	[kirχisiɛ]
kirguís (m)	Kirgisiër	[kirχisiɛr]
kirguisa (f)	Kirgisiër	[kirχisiɛr]
kirguís (adj)	Kirgisies	[kirχisis]

| Moldavia (f) | Moldawië | [moldaviɛ] |
| moldavo (m) | Moldawiër | [moldaviɛr] |

moldava (f)	Moldawiër	[moldaviɛr]
moldavo (adj)	Moldawies	[moldavis]

Rusia (f)	Rusland	[ruslant]
ruso (m)	Rus	[rus]
rusa (f)	Rus	[rus]
ruso (adj)	Russies	[russis]

Tayikistán (m)	Tadjikistan	[tadʒikistan]
tayiko (m)	Tadjik	[tadʒik]
tayika (f)	Tadjik	[tadʒik]
tayiko (adj)	Tadjiks	[tadʒiks]

Turkmenistán (m)	Turkmenistan	[turkmenistan]
turkmeno (m)	Turkmeen	[turkmeǝn]
turkmena (f)	Turkmeen	[turkmeǝn]
turkmeno (adj)	Turkmeens	[turkmeǝŋs]

Uzbekistán (m)	Oezbekistan	[uzbekistan]
uzbeko (m)	Oezbeek	[uzbeǝk]
uzbeka (f)	Oezbeek	[uzbeǝk]
uzbeko (adj)	Oezbekies	[uzbekis]

Ucrania (f)	Oekraïne	[ukraïnǝ]
ucraniano (m)	Oekraïner	[ukraïnǝr]
ucraniana (f)	Oekraïner	[ukraïnǝr]
ucraniano (adj)	Oekraïns	[ukraïns]

237. Asia

Asia (f)	Asië	[asiɛ]
asiático (adj)	Asiaties	[aslalis]

Vietnam (m)	Viëtnam	[viɛtnam]
vietnamita (m)	Viëtnamees	[viɛtnameǝs]
vietnamita (f)	Viëtnamees	[viɛtnameǝs]
vietnamita (adj)	Viëtnamees	[viɛtnameǝs]

India (f)	Indië	[indiɛ]
indio (m)	Indiër	[indiɛr]
india (f)	Indiër	[indiɛr]
indio (adj)	Indies	[indis]

Israel (m)	Israel	[israǝl]
israelí (m)	Israeli	[israeli]
israelí (f)	Israeli	[israeli]
israelí (adj)	Israelies	[israelis]

hebreo (m)	Jood	[joǝt]
hebrea (f)	Jodin	[jodin]
hebreo (adj)	Joods	[joǝds]

China (f)	Sjina	[ʃina]
chino (m)	Sjinees	[ʃineǝs]

| china (f) | Sjinees | [ʃineəs] |
| chino (adj) | Sjinees | [ʃineəs] |

Corea (f) del Sur	Suid-Korea	[sœid-korea]
Corea (f) del Norte	Noord-Korea	[noərd-korea]
coreano (m)	Koreaan	[koreān]
coreana (f)	Koreaan	[koreān]
coreano (adj)	Koreaans	[koreāŋs]

Líbano (m)	Libanon	[libanon]
libanés (m)	Libanees	[libaneəs]
libanesa (f)	Libanees	[libaneəs]
libanés (adj)	Libanees	[libaneəs]

Mongolia (f)	Mongolië	[monχoliɛ]
mongol (m)	Mongool	[monχoəl]
mongola (f)	Mongool	[monχoəl]
mongol (adj)	Mongools	[monχoəls]

Malasia (f)	Maleisië	[malæjsiɛ]
malayo (m)	Maleisiër	[malæjsiɛr]
malaya (f)	Maleisiër	[malæjsiɛr]
malayo (adj)	Maleisies	[malæjsis]

Pakistán (m)	Pakistan	[pakistan]
pakistaní (m)	Pakistani	[pakistani]
pakistaní (f)	Pakistani	[pakistani]
pakistaní (adj)	Pakistans	[pakistaŋs]

Arabia (f) Saudita	Saoedi-Arabië	[saudi-arabiɛ]
árabe (m)	Arabier	[arabir]
árabe (f)	Arabier	[arabir]
árabe (adj)	Arabiese	[arabisə]

Tailandia (f)	Thailand	[tajlant]
tailandés (m)	Thailander	[tajlandər]
tailandesa (f)	Thailander	[tajlandər]
tailandés (adj)	Thais	[tajs]

Taiwán (m)	Taiwan	[tajvan]
taiwanés (m)	Taiwannees	[tajvanneəs]
taiwanesa (f)	Taiwannees	[tajvanneəs]
taiwanés (adj)	Taiwannees	[tajvanneəs]

Turquía (f)	Turkye	[turkaje]
turco (m)	Turk	[turk]
turca (f)	Turk	[turk]
turco (adj)	Turks	[turks]

Japón (m)	Japan	[japan]
japonés (m)	Japannees, Japanner	[japanneəs], [japannər]
japonesa (f)	Japannees, Japanner	[japanneəs], [japannər]
japonés (adj)	Japannees, Japans	[japanneəs], [japaŋs]

| Afganistán (m) | Afghanistan | [afχanistan] |
| Bangladesh (m) | Bangladesj | [bangladeʃ] |

Indonesia (f)	Indonesië	[indonesiɛ]
Jordania (f)	Jordanië	[jordaniɛ]
Irak (m)	Irak	[irak]
Irán (m)	Iran	[iran]
Camboya (f)	Kambodja	[kambodja]
Kuwait (m)	Kuwait	[kuvajt]
Laos (m)	Laos	[laos]
Myanmar (m)	Myanmar	[mjanmar]
Nepal (m)	Nepal	[nepal]
Emiratos (m pl) Árabes Unidos	Verenigde Arabiese Emirate	[ferenixdə arabisə emiratə]
Siria (f)	Sirië	[siriɛ]
Palestina (f)	Palestina	[palestina]

238. América del Norte

Estados Unidos de América (m pl)	Verenigde State van Amerika	[ferenixdə statə fan amerika]
americano (m)	Amerikaan	[amerikãn]
americana (f)	Amerikaan	[amerikãn]
americano (adj)	Amerikaans	[amerikãŋs]
Canadá (f)	Kanada	[kanada]
canadiense (m)	Kanadees	[kanadeəs]
canadiense (f)	Kanadees	[kanadeəs]
canadiense (adj)	Kanadees	[kanadeəs]
Méjico (m)	Meksiko	[meksiko]
mejicano (m)	Meksikaan	[meksıkãn]
mejicana (f)	Meksikaan	[meksikãn]
mejicano (adj)	Meksikaans	[meksikãŋs]

239. Centroamérica y Sudamérica

Argentina (f)	Argentinië	[arxentiniɛ]
argentino (m)	Argentyn	[arxentajn]
argentina (f)	Argentyn	[arxentajn]
argentino (adj)	Argentyns	[arxentajns]
Brasil (m)	Brasilië	[brasiliɛ]
brasileño (m)	Brasiliaan	[brasiliãn]
brasileña (f)	Brasiliaan	[brasiliãn]
brasileño (adj)	Brasiliaans	[brasiliãŋs]
Colombia (f)	Colombia, Kolombië	[kolombia], [kolombiɛ]
colombiano (m)	Colombiaan	[kolombiãn]
colombiana (f)	Colombiaan	[kolombiãn]
colombiano (adj)	Colombiaans	[kolombiãŋs]
Cuba (f)	Kuba	[kuba]

cubano (m)	Kubaan	[kubãn]
cubana (f)	Kubaan	[kubãn]
cubano (adj)	Kubaans	[kubãŋs]

Chile (m)	Chili	[tʃili]
chileno (m)	Chileen	[tʃileən]
chilena (f)	Chileen	[tʃileən]
chileno (adj)	Chileens	[tʃileɛŋs]

Bolivia (f)	Bolivië	[boliviɛ]
Venezuela (f)	Venezuela	[fenesuela]
Paraguay (m)	Paraguay	[paragwaj]
Perú (m)	Peru	[peru]

Surinam (m)	Suriname	[surinamə]
Uruguay (m)	Uruguay	[urugwaj]
Ecuador (m)	Ecuador	[ɛkuador]

Islas (f pl) Bahamas	die Bahamas	[di bahamas]
Haití (m)	Haïti	[haïti]
República (f) Dominicana	Dominikaanse Republiek	[dominikãŋsə republik]
Panamá (f)	Panama	[panama]
Jamaica (f)	Jamaika	[jamajka]

240. África

Egipto (m)	Egipte	[ɛχiptə]
egipcio (m)	Egiptenaar	[ɛχiptenãr]
egipcia (f)	Egiptenaar	[ɛχiptenãr]
egipcio (adj)	Egipties	[ɛχiptis]

Marruecos (m)	Marokko	[marokko]
marroquí (m)	Marokkaan	[marokkãn]
marroquí (f)	Marokkaan	[marokkãn]
marroquí (adj)	Marokkaans	[marokkãŋs]

Túnez (m)	Tunisië	[tunisiɛ]
tunecino (m)	Tunisiër	[tunisiɛr]
tunecina (f)	Tunisiër	[tunisiɛr]
tunecino (adj)	Tunisies	[tunisis]

Ghana (f)	Ghana	[χana]
Zanzíbar (m)	Zanzibar	[zanzibar]
Kenia (f)	Kenia	[kenɪa]
Libia (f)	Libië	[libiɛ]
Madagascar (m)	Madagaskar	[madaχaskar]
Namibia (f)	Namibië	[namibiɛ]
Senegal (m)	Senegal	[seneχal]
Tanzania (f)	Tanzanië	[tansaniɛ]
República (f) Sudafricana	Suid-Afrika	[sœid-afrika]

africano (m)	Afrikaan	[afrikãn]
africana (f)	Afrikaan	[afrikãn]
africano (adj)	Afrika-	[afrika-]

241. Australia. Oceanía

Australia (f)	Australië	[ɔustraliɛ]
australiano (m)	Australiër	[ɔustraliɛr]
australiana (f)	Australiër	[ɔustraliɛr]
australiano (adj)	Australies	[ɔustralis]
Nueva Zelanda (f)	Nieu-Seeland	[niu-seəlant]
neocelandés (m)	Nieu-Seelander	[niu-seəlandər]
neocelandesa (f)	Nieu-Seelander	[niu-seəlandər]
neocelandés (adj)	Nieu-Seelands	[niu-seəlants]
Tasmania (f)	Tasmanië	[tasmaniɛ]
Polinesia (f) Francesa	Frans-Polinesië	[fraŋs-polinesiɛ]

242. Las ciudades

Ámsterdam	Amsterdam	[amsterdam]
Ankara	Ankara	[ankara]
Atenas	Athene	[atenə]
Bagdad	Bagdad	[baχdat]
Bangkok	Bangkok	[baŋkok]
Barcelona	Barcelona	[barselona]
Beirut	Beiroet	[bæjrut]
Berlín	Berlyn	[berlæjn]
Mumbai	Moembai	[mumbaj]
Bonn	Bonn	[bonn]
Bratislava	Bratislava	[bratislava]
Bruselas	Brussel	[brussəl]
Bucarest	Boekarest	[bukarest]
Budapest	Boedapest	[budapest]
Burdeos	Bordeaux	[bordo:]
El Cairo	Cairo	[kajro]
Calcuta	Kalkutta	[kalkutta]
Chicago	Chicago	[ʃikago]
Copenhague	Kopenhagen	[kopənχagen]
Dar-es-Salam	Dar-es-Salaam	[dar-es-salãm]
Delhi	Delhi	[deli]
Dubai	Dubai	[dubaj]
Dublín	Dublin	[dablin]
Dusseldorf	Dusseldorf	[dussɛldorf]
Estambul	Istanbul	[istanbul]
Estocolmo	Stockholm	[stokχolm]
Florencia	Florence	[florɛŋs]
Fráncfort del Meno	Frankfurt	[frankfurt]
Ginebra	Genève	[dʒenɛ:v]
La Habana	Havana	[havana]
Hamburgo	Hamburg	[hamburχ]

Hanói	**Hanoi**	[hanoj]
La Haya	**Den Haag**	[den hãχ]
Helsinki	**Helsinki**	[hɛlsinki]
Hiroshima	**Hiroshima**	[hiroʃima]
Hong Kong	**Hongkong**	[hoŋkoŋ]
Jerusalén	**Jerusalem**	[jerusalem]
Kiev	**Kiëf**	[kiɛf]
Kuala Lumpur	**Kuala Lumpur**	[kuala lumpur]
Lisboa	**Lissabon**	[lissabon]
Londres	**Londen**	[londen]
Los Ángeles	**Los Angeles**	[los andʒeles]
Lyon	**Lyon**	[lioŋ]
Madrid	**Madrid**	[madrit]
Marsella	**Marseille**	[marsæj]
Ciudad de México	**Meksiko Stad**	[meksiko stat]
Miami	**Miami**	[majami]
Montreal	**Montreal**	[montreal]
Moscú	**Moskou**	[moskæʊ]
Múnich	**München**	[mønchen]
Nairobi	**Nairobi**	[najrobi]
Nápoles	**Napels**	[napɛls]
Niza	**Nice**	[nis]
Nueva York	**New York**	[nju jork]
Oslo	**Oslo**	[oslo]
Ottawa	**Ottawa**	[ottava]
París	**Parys**	[parajs]
Pekín	**Beijing**	[bæjdʒiŋ]
Praga	**Praag**	[prãχ]
Río de Janeiro	**Rio de Janeiro**	[rio də janæjro]
Roma	**Rome**	[romə]
San Petersburgo	**Sint-Petersburg**	[sint-petersburg]
Seúl	**Seoel**	[seul]
Shanghái	**Shanghai**	[ʃangaj]
Singapur	**Singapore**	[singaporə]
Sydney	**Sydney**	[sidni]
Taipei	**Taipei**	[tæjpæj]
Tokio	**Tokio**	[tokio]
Toronto	**Toronto**	[toronto]
Varsovia	**Warskou**	[varskæʊ]
Venecia	**Venesië**	[fenesiɛ]
Viena	**Wene**	[venə]
Washington	**Washington**	[vaʃington]

243. La política. El gobierno. Unidad 1

política (f)	**politiek**	[politik]
político (adj)	**politieke**	[politikə]

político (m)	politikus	[politikus]
estado (m)	staat	[stāt]
ciudadano (m)	burger	[burgər]
ciudadanía (f)	burgerskap	[burgərskap]

| escudo (m) nacional | nasionale wapen | [naʃionalə vapen] |
| himno (m) nacional | volkslied | [folkslit] |

gobierno (m)	regering	[reχeriŋ]
jefe (m) de estado	staatshoof	[stāts·hoəf]
parlamento (m)	parlement	[parlement]
partido (m)	partij	[partij]

| capitalismo (m) | kapitalisme | [kapitalismə] |
| capitalista (adj) | kapitalis | [kapitalis] |

| socialismo (m) | sosialisme | [soʃialismə] |
| socialista (adj) | sosialis | [soʃialis] |

comunismo (m)	kommunisme	[kommunismə]
comunista (adj)	kommunis	[kommunis]
comunista (m)	kommunis	[kommunis]

democracia (f)	demokrasie	[demokrasi]
demócrata (m)	demokraat	[demokrāt]
democrático (adj)	demokraties	[demokratis]
Partido (m) Democrático	Demokratiese party	[demokratisə partaj]

| liberal (m) | liberaal | [liberāl] |
| liberal (adj) | liberaal | [liberāl] |

| conservador (m) | konservatief | [kɔŋserfatif] |
| conservador (adj) | konservatief | [kɔŋserfatif] |

república (f)	republiek	[republik]
republicano (m)	republikein	[republikæjn]
Partido (m) Republicano	Republikeinse Party	[republikæjnsə partaj]

elecciones (f pl)	verkiesings	[ferkisiŋs]
elegir (vi)	verkies	[ferkis]
elector (m)	kieser	[kisər]
campaña (f) electoral	verkiesingskampanje	[ferkisiŋs·kampanje]

votación (f)	stemming	[stɛmmiŋ]
votar (vi)	stem	[stem]
derecho (m) a voto	stemreg	[stem·reχ]

| candidato (m) | kandidaat | [kandidāt] |
| campaña (f) | kampanje | [kampanje] |

| de oposición (adj) | opposisie | [opposisi] |
| oposición (f) | opposisie | [opposisi] |

visita (f)	besoek	[besuk]
visita (f) oficial	amptelike besoek	[amptelikə besuk]
internacional (adj)	internasionaal	[internaʃionāl]

| negociaciones (f pl) | onderhandelinge | [ondərhandeliŋə] |
| negociar (vi) | onderhandel | [ondərhandəl] |

244. La política. El gobierno. Unidad 2

sociedad (f)	samelewing	[samelevin]
constitución (f)	grondwet	[χront·wet]
poder (m)	mag	[maχ]
corrupción (f)	korrupsie	[korrupsi]

| ley (f) | wet | [vet] |
| legal (adj) | wetlik | [vetlik] |

| justicia (f) | geregtigheid | [χereχtiχæjt] |
| justo (adj) | regverdig | [roχferdəχ] |

comité (m)	komitee	[komiteə]
proyecto (m) de ley	wetsontwerp	[vetsontwerp]
presupuesto (m)	begroting	[beχrotiŋ]
política (f)	beleid	[belæjt]
reforma (f)	hervorming	[herformiŋ]
radical (adj)	radikaal	[radikāl]

potencia (f) (~ militar, etc.)	mag	[maχ]
poderoso (adj)	magtig	[maχtəχ]
partidario (m)	ondersteuner	[ondərstøənər]
influencia (f)	invloed	[influt]

régimen (m)	bewind	[bevint]
conflicto (m)	konflik	[konflik]
complot (m)	sameswering	[sameswerin]
provocación (f)	uitdaging	[œitdaχiŋ]

derrocar (al régimen)	omvergooi	[omferχoj]
derrocamiento (m)	omvergooi	[omferχoj]
revolución (f)	revolusie	[refolusi]

| golpe (m) de estado | staatsgreep | [stāts·χreəp] |
| golpe (m) militar | militêre staatsgreep | [militærə stātsχreəp] |

crisis (f)	krisis	[krisis]
recesión (f) económica	ekonomiese agteruitgang	[ɛkonomisə aχtər·œitχaŋ]
manifestante (m)	betoër	[betoɛr]
manifestación (f)	demonstrasie	[demɔŋstrasi]
ley (f) marcial	krygswet	[krajχs·wet]
base (f) militar	militêre basis	[militærə basis]

| estabilidad (f) | stabiliteit | [stabilitæjt] |
| estable (adj) | stabiel | [stabil] |

explotación (f)	uitbuiting	[œitbœitiŋ]
explotar (vt)	uitbuit	[œitbœit]
racismo (m)	rassisme	[rassimə]
racista (m)	rassis	[rassis]

| fascismo (m) | fascisme | [faʃismə] |
| fascista (m) | fascis | [faʃis] |

245. Los países. Miscelánea

extranjero (m)	vreemdeling	[freəmdeliŋ]
extranjero (adj)	vreemd	[freəmt]
en el extranjero	in die buiteland	[in di bœitəlant]

emigrante (m)	emigrant	[ɛmiχrant]
emigración (f)	emigrasie	[ɛmiχrasi]
emigrar (vi)	emigreer	[ɛmiχreər]

Oeste (m)	die Weste	[di vestə]
Oriente (m)	die Ooste	[di oəstə]
Extremo Oriente (m)	die Verre Ooste	[di ferrə oəstə]

civilización (f)	beskawing	[beskaviŋ]
humanidad (f)	mensdom	[mɛŋsdom]
mundo (m)	die wêreld	[di værəlt]
paz (f)	vrede	[fredə]
mundial (adj)	wêreldwyd	[værəlt·wajt]

patria (f)	vaderland	[fadər·lant]
pueblo (m)	volk	[folk]
población (f)	bevolking	[befolkiŋ]
gente (f)	mense	[mɛŋsə]
nación (f)	nasie	[nasi]
generación (f)	generasie	[χenerasi]
territorio (m)	gebied	[χebit]
región (f)	streek	[streek]
estado (m) (parte de un país)	staat	[sɫãt]

tradición (f)	tradisie	[tradisi]
costumbre (f)	gebruik	[χebrœik]
ecología (f)	ekologie	[ɛkoloχi]

indio (m)	Indiaan	[indiãn]
gitano (m)	Sigeuner	[siχøənər]
gitana (f)	Sigeunerin	[siχøənərin]
gitano (adj)	sigeuner-	[siχøənər-]

imperio (m)	rijk	[rijk]
colonia (f)	kolonie	[koloni]
esclavitud (f)	slawerny	[slavərnaj]
invasión (f)	invasie	[infasi]
hambruna (f)	hongersnood	[hoŋərsnoət]

246. Grupos religiosos principales. Las confesiones

| religión (f) | godsdiens | [χodsdiŋs] |
| religioso (adj) | godsdienstig | [χodsdiŋstəχ] |

creencia (f)	geloof	[χeloəf]
creer (en Dios)	glo	[χlo]
creyente (m)	gelowige	[χeloviχə]

ateísmo (m)	ateïsme	[ateïsmə]
ateo (m)	ateïs	[ateïs]

cristianismo (m)	Christendom	[χristəndom]
cristiano (m)	Christen	[χristən]
cristiano (adj)	Christelik	[χristəlik]

catolicismo (m)	Katolisisme	[katolisismə]
católico (m)	Katoliek	[katolik]
católico (adj)	katoliek	[katolik]

protestantismo (m)	Protestantisme	[protestantismə]
Iglesia (f) protestante	Protestantse Kerk	[protestantsə kerk]
protestante (m)	Protestant	[protestant]

ortodoxia (f)	Ortodoksie	[ortodoksi]
Iglesia (f) ortodoxa	Ortodokse Kerk	[ortodoksə kerk]
ortodoxo (m)	Ortodoks	[ortodoks]

presbiterianismo (m)	Presbiterianisme	[presbiterianismə]
Iglesia (f) presbiteriana	Presbiteriaanse Kerk	[presbiteriãŋsə kerk]
presbiteriano (m)	Presbiteriaan	[presbitəriãn]

Iglesia (f) luterana	Lutheranisme	[luteranismə]
luterano (m)	Lutheraan	[lutərãn]

Iglesia (f) bautista	Baptistiese Kerk	[baptistisə kerk]
bautista (m)	Baptis	[baptis]

Iglesia (f) anglicana	Anglikaanse Kerk	[anχlikãŋsə kerk]
anglicano (m)	Anglikaan	[anχlikãn]

mormonismo (m)	Mormonisme	[mormonismə]
mormón (m)	Mormoon	[mormoən]

judaísmo (m)	Jodendom	[jodɛndom]
judío (m)	Jood	[joət]

budismo (m)	Boeddhisme	[buddismə]
budista (m)	Boeddhis	[buddis]

hinduismo (m)	Hindoeïsme	[hinduïsmə]
hinduista (m)	Hindoe	[hindu]

Islam (m)	Islam	[islam]
musulmán (m)	Islamiet	[islamit]
musulmán (adj)	Islamities	[islamitis]

chiísmo (m)	Sjia Islam	[ʃia islam]
chiita (m)	Sjiït	[ʃiït]
sunismo (m)	Sunni Islam	[sunni islam]
suní (m, f)	Sunniet	[sunnit]

247. Las religiones. Los sacerdotes

sacerdote (m)	priester	[pristər]
Papa (m)	die Pous	[di pæʊs]
monje (m)	monnik	[monnik]
monja (f)	non	[non]
pastor (m)	pastoor	[pastoər]
abad (m)	ab	[ap]
vicario (m)	priester	[pristər]
obispo (m)	biskop	[biskop]
cardenal (m)	kardinaal	[kardinãl]
predicador (m)	predikant	[predikant]
prédica (f)	preek	[preək]
parroquianos (pl)	kerkgangers	[kerk·χaŋərs]
creyente (m)	gelowige	[χeloviχə]
ateo (m)	ateïs	[ateïs]

248. La fe. El cristianismo. El islamismo

Adán	Adam	[adam]
Eva	Eva	[efa]
Dios (m)	God	[χot]
Señor (m)	die Here	[di herə]
el Todopoderoso	die Almagtige	[di almaχtiχə]
pecado (m)	sonde	[sondə]
pecar (vi)	sondig	[sondəχ]
pecador (m)	sondaar	[sondãr]
pecadora (f)	sondares	[sondares]
infierno (m)	hel	[həl]
paraíso (m)	paradys	[paradajs]
Jesús	Jesus	[jesus]
Jesucristo (m)	Jesus Christus	[jesus χristus]
el Espíritu Santo	die Heilige Gees	[di hæjliχə χeəs]
el Salvador	die Verlosser	[di ferlossər]
la Virgen María	die Maagd Maria	[di mãχt maria]
el Diablo	die duiwel	[di dœivəl]
diabólico (adj)	duiwels	[dœivɛls]
Satán (m)	Satan	[satan]
satánico (adj)	satanies	[satanis]
ángel (m)	engel	[ɛŋəl]
ángel (m) custodio	beskermengel	[beskerm·eŋəl]
angelical (adj)	engelagtig	[ɛŋəlaχtəχ]

apóstol (m)	apostel	[apostəl]
arcángel (m)	aartsengel	[ārtseŋəl]
anticristo (m)	die antichris	[di antiχris]

Iglesia (f)	Kerk	[kerk]
Biblia (f)	Bybel	[bajbəl]
bíblico (adj)	bybels	[bajbəls]

Antiguo Testamento (m)	Ou Testament	[æʊ testament]
Nuevo Testamento (m)	Nuwe Testament	[nuvə testament]
Evangelio (m)	evangelie	[ɛfanχəli]
Sagrada Escritura (f)	Heilige Skrif	[hæjliχə skrif]
cielo (m)	hemel	[heməl]

mandamiento (m)	gebod	[χebot]
profeta (m)	profeet	[profeət]
profecía (f)	profesie	[profesi]

Alá	Allah	[allah]
Mahoma	Mohammed	[mohammet]
Corán, Korán (m)	die Koran	[di koran]

mezquita (f)	moskee	[moskeə]
mulá (m), mullah (m)	moella	[mulla]
oración (f)	gebed	[χebet]
orar, rezar (vi)	bid	[bit]

peregrinación (f)	pelgrimstog	[pɛlχrimstoχ]
peregrino (m)	pelgrim	[pɛlχrim]
La Meca	Mecca	[mɛkka]

iglesia (f)	kerk	[kerk]
templo (m)	tempel	[tempəl]
catedral (f)	katedraal	[katedrāl]
gótico (adj)	Goties	[χotis]
sinagoga (f)	sinagoge	[sinaχoχə]
mezquita (f)	moskee	[moskeə]

capilla (f)	kapel	[kapəl]
abadía (f)	abdy	[abdaj]
convento (m)	klooster	[kloəstər]
monasterio (m)	klooster	[kloəstər]

campana (f)	klok	[klok]
campanario (m)	kloktoring	[klok·toriŋ]
sonar (vi)	lui	[lœi]

cruz (f)	kruis	[krœis]
cúpula (f)	koepel	[kupəl]
icono (m)	ikoon	[ikoən]

alma (f)	siel	[sil]
destino (m)	noodlot	[noədlot]
maldad (f)	die bose	[di bosə]
bien (m)	goed	[χut]
vampiro (m)	vampier	[fampir]

bruja (f)	heks	[heks]
demonio (m)	demoon	[demoən]
espíritu (m)	gees	[χeəs]

| redención (f) | versoening | [fersuniŋ] |
| redimir (vt) | verlos | [ferlos] |

culto (m), misa (f)	kerkdies	[kerkdis]
decir misa	die mis opdra	[di mis opdra]
confesión (f)	bieg	[biχ]
confesarse (vr)	bieg	[biχ]

santo (m)	heilige	[hæjliχə]
sagrado (adj)	heilig	[hæjləχ]
agua (f) santa	wywater	[vaj·vatər]

rito (m)	ritueel	[ritueəl]
ritual (adj)	ritueel	[ritueəl]
sacrificio (m)	offerande	[offerandə]

superstición (f)	bygeloof	[bajχəloəf]
supersticioso (adj)	bygelowig	[bajχəlovəχ]
vida (f) de ultratumba	hiernamaals	[hirna·māls]
vida (f) eterna	ewige lewe	[ɛviχə levə]

MISCELÁNEA

249. Varias palabras útiles

alto (m) (parada temporal)	**pouse**	[pæʊsə]
ayuda (f)	**hulp**	[hulp]
balance (m)	**balans**	[balaŋs]
barrera (f)	**hindernis**	[hindərnis]
base (f) (~ científica)	**basis**	[basis]
categoría (f)	**kategorie**	[kateχori]
causa (f)	**rede**	[redə]
coincidencia (f)	**toeval**	[tufal]
comienzo (m) (principio)	**begin**	[beχin]
comparación (f)	**vergelyking**	[ferχelajkiŋ]
compensación (f)	**kompensasie**	[kompɛnsasi]
confortable (adj)	**gemaklik**	[χemaklik]
cosa (f) (objeto)	**ding**	[diŋ]
crecimiento (m)	**groei**	[χrui]
desarrollo (m)	**ontwikkeling**	[ontwikkeliŋ]
diferencia (f)	**verskil**	[ferskil]
efecto (m)	**effek**	[ɛffek]
ejemplo (m)	**voorbeeld**	[foərbeəlt]
variedad (f) (selección)	**keuse**	[køəsə]
elemento (m)	**element**	[ɛlement]
error (m)	**fout**	[fæʊt]
esfuerzo (m)	**inspanning**	[inspanniŋ]
estándar (adj)	**standaard**	[standãrt]
estándar (m)	**standaard**	[standãrt]
estilo (m)	**styl**	[stajl]
fin (m)	**einde**	[æjndə]
fondo (m) (color de ~)	**agtergrond**	[aχtərχront]
forma (f) (contorno)	**vorm**	[form]
frecuente (adj)	**gereeld**	[χereəlt]
grado (m) (en mayor ~)	**graad**	[χrãt]
hecho (m)	**feit**	[fæjt]
ideal (m)	**ideaal**	[ideãl]
laberinto (m)	**labirint**	[labirint]
modo (m) (de otro ~)	**manier**	[manir]
momento (m)	**moment**	[moment]
objeto (m)	**objek**	[objek]
obstáculo (m)	**hinderpaal**	[hindərpãl]
original (m)	**origineel**	[oriχineəl]
parte (f)	**deel**	[deəl]

partícula (f)	deeltjie	[deəlki]
pausa (f)	pouse	[pæʊsə]
posición (f)	posisie	[posisi]
principio (m) (tener por ~)	beginsel	[beχinsəl]
problema (m)	probleem	[probleəm]

proceso (m)	proses	[proses]
progreso (m)	vooruitgang	[foərœitχaŋ]
propiedad (f) (cualidad)	eienskap	[æjeŋskap]
reacción (f)	reaksie	[reaksi]

riesgo (m)	risiko	[risiko]
secreto (m)	geheim	[χəhæjm]
serie (f)	reeks	[reəks]
sistema (m)	sisteem	[sisteəm]
situación (f)	toestand	[tustant]

solución (f)	oplossing	[oplossiŋ]
tabla (f) (~ de multiplicar)	tabel	[tabəl]
tempo (m) (ritmo)	tempo	[tempo]
término (m)	term	[term]

tipo (m) (p.ej. ~ de deportes)	soort	[soərt]
tipo (m) (no es mi ~)	tipe	[tipə]
turno (m) (esperar su ~)	beurt	[bøərt]
urgente (adj)	dringend	[driŋən]

urgentemente	dringend	[driŋən]
utilidad (f)	nut	[nut]
variante (f)	variant	[fariant]
verdad (f)	waarheid	[vārhæjt]
zona (f)	sone	[sonə]

250. Los adjetivos. Unidad 1

abierto (adj)	oop	[oəp]
adicional (adj)	addisioneel	[addiʃioneəl]
agradable (~ voz)	mooi	[moj]
agradecido (adj)	dankbaar	[dankbār]

agrio (sabor ~)	suur	[sɪr]
agudo (adj)	skerp	[skerp]
alegre (adj)	opgewek	[opχevek]
amargo (adj)	bitter	[bittər]

amplio (~a habitación)	ruim	[rœim]
ancho (camino ~)	breed	[breət]
antiguo (adj)	antiek	[antik]
apretado (falda ~a)	strak	[strak]

arriesgado (adj)	riskant	[riskant]
artificial (adj)	kunsmatig	[kunsmatəχ]
azucarado, dulce (adj)	soet	[sut]
bajo (voz ~a)	sag	[saχ]

barato (adj)	goedkoop	[χudkoəp]
bello (hermoso)	pragtig	[praχtəχ]
blando (adj)	sag	[saχ]
bronceado (adj)	bruingebrand	[brœiŋəbrant]
bueno (de buen corazón)	vriendelik	[frindəlik]
bueno (un libro, etc.)	goed	[χut]
caliente (adj)	warm	[varm]
calmo, tranquilo	kalm	[kalm]
cansado (adj)	moeg	[muχ]
cariñoso (un padre ~)	sorgsaam	[sorχsām]
caro (adj)	duur	[dɪr]
central (adj)	sentraal	[sentrāl]
cerrado (adj)	gesluit	[χeslœit]
ciego (adj)	blind	[blint]
civil (derecho ~)	burgerlik	[burgerlik]
clandestino (adj)	agterbaks	[aχtərbaks]
claro (color)	lig-	[liχ-]
claro (explicación, etc.)	duidelik	[dœldelik]
compatible (adj)	verenigbaar	[fereniχbār]
congelado (pescado ~)	gevries	[χefris]
conjunto (decisión ~a)	gesamentlik	[χesamentlik]
considerable (adj)	beduidend	[bedœident]
contento (adj)	tevrede	[tefredə]
continuo (adj)	langdurig	[laŋdurəχ]
continuo (incesante)	onophoudelik	[onophæʊdelik]
conveniente (apto)	geskik	[χeskik]
correcto (adj)	reg	[reχ]
cortés (adj)	beleefd	[beleəft]
corto (adj)	kort	[kort]
crudo (huevos ~s)	rou	[ræʊ]
de atrás (adj)	agter-	[aχtər-]
de corta duración (adj)	kort	[kort]
de segunda mano	gebruik	[χebrœik]
delgado (adj)	maer	[maər]
flaco, delgado (adj)	brandmaer	[brandmaər]
denso (~a niebla)	dig	[diχ]
derecho (adj)	regter	[reχtər]
diferente (adj)	verskillend	[ferskillent]
difícil (decisión)	moeilik	[muilik]
difícil (problema ~)	moeilik	[muilik]
distante (adj)	ver	[fer]
dulce (agua ~)	vars	[fars]
duro (material, etc.)	hard	[hart]
el más alto	hoogste	[hoəχstə]
el más importante	belangrikste	[belaŋrikstə]
el más próximo	naaste	[nāstə]
enfermo (adj)	siek	[sik]

enorme (adj)	kolossaal	[kolossãl]
entero (adj)	heel	[heəl]
especial (adj)	spesiaal	[spesiãl]
espeso (niebla ~a)	dig	[diχ]
estrecho (calle, etc.)	smal	[smal]
exacto (adj)	juis	[jœis]
excelente (adj)	uitstekend	[œitstekent]
excesivo (adj)	oormatig	[oərmatəχ]
exterior (adj)	buite-	[bœite-]
extranjero (adj)	buitelands	[bœitəlands]
fácil (adj)	maklik	[maklik]
fatigoso (adj)	vermoeiend	[fermujent]
feliz (adj)	gelukkig	[χelukkəχ]
fértil (la tierra ~)	vrugbaar	[fruχbãr]
frágil (florero, etc.)	breekbaar	[breəkbãr]
fresco (está ~ hoy)	koel	[kul]
fresco (pan, etc.)	vars	[fars]
frío (bebida ~a, etc.)	koud	[kæʊt]
fuerte (~ voz)	hard	[hart]
fuerte (adj)	sterk	[sterk]
grande (en dimensiones)	groot	[χroət]
graso (alimento ~)	vettig	[fɛttəχ]
gratis (adj)	gratis	[χratis]
grueso (muro, etc.)	dik	[dik]
hambriento (adj)	honger	[honər]
hermoso (~ palacio)	pragtig	[praχtəχ]
hostil (adj)	vyandig	[fajandəχ]
húmedo (adj)	bedompig	[bɛdompəχ]
igual, idéntico (adj)	dieselfde	[disɛlfdə]
importante (adj)	belangrik	[belaŋrik]
imposible (adj)	onmoontlik	[onmoentlik]
imprescindible (adj)	onontbeerlik	[onontbeərlik]
indescifrable (adj)	onverstaanbaar	[onferstãnbãr]
infantil (adj)	kinder-	[kindər-]
inmóvil (adj)	doodstil	[doədstil]
insignificante (adj)	onbelangrik	[onbelaŋrik]
inteligente (adj)	slim	[slim]
interior (adj)	binne-	[binne-]
izquierdo (adj)	linker-	[linkər-]
joven (adj)	jong	[joŋ]

251. Los adjetivos. Unidad 2

largo (camino)	lang	[laŋ]
legal (adj)	wetlik	[vetlik]
lejano (adj)	ver	[fer]

libre (acceso ~)	**gratis**	[χratis]
ligero (un metal ~)	**lig**	[liχ]
limitado (adj)	**beperk**	[beperk]
limpio (camisa ~)	**skoon**	[skoən]
líquido (adj)	**vloeibaar**	[fluibār]
liso (piel, pelo, etc.)	**glad**	[χlat]
lleno (adj)	**vol**	[fol]
maduro (fruto, etc.)	**ryp**	[rajp]
malo (adj)	**sleg**	[sleχ]
mas próximo	**naby**	[nabaj]
mate (sin brillo)	**mat**	[mat]
meticuloso (adj)	**akkuraat**	[akkurāt]
miope (adj)	**bysiende**	[bajsində]
misterioso (adj)	**raaiselagtig**	[rājselaχtəχ]
mojado (adj)	**nat**	[nat]
moreno (adj)	**blas**	[blas]
muerto (adj)	**dood**	[doət]
natal (país ~)	**geboorte-**	[χeboərtə-]
necesario (adj)	**nodig**	[nodəχ]
negativo (adj)	**negatief**	[neχatif]
negligente (adj)	**nalatig**	[nalatəχ]
nervioso (adj)	**senuweeagtig**	[senuveə·aχtəχ]
no difícil (adj)	**nie moeilik nie**	[ni muilik ni]
no muy grande (adj)	**nie groot nie**	[ni χroət ni]
normal (adj)	**normaal**	[normāl]
nuevo (adj)	**nuut**	[nɪt]
obligatorio (adj)	**verplig**	[ferpləχ]
opuesto (adj)	**teenoorgestel**	[teənoərχestəl]
ordinario (adj)	**gewoon**	[χevoən]
original (inusual)	**oorspronklik**	[oərspronklik]
oscuro (cuarto ~)	**donker**	[donkər]
pasado (tiempo ~)	**laas-**	[lās-]
peligroso (adj)	**gevaarlik**	[χefārlik]
pequeño (adj)	**klein**	[klæjn]
perfecto (adj)	**uitstekend**	[œitstekent]
permanente (adj)	**permanent**	[permanent]
personal (adj)	**persoonlik**	[persoənlik]
pesado (adj)	**swaar**	[swār]
plano (pantalla ~a)	**plat**	[plat]
plano (superficie ~a)	**gelyk**	[χelajk]
pobre (adj)	**arm**	[arm]
indigente (adj)	**brandarm**	[brandarm]
poco claro (adj)	**onduidelik**	[ondœidelik]
poco profundo (adj)	**vlak**	[flak]
posible (adj)	**moontlik**	[moentlik]
precedente (adj)	**vorig**	[forəχ]
presente (momento ~)	**huidig**	[hœidəχ]

principal (~ idea)	**vernaamste**	[fernãmstə]
principal (la entrada ~)	**hoof-**	[hoəf-]
privado (avión ~)	**privaat**	[prifãt]
probable (adj)	**waarskynlik**	[vãrskajnlik]
próximo (cercano)	**digby**	[diχbaj]

público (adj)	**openbaar**	[openbãr]
puntual (adj)	**stip**	[stip]
rápido (adj)	**vinnig**	[finnəχ]
raro (adj)	**seldsaam**	[sɛldsãm]
recto (línea ~a)	**reg**	[reχ]

sabroso (adj)	**smaaklik**	[smãklik]
salado (adj)	**sout**	[sæʊt]
satisfecho (cliente)	**tevrede**	[tefredə]
seco (adj)	**droog**	[droəχ]
seguro (no peligroso)	**veilig**	[fæjləχ]

siguiente (avión, etc.)	**volgend**	[folχent]
similar (adj)	**eenders**	[eənders]
simpático, amable (adj)	**vriendelik**	[frindəlik]
simple (adj)	**eenvoudig**	[eənfæʊdəχ]
sin experiencia (adj)	**onervare**	[onerfarə]

sin nubes (adj)	**wolkloos**	[volkloəs]
soleado (un día ~)	**sonnig**	[sonnəχ]
sólido (~a pared)	**stewig**	[stevəχ]
sombrío (adj)	**somber**	[sombər]
sucio (no limpio)	**vuil**	[fœil]

templado (adj)	**louwarm**	[læʊvarm]
tenue (una ~ luz)	**dof**	[dof]
tierno (afectuoso)	**teer**	[teər]
tonto (adj)	**dom**	[dʊm]
tranquilo (adj)	**rustig**	[rustəχ]

transparente (adj)	**deursigtig**	[døərsiχtəχ]
triste (adj)	**droewig**	[druvəχ]
triste (mirada ~)	**droewig**	[druvəχ]
último (~a oportunidad)	**laaste**	[lãstə]
último (~a vez)	**laas-**	[lãs-]

único (excepcional)	**uniek**	[unik]
vacío (vaso medio ~)	**leeg**	[leəχ]
vario (adj)	**verskillend**	[ferskillent]
vecino (casa ~a)	**naburig**	[naburəχ]
viejo (casa ~a)	**ou**	[æʊ]

LOS 500 VERBOS PRINCIPALES

252. Los verbos A-C

abandonar (vt)	verlaat	[ferlãt]
abrazar (vt)	omhels	[omhɛls]
abrir (vt)	oopmaak	[oəpmãk]
aburrirse (vr)	verveeld wees	[ferveəlt veəs]
acariciar (~ el cabello)	streel	[streəl]
acercarse (vr)	nader	[nadər]
acompañar (vt)	begelei	[beχelæj]
aconsejar (vt)	aanraai	[ãnrãi]
actuar (vi)	optree	[optreə]
acusar (vt)	beskuldig	[beskuldəχ]
adiestrar (~ animales)	afrig	[afrəχ]
adivinar (vt)	raai	[rãi]
admirar (vt)	bewonder	[bevondər]
adular (vt)	vlei	[flæj]
advertir (avisar)	waarsku	[vãrsku]
afeitarse (vr)	skeer	[skeər]
afirmar (vt)	beweer	[beveər]
agitar la mano	wuif	[vœif]
agradecer (vt)	dank	[dank]
ahogarse (vr)	verdrink	[ferdrink]
aislar (al enfermo, etc.)	isoleer	[isoleər]
alabarse (vr)	spog	[spoχ]
alimentar (vt)	voer	[fur]
almorzar (vi)	gaan eet	[χãn eət]
alquilar (~ una casa)	huur	[hɪr]
alquilar (barco, etc.)	huur	[hɪr]
aludir (vi)	sinspeel	[sinspeəl]
alumbrar (vt)	verlig	[ferləχ]
amarrar (vt)	vasmeer	[fasmeər]
amenazar (vt)	dreig	[dræjχ]
amputar (vt)	amputeer	[amputeər]
añadir (vt)	byvoeg	[bajfuχ]
anotar (vt)	noteer	[noteər]
anular (vt)	kanselleer	[kaŋsɛlleər]
apagar (~ la luz)	afskakel	[afskakəl]
aparecer (vi)	verskyn	[ferskajn]
aplastar (insecto, etc.)	verpletter	[ferplɛttər]
aplaudir (vi, vt)	apploudisseer	[applæʊdisseər]

apoyar (la decisión)	steun	[støən]
apresurar (vt)	aanjaag	[ānjāχ]
apuntar a ...	mik op	[mik op]
arañar (vt)	krap	[krap]
arrancar (vt)	afskeur	[afskøər]
arrepentirse (vr)	jammer wees	[jammər veəs]
arriesgar (vt)	waag	[vāχ]
asistir (vt)	assisteer	[assisteər]
aspirar (~ a algo)	streef	[streəf]
atacar (mil.)	aanval	[ānfal]
atar (cautivo)	vasbind	[fasbint]
atar a ...	vasbind aan ...	[fasbint ān ...]
aumentar (vt)	verhoog	[ferhoəχ]
aumentarse (vr)	toeneem	[tuneəm]
autorizar (vt)	toelaat	[tulāt]
avanzarse (vr)	vorder	[fordər]
avistar (vt)	skrams raaksien	[skrams rāksin]
ayudar (vt)	help	[hɛlp]
bajar (vt)	laat sak	[lāt sak]
bañar (~ al bebé)	bad	[bat]
bañarse (vr)	gaan swem	[χān swem]
beber (vi, vt)	drink	[drink]
borrar (vt)	uitvee	[œitfeə]
brillar (vi)	blink	[blink]
bromear (vi)	grappies maak	[χrappis māk]
bucear (vi)	duik	[dœik]
burlarse (vr)	terg	[terχ]
buscar (vt)	soek ...	[suk ...]
calentar (vt)	verwarm	[ferwarm]
callarse (no decir nada)	stilbly	[stilblaj]
calmar (vt)	kalmeer	[kalmeər]
cambiar (de opinión)	verander	[ferandər]
cambiar (vt)	wissel	[vissəl]
cansar (vt)	vermoei	[fermui]
cargar (camión, etc.)	laai	[lāi]
cargar (pistola)	laai	[lāi]
casarse (con una mujer)	trou	[træʊ]
castigar (vt)	straf	[straf]
cavar (fosa, etc.)	grawe	[χravə]
cazar (vi, vt)	jag	[jaχ]
ceder (vi, vt)	toegee	[tuχeə]
cegar (deslumbrar)	verblind	[ferblint]
cenar (vi)	aandete gebruik	[āndetə χebrœik]
cerrar (vt)	sluit	[slœit]
cesar (vt)	ophou	[ophæʊ]
citar (vt)	aanhaal	[ānhāl]
coger (flores, etc.)	pluk	[pluk]

coger (pelota, etc.)	vang	[faŋ]
colaborar (vi)	saamwerk	[sãmwerk]
colgar (vt)	ophang	[ophaŋ]
colocar (poner)	sit	[sit]
combatir (vi)	stry	[straj]
comenzar (vt)	begin	[beχin]
comer (vi, vt)	eet	[eət]
comparar (vt)	vergelyk	[ferχəlajk]
compensar (vt)	vergoed	[ferχut]
competir (vi)	kompeteer	[kompeteər]
compilar (~ una lista)	saamstel	[sãmstəl]
complicar (vt)	bemoeilik	[bemuilik]
componer (música)	komponeer	[komponeər]
comportarse (vr)	jou gedra	[jæʊ χedra]
comprar (vt)	koop	[koəp]
comprender (vt)	verstaan	[ferstãn]
comprometer (vt)	kompromitteer	[kompromitteər]
informar (~ a la policía)	in kennis stel	[in kɛnnis stəl]
concentrarse (vr)	konsentreer	[koŋsentreər]
condecorar (vt)	toeken	[tuken]
confesar (un crimen)	beken	[beken]
confiar (vt)	vertrou	[fertræʊ]
confundir (vt)	verwar	[ferwar]
conocer (~ a alguien)	ken	[ken]
consultar (a un médico)	konsulteer	[koŋsulteər]
contagiar (vt)	besmet	[besmet]
contagiarse (de ...)	besmet word met ...	[besmet vort met ...]
contar (dinero, etc.)	tel	[təl]
contar (una historia)	vertel	[fertəl]
contar con ...	reken op ...	[reken op ...]
continuar (vt)	vervolg	[ferfolχ]
contratar (~ a un abogado)	huur	[hɪr]
controlar (vt)	kontroleer	[kontroleər]
convencer (vt)	oortuig	[oərtœəχ]
convencerse (vr)	oortuig wees	[oərtœiχ veəs]
coordinar (vt)	koördineer	[koordineər]
corregir (un error)	korrigeer	[korriχeər]
correr (vi)	hardloop	[hardloəp]
cortar (un dedo, etc.)	afsny	[afsnaj]
costar (vt)	kos	[kos]
crear (vt)	skep	[skep]
creer (vt)	glo	[χlo]
cultivar (plantas)	kweek	[kweək]
curar (vt)	behandel	[behandəl]

253. Los verbos D-E

dar (algo a alguien)	gee	[χeə]
darse prisa	opskud	[opskut]
darse un baño	bad	[bat]
datar de ...	dateer van ...	[dateər fan ...]
deber (v aux)	moet	[mut]
decidir (vt)	beslis	[beslis]
decir (vt)	sê	[sɛ:]
decorar (para la fiesta)	versier	[fersir]
dedicar (vt)	opdra	[opdra]
defender (vt)	verdedig	[ferdedəχ]
defenderse (vr)	jouself verdedig	[jæʊsɛlf ferdedəχ]
dejar caer	laat val	[lāt fal]
dejar de hablar	ophou praat	[ophæʊ prāt]
denunciar (vt)	aankla	[ānkla]
depender de ...	afhang van ...	[afhaŋ fan ...]
derramar (líquido)	mors	[mors]
desamarrar (vt)	vertrek	[fertrek]
desaparecer (vi)	verdwyn	[ferdwajn]
desatar (vt)	losmaak	[losmāk]
desayunar (vi)	ontbyt	[ontbajt]
descansar (vi)	rus	[rus]
descender (vi)	afkom	[afkom]
descubrir (tierras nuevas)	ontdek	[ontdek]
desear (vt)	wens	[vɛŋs]
desparramarse (azúcar)	laat val	[lāt fal]
emitir (~ un olor)	versprei	[ferspræj]
despegar (el avión)	opstyg	[opstajχ]
despertar (vt)	wakker maak	[vakkər māk]
despreciar (vt)	minag	[minaχ]
destruir (~ las pruebas)	vernietig	[fernitəχ]
devolver (paquete, etc.)	terugstuur	[teruχstɪr]
diferenciarse (vr)	verskil	[ferskil]
distribuir (~ folletos)	versprei	[ferspræj]
dirigir (administrar)	beheer	[beheər]
dirigirse (~ al jurado)	toespreek	[tuspreək]
disculpar (vt)	verskoon	[ferskoən]
disculparse (vr)	verskoning vra	[ferskoniŋ fra]
discutir (vt)	bespreek	[bespreək]
disminuir (vt)	verminder	[fermindər]
distribuir (comida, agua)	uitdeel	[œitdeəl]
divertirse (vr)	jouself geniet	[jæʊsɛlf χenit]
dividir (~ 7 entre 5)	deel	[deəl]
doblar (p.ej. capital)	verdubbel	[ferdubbəl]

dudar (vt)	**twyfel**	[twajfəl]
elevarse (alzarse)	**uitstyg bo**	[œitstajχ boə]
eliminar (obstáculo)	**verwyder**	[ferwajdər]
emerger (submarino)	**opduik**	[opdœik]
empaquetar (vt)	**inpak**	[inpak]
emplear (utilizar)	**gebruik**	[χebrœik]
emprender (~ acciones)	**onderneem**	[ondərneəm]
empujar (vt)	**stoot**	[stoət]
enamorarse (de …)	**verlief raak**	[ferlif rãk]
encabezar (vt)	**lei**	[læj]
encaminar (vt)	**die pad wys**	[di pat vajs]
encender (hoguera)	**aansteek**	[ãŋsteək]
encender (radio, etc.)	**aanskakel**	[ãŋskakəl]
encontrar (hallar)	**vind**	[fint]
enfadar (vt)	**kwaad maak**	[kwãt mãk]
enfadarse (con …)	**kwaad wees …**	[kwãt veəs …]
engañar (vi, vt)	**bedrieg**	[bedrəχ]
enrojecer (vi)	**bloos**	[bloəs]
enseñar (vi, vt)	**leer**	[leər]
ensuciarse (vr)	**vuil word**	[fœil vort]
entrar (vi)	**binnegaan**	[binnəχãn]
entrenar (vt)	**afrig**	[afrəχ]
entrenarse (vr)	**oefen**	[ufen]
entretener (vt)	**amuseer**	[amuseər]
enviar (carta, etc.)	**stuur**	[stɪr]
envidiar (vt)	**jaloers wees**	[jalurs veəs]
equipar (vt)	**toerus**	[turus]
escoger (vt)	**kies**	[kis]
esconder (vt)	**wegsteek**	[veχsteək]
escribir (vt)	**skryf**	[skrajf]
escuchar (vt)	**luister**	[lœistər]
escuchar a hurtadillas	**afluister**	[aflœistər]
escupir (vi)	**spoeg**	[spuχ]
esperar (aguardar)	**wag**	[vaχ]
esperar (anticipar)	**verwag**	[ferwaχ]
esperar (tener esperanza)	**hoop**	[hoəp]
estar (~ sobre la mesa)	**lê**	[lɛ:]
estar (vi)	**wees**	[veəs]
estar acostado	**lê**	[lɛ:]
estar basado (en …)	**gebaseer wees op**	[χebaseər veəs op]
estar cansado	**moeg word**	[muχ vort]
estar conservado	**bewaar wees**	[bevãr veəs]
estar de acuerdo	**saamstem**	[sãmstem]
estar en guerra	**oorlog voer**	[oərloχ fur]
estar perplejo	**verbouereerd wees**	[ferbæʋereərt veəs]

estar sentado	sit	[sit]
estremecerse (vr)	huiwer	[hœivər]
estudiar (vt)	studeer	[studeər]

evitar (peligro, etc.)	vermy	[fermaj]
examinar (propuesta)	ondersoek	[ondərsuk]
excluir (vt)	uitsit	[œitsit]
exigir (vt)	eis	[æjs]

existir (vi)	bestaan	[bestãn]
explicar (vt)	verklaar	[ferklãr]
expresar (vt)	uitdruk	[œitdruk]
expulsar (ahuyentar)	wegry	[veχraj]

254. Los verbos F-M

facilitar (vt)	makliker maak	[maklikər mãk]
faltar (a las clases)	bank	[bank]
fascinar (vt)	sjarmeer	[ʃarmeər]
felicitar (vt)	gelukwens	[χelukwɛŋs]

firmar (~ el contrato)	teken	[tekən]
formar (vt)	vorm	[form]
fortalecer (vt)	versterk	[fersterk]
forzar (obligar)	verplig	[ferpləχ]

fotografiar (vt)	fotografeer	[fotoχrafeər]
garantizar (vt)	waarborg	[vãrborχ]
girar (~ a la izquierda)	draai	[drãi]
golpear (la puerta)	klop	[klop]

gritar (vi)	skreeu	[skriʊ]
guardar (cartas, etc.)	bewaar	[bevãr]
gustar (el tenis, etc.)	hou van	[hæʊ fan]
gustar (vi)	hou van	[hæʊ fan]
habitar (vi, vt)	woon	[voən]

hablar con …	praat met …	[prãt met …]
hacer (vt)	doen	[dun]
hacer conocimiento	kennismaak	[kɛnnismãk]
hacer copias	aantal kopieë maak	[ãntal kopiɛ mãk]

hacer la limpieza	skoonmaak	[skoənmãk]
hacerse (vr)	word	[vort]
hachear (vt)	afkap	[afkap]
heredar (vt)	erf	[ɛrf]

imaginarse (vr)	verbeel	[ferbeəl]
imitar (vt)	naboots	[naboəts]
importar (vt)	invoer	[infur]
indignarse (vr)	verontwaardig wees	[ferontwãrdəχ veəs]

influir (vt)	beïnvloed	[beïnflut]
informar (vt)	in kennis stel	[in kɛnnis stəl]

| informarse (vr) | navraag doen | [nafrãχ dun] |
| inquietar (vt) | bekommerd maak | [bekommərt mãk] |

inquietarse (vr)	bekommerd wees	[bekommərt veəs]
inscribir (en la lista)	byvoeg	[bajfuχ]
insertar (~ la llave)	insteek	[insteək]
insistir (vi)	aandring	[ãndriŋ]

inspirar (vt)	inspireer	[inspireər]
instruir (enseñar)	leer	[leər]
insultar (vt)	beledig	[beledəχ]
intentar (vt)	probeer	[probeər]
intercambiar (vt)	uitruil	[œitrajl]

interesar (vt)	interesseer	[interesseər]
interesarse (vr)	belangstel in ...	[belaŋstəl in ...]
interpretar (actuar)	speel	[speəl]
intervenir (vi)	tussenbeide tree	[tussənbæjdə treə]
inventar (máquina, etc.)	uitvind	[œitfint]

invitar (vt)	uitnooi	[œitnoj]
ir (~ en taxi)	gaan	[χãn]
ir (a pie)	gaan	[χãn]
irritar (vt)	irriteer	[irriteər]

irritarse (vr)	geïrriteerd raak	[χeïrriteərt rãk]
irse a la cama	gaan slaap	[χãn slãp]
jugar (divertirse)	speel	[speəl]
lanzar (comenzar)	van stapel stuur	[fan stapəl stɪr]
lavar (vt)	was	[vas]

lavar la ropa	die wasgoed was	[di vasχut vas]
leer (vi, vt)	lees	[leəs]
levantarse (de la cama)	opstaan	[opstãn]
liberar (ciudad, etc.)	bevry	[befraj]
librarse de ...	ontslae raak van ...	[ontslae rãk fan ...]

limitar (vt)	beperk	[beperk]
limpiar (~ el horno)	skoonmaak	[skoənmãk]
limpiar (zapatos, etc.)	skoonmaak	[skoənmãk]
llamar (le llamamos ...)	noem	[num]
llamar (por ayuda)	roep	[rup]

llamar (vt)	roep	[rup]
llegar (~ al Polo Norte)	bereik	[beræjk]
llegar (tren)	aankom	[ãnkom]
llenar (p.ej. botella)	vul	[ful]

retirar (~ los platos)	wegvat	[veχfat]
llorar (vi)	huil	[hœil]
lograr (un objetivo)	bereik	[beræjk]
luchar (combatir)	veg	[feχ]

luchar (sport)	worstel	[vorstəl]
mantener (la paz)	bewaar	[bevãr]
marcar (en el mapa, etc.)	merk	[merk]

matar (vt)	doodmaak	[doədmãk]
memorizar (vt)	van buite leer	[fan bœitə leər]
mencionar (vt)	verwys na	[ferwajs na]
mentir (vi)	lieg	[liχ]
merecer (vt)	verdien	[ferdin]

mezclar (vt)	meng	[meŋ]
mirar (vi, vt)	kyk	[kajk]
mirar a hurtadillas	loer	[lur]
molestar (vt)	steur	[støər]

mostrar (~ el camino)	wys	[vajs]
mostrar (demostrar)	wys	[vajs]
mover (el sofá, etc.)	skuif	[skœif]
multiplicar (mat)	vermenigvuldig	[fermeniχ·fuldəχ]

255. Los verbos N-R

nadar (vi)	swem	[swem]
negar (rechazar)	weier	[væjer]
negar (vt)	ontken	[ontken]
negociar (vi)	onderhandel	[ondərhandəl]

nombrar (designar)	aanstel	[ãŋstəl]
notar (divisar)	raaksien	[rãksin]
obedecer (vi, vt)	gehoorsaam	[χehoərsãm]
objetar (vt)	beswaar maak	[beswãr mãk]

observar (vt)	waarneem	[vãrneəm]
ofender (vt)	beledig	[beledəχ]
oír (vt)	hoor	[hoər]
oler (despedir olores)	ruik	[rœikJ]
oler (percibir olores)	ruik	[rœik]

olvidar (dejar)	vergeet	[ferχeət]
olvidar (vt)	vergeet	[ferχeət]
omitir (vt)	weglaat	[veχlãt]
orar (vi)	bid	[bit]

ordenar (mil.)	beveel	[befeəl]
organizar (concierto, etc.)	organiseer	[orχaniseər]
osar (vi)	durf	[durf]
pagar (vi, vt)	betaal	[betãl]

pararse (vr)	stilhou	[stilhæʊ]
parecerse (vr)	lyk	[lajk]
participar (vi)	deelneem	[deəlneəm]
partir (~ a Londres)	vertrek	[fertrek]
pasar (~ el pueblo)	ry deur	[raj døər]

pecar (vi)	sondig	[sondəχ]
pedir (ayuda, etc.)	vra	[fra]
pedir (restaurante)	bestel	[bestəl]
pegar (golpear)	slaan	[slãn]

peinarse (vr)	hare kam	[harə kam]
pelear (vi)	veg	[feχ]
penetrar (vt)	deurdring	[døərdriŋ]
pensar (creer)	glo	[χlo]
pensar (vi, vt)	dink	[dink]
perder (paraguas, etc.)	verloor	[ferloər]
perdonar (vt)	vergewe	[ferχevə]
permitir (vt)	toelaat	[tulãt]
pertenecer a ...	behoort aan ...	[behoərt ãn ...]
pesar (tener peso)	weeg	[veəχ]
pescar (vi)	visvang	[fisfaŋ]
planchar (vi, vt)	stryk	[strajk]
planear (vt)	beplan	[beplan]
poder (v aux)	kan	[kan]
poner (colocar)	plaas	[plãs]
poner en orden	aan kant maak	[ãn kant mãk]
poseer (vt)	besit	[besit]
preferir (vt)	verkies	[ferkis]
preocuparse (vr)	bekommer	[bekommər]
preparar (la cena)	maak	[mãk]
preparar (vt)	voorberei	[foərberæj]
presentar (~ a sus padres)	voorstel	[foərstəl]
presentar (vt) (persona)	voorstel	[foərstəl]
presentar un informe	rapporteer	[rapporteər]
prestar (vt)	leen	[leən]
prever (vt)	voorsien	[foərsin]
privar (vt)	ontneem	[ontneəm]
probar (una teoría, etc.)	bewys	[bevajs]
prohibir (vt)	verbied	[ferbit]
prometer (vt)	beloof	[beloəf]
pronunciar (vt)	uitspreek	[œitspreək]
proponer (vt)	voorstel	[foərstəl]
proteger (la naturaleza)	beskerm	[beskerm]
protestar (vi, vt)	protesteer	[protesteər]
provocar (vt)	uittart	[œittart]
proyectar (~ un edificio)	ontwerp	[ontwerp]
publicitar (vt)	adverteer	[adferteər]
quedar (una ropa, etc.)	pas	[pas]
quejarse (vr)	kla	[kla]
quemar (vt)	verbrand	[ferbrant]
querer (amar)	liefhê	[lifhɛ:]
querer (desear)	wil	[vil]
quitar (~ una mancha)	verwyder	[ferwajdər]
quitar (cuadro de la pared)	afneem	[afneəm]
guardar (~ en su sitio)	bêre	[bærə]
rajarse (vr)	kraak	[krãk]

realizar (vt)	verwesenlik	[ferwesenlik]
recomendar (vt)	aanbeveel	[ānbefeəl]
reconocer (admitir)	erken	[ɛrken]
reconocer (una voz, etc.)	herken	[herken]
recordar (tener en mente)	herinner	[herinnər]
recordar algo a algn	laat onthou …	[lāt onthæʋ …]
recordarse (vr)	onthou	[onthæʋ]
recuperarse (vr)	herstel	[herstəl]
reflexionar (vi)	peins	[pæjns]
regañar (vt)	uitvaar teen	[œitfār teən]
regar (plantas)	nat gooi	[nat χoj]
regresar (~ a la ciudad)	terugkeer	[teruχkeər]
rehacer (vt)	oordoen	[oərdun]
reírse (vr)	lag	[laχ]
reparar (arreglar)	herstel	[herstəl]
repetir (vt)	herhaal	[herhāl]
reprochar (vt)	verwyt	[ferwajt]
reservar (~ una mesa)	bespreek	[bespreək]
resolver (~ el problema)	oplos	[oplos]
resolver (~ la discusión)	besleg	[besleχ]
respirar (vi)	asemhaal	[asemhāl]
responder (vi, vt)	antwoord	[antwoərt]
retener (impedir)	in bedwang hou	[in bedwaŋ hæʋ]
robar (vt)	steel	[steəl]
romper (mueble, etc.)	breek	[breək]
romperse (la cuerda)	breek	[breək]

256. Los verbos S-V

saber (~ algo mas)	weet	[veət]
sacudir (agitar)	skommel	[skomməl]
salir (libro)	verskyn	[ferskajn]
salir (vi)	uitgaan	[œitχān]
saludar (vt)	groet	[χrut]
salvar (vt)	red	[ret]
satisfacer (vt)	bevredig	[befredəχ]
secar (ropa, pelo)	droog	[droəχ]
seguir …	volg …	[folχ …]
seleccionar (vt)	selekteer	[selekteər]
sembrar (semillas)	saai	[sāi]
sentarse (vr)	gaan sit	[χān sit]
sentenciar (vt)	veroordeel	[feroərdeəl]
sentir (peligro, etc.)	aanvoel	[ānful]
ser (vi)	wees	[veəs]
ser causa de …	veroorsaak …	[feroərsāk …]
ser indispensable	nodig wees	[nodəχ veəs]

| ser necesario | nodig wees | [nodəχ veəs] |
| ser suficiente | genoeg wees | [χenuχ veəs] |

servir (~ a los clientes)	bedien	[bedin]
significar (querer decir)	beteken	[betekən]
significar (vt)	beteken	[betekən]
simplificar (vt)	vereenvoudig	[fereənfæudəχ]

sobreestimar (vt)	oorskat	[oərskat]
sofocar (un incendio)	blus	[blus]
soñar (durmiendo)	droom	[droəm]
soñar (fantasear)	droom	[droəm]

sonreír (vi)	glimlag	[χlimlaχ]
soplar (viento)	waai	[vãi]
soportar (~ el dolor)	verdra	[ferdra]
sorprender (vt)	verras	[ferras]

sorprenderse (vr)	verbaas wees	[ferbãs veəs]
sospechar (vt)	verdink	[ferdink]
subestimar (vt)	onderskat	[ondərskat]
subrayar (vt)	onderstreep	[ondərstreəp]

sufrir (dolores, etc.)	ly	[laj]
suplicar (vt)	smeek	[smeək]
suponer (vt)	veronderstel	[feronderstəl]
suspirar (vi)	sug	[suχ]

temblar (de frío)	ril	[ril]
tener (vt)	hê	[hɛ:]
tener miedo	bang wees	[baŋ veəs]
terminar (vt)	klaarmaak	[klãrmãk]

tirar (cuerda)	trek	[trek]
tirar (disparar)	skiet	[skit]
tirar (piedras, etc.)	gooi	[χoj]

tocar (con la mano)	aanraak	[ãnrãk]
tomar (vt)	vat	[fat]
tomar nota	opskryf	[opskrajf]
trabajar (vi)	werk	[verk]

traducir (vt)	vertaal	[fertãl]
traer (un recuerdo, etc.)	bring	[briŋ]
transformar (vt)	transformeer	[traŋsformeər]
tratar (de hacer algo)	probeer	[probeər]

unir (vt)	verenig	[ferenəχ]
unirse (~ al grupo)	aansluit	[ãŋslœit]
usar (la cuchara, etc.)	gebruik ...	[χebrœik ...]
vacunar (vt)	inent	[inɛnt]

vender (vt)	verkoop	[ferkoəp]
vengar (vt)	wreek	[vreək]
verter (agua, vino)	skink	[skink]
vivir (vi)	leef	[leəf]

volar (pájaro, avión)	vlieg	[fliχ]
volver (~ fondo arriba)	omkeer	[omkeər]
volverse de espaldas	wegdraai	[veχdrāi]
votar (vi)	stem	[stem]

www.ingramcontent.com/pod-product-compliance
Lightning Source LLC
Chambersburg PA
CBHW071332090426
42738CB00012B/2862